奔向共同富裕

韩 康 张占斌 主编

湖南人民出版社·长沙

民主与建设出版社·北京

共同富裕是社会主义的本质要求，是人民群众的共同期盼。我们推动经济社会发展，归根结底是要实现全体人民共同富裕。

——习近平

编者的话

共同富裕是中国共产党矢志不渝的奋斗目标。党的十八大以来，以习近平同志为核心的党中央把握发展阶段新变化，把逐步实现全体人民共同富裕摆在更加重要的位置。习近平总书记发表一系列重要论述、提出一系列重要论断、阐明一系列重要观点，对共同富裕理论与实践作出新阐释，对共同富裕战略与步骤作出新部署。

2021年8月17日，习近平总书记主持召开中央财经委员会第十次会议，就扎实推动共同富裕发表重要讲话，从历史和现实、理论和实践、国际和国内的结合上，深刻透彻阐明了促进共同富裕的一系列根本性、方向性问题。12月8日，在中央经济工作会议上，习近平总书记强调要正确认识和把握我国发展重大理论和实践问题。这些问题是关系新发展阶段党和国家事业发展的全局性、战略性、前瞻性重大问题，是当前经济社会发展中重大而紧迫的课题，其中第一个就是正确认识和把握实现共同富裕的战略目标和实践途径。

习近平总书记关于共同富裕的系列重要论述，进一步深化了我们党对共产党执政规律、社会主义建设规律、人类社会发展规律的认识，是习近平新时代中国特色社会主义思想的重要组成部分，是扎实推动共同富裕的科学指南和价值遵循。党的十八大以来，在习近平新时代中国特色社会主义思想特别是关于共同富裕重要论述指引下，党团结带领全国人民朝着实现共同富裕的目标不懈努力，打赢脱贫攻坚战，全面建成小康社会。这些伟大成就，为新发展阶段促进共同富裕创造了良好条件，奠定了坚实基础。

　　共同富裕是社会主义的本质要求，是中国式现代化的重要特征。扎实推动共同富裕，是满足人民美好生活需要的根本保障，是实现人的全面发展的重要体现。实现全体人民共同富裕，是创造中国式现代化新道路和人类文明新形态的必然要求，是践行中国共产党人初心使命、增进中国人民福祉、实现中华民族伟大复兴的必然选择。因此，深入探究共同富裕的理论渊源，准确把握共同富裕的基本内涵，科学认识共同富裕的时代价值，全面厘清共同富裕的实现路径，就成为需要广大理论工作者深入研究和科学回答的重大课题。

基于这样的时代背景和现实需要，我们深入学习习近平总书记关于共同富裕系列重要论述精神，组织中共中央党校（国家行政学院）的专家学者编写了本书，希望为广大读者读懂共同富裕、理解未来中国发展进步提供一部有参考价值和启发意义的重要读本。

"现在，已经到了扎实推动共同富裕的历史阶段"，我们相信，在以习近平同志为核心的党中央坚强领导下，怀揣美好生活向往，创造了人类减贫史上伟大奇迹的亿万中国人民，必将在奔向共同富裕新征程上赢得更加伟大的胜利和荣光！

序　言

共同富裕的中国模式

韩　康

共同富裕是中国特色社会主义的本质要求，是人民群众的共同期盼，是中国式现代化的重要特征。习近平总书记指出："在我国社会主义制度下，既要不断解放和发展社会生产力，不断创造和积累社会财富，又要防止两极分化，切实推动人的全面发展、全体人民共同富裕取得更为明显的实质性进展。""这是一个长期的历史过程，我们要创造条件、完善制度，稳步朝着这个目标迈进。"[1] 经过长期实践探索，我们走出了一条具有中国特色的共同富裕道路，已经形成了共同富裕的中国模式。

共同富裕是一个世界性课题，也是一个世界性难题。从资本主义发展初始，就有很多先贤学者发现贫富差别和贫富分化是深蕴在制度内部并可能最终摧毁这个制度的东西，开始研究如何找到社会均富即共同富裕的途径。最终，在社会实践过程中，这种研究探索形成了两种不同的模式：一个以市场体制高度发达的美国为代表，实行所谓"滴漏模式"

---

[1]　习近平：《正确认识和把握我国发展重大理论和实践问题》，《求是》2022 年第 10 期。

（Trickle-down），简单讲，就是资本与财富高度集中在少数人手中，而后逐步向下层低收入人群散布。另一个就是著名的"斯堪的纳维亚模式"，或称"北欧福利国家模式"，即由国家调控，政府和市场共同承担收入分配与社会公平职能，抑制资本和社会财富大量集中在少数人手中。很显然，"滴漏模式"的效果菲薄，根据美国皮尤研究中心的数据，今天5%的美国人口掌握的财富比重大大高于20年前，贫富严重分化已成为美国常态。"北欧福利国家模式"则是另一种状况，应当实事求是地看到，这种模式经过不断修正调整，有充分的理论解释，也有长期的实践验证，国家福利水平和社会均贫富水准都得到很高的国际评价，受到许多国家大多数社会人群的高度认同。

消除贫富差别和实现共同富裕的另一条路，就是"苏联社会主义模式"。苏联模式的突出特点，是国家把按劳分配作为唯一分配原则，不允许劳动以外的要素参与分配活动（除极少量分配活动外），由中央计划机构管理分配过程。由此，苏联模式消灭了资本主义由于资本占有和资本剥削而产生的贫富差别与贫富分化，出现了一个至少在形式上比较平等的收入分配状态。但是，"苏联社会主义模式"无法实现共同富裕，这是因为，收入分配的计划体制消灭贫富差别与贫富分化的同时，也消灭了最活跃的经济增长机制，生长了群体吃大锅饭的惰性体制，社会经济发展的缓慢迟滞相随而至。20世纪60年代初期，苏联领导人赫鲁晓夫还在发展问题上和美国总统公开叫板，到了20世纪70年代末，两国之间巨大的发展差距就无法进行比较了。

"苏联社会主义模式"并不成功，苏联也在20世纪90年代初解体了，"斯堪的纳维亚模式"只适合于高度发达国家，最成功的案例又往往发生在北欧较小的国家经济体。20 世纪 70 年代后，全球很多落后国家由于各种机缘而发展兴起，成为新兴发展中国家。但在经济起飞后，绝大部分国家都陷入中等收入陷阱，其中一个非常重要的特征，就是贫富分化、阶级对立、社会割裂，进入腐败、内乱、混战和政权更迭状态，造成经济发展长期迟缓甚至停滞，无法进入发达国家行列。这种典型案例，在亚洲、非洲和拉丁美洲的很多地区都不鲜见。

中国是一个由共产党领导的社会主义国家，共同富裕早就成为党的执政理念和重要目标，也早就纳入党的治国理政过程。新中国成立初期，我们崇尚"苏联社会主义模式"，按照这个模式的基本要求管理收入分配，结果当然也不可能脱离该模式的历史逻辑：没有贫富差别和贫富分化，也没有经济快速增长与发展的强大内动力，最终共同富裕只能是一个美丽的空想。中国是一个发展中国家（并将长期是一个发展中国家），要想实现共同富裕也学不了发达国家的"斯堪的纳维亚模式"，照抄照搬肯定不行。20 世纪 70 年代末，我们开始按照改革开放的思路重新思考共同富裕课题，经过 40 多年来不断实践探索，不断总结提炼，不断创新前行，迄今为止，已经形成一个比较系统的共同富裕中国模式。

共同富裕中国模式的内涵十分丰富，我认为最鲜明、最突出、最有中国特点的就是三条。

第一，社会公平始终以高质量发展为基础。共同富裕要求国家积极调节收入分配，平抑贫富差别，关照社会弱势人群，实现社会公平。中国的经验表明，社会公平要从空想变成现实，必须以发展为基础——高质量可持续发展，同时随着发展水平提高，社会公平和共同富裕也要积极随行，不可或缺，不能弱化。改革开放初期，1978 年中国国内生产总值只有 3678.7 亿元，人均 385 元，国家财政收入仅有 1132.26 亿元。在如此低水平的发展条件下，我们的政策方针没有提出关于社会公平和共同富裕的过高要求，而是坚持把"发展才是硬道理"放在领先位置，先把"蛋糕"做大，再讲"蛋糕"分配，实际上走了"效率优先、兼顾公平"的路径。随着经济增长和发展水平的提升，促进社会公平和共同富裕的系列配套政策也相机跟进，特别是重大战略举措的出台。

这里的典型案例有两个。一是 2006 年全面取消农业税，这是中国农业千年发展的历史突破，中国农业成为全球极少见的无税负行业，当年就减负 1000 多亿元，大量农民进入小康。实施这个战略举措的基础是国家发展水平的大幅提升。2006 年中国 GDP（国内生产总值）总量达到 21.9438 万亿元，是 1978 年的 59.7 倍；国家财政收入达到 3.876 万亿元，是 1978 年的 34.2 倍。在这样长期积累的发展条件下，取消农业税的重大战略举措才可能真正摆到桌面上来。另一个典型案例是 2017 年党的十九大提出坚决打赢脱贫攻坚战，2020 年实现农村贫困人口全部脱贫，这是 21 世纪中国走向共同富裕的重大历史性跨越。做好这件事，需要投入巨额人力物力财力，没有雄厚的国家实力是难以想象的。2017 年的中国经济总量早已远超日本位列全球第二，国家财政实力和金融实力很有底气，外汇储备逾 3 万亿美元，已经具备打赢脱贫攻坚战的系统物质条件。如果在 10 年前或 20 年前就提出农村贫困人口全部脱贫的目标，只能是一个宏伟的空想。

实现共同富裕必须以高质量发展为基础，但也要承认发展首先是由少数人带动起来的。这些人是企业家和投资者，他们是发展的带动者，也是高收入人群。要发展就要允许他们发家致富，允许他们聚集资本财产，在合乎法律法规条件下，不论他们的财富和资本有多大。从某个视角看，没有这些人先富起来，市场经济大发展就难以起步。同时，充分发展又必须依赖社会群体活动，需要大量人群参与，所以发展不能由少数人包打天下和独占社会财富，而需要逐步削弱贫富差别和促进社会共同富裕。因此，邓小平同志提出，少数人先富起来，先富帮后富，走向共同富裕。这不仅是正确的分配方针，而且是科学的发展方略，中国就是按照这个方针方略逐步走过来的。

第二，4亿中等收入群体兴起。中国改革开放后的一段时间，经济快速增长，市场与资本迅速扩张，社会贫富差距矛盾凸显，居民收入结构形成了比较典型的金字塔状态——低收入和中低收入人群的底座巨大，中等偏上收入群体规模次之，尖端是少数高收入者。随着经济持续发展和社会收入总量的扩大，中国开始通过一系列政策手段修正这个金字塔：坚持按劳分配为主体、多种分配方式并存，提高劳动报酬在初次分配中的比重；健全工资合理增长机制，完善按要素分配政策制度，健全各类生产要素由市场决定报酬的机制；探索通过土地、资本等要素使用权、收益权增加中低收入群体要素收入，多渠道增加城乡居民财产性收入；完善再分配机制，加大税收、社保、转移支付等调节力度和精准性；等等。40多年来，中国已经形成了一个全世界规模最大的中等收入群体，居民收入结构已经开始从金字塔型向橄榄型积极转变。

什么是当前中等收入群体的收入标准呢？按照国家统计局2020年居民人均可支配收入中位数27540元计算，显然偏低了。有一个研究机构的数据是月收入5000元左右，我认为比较合理。按照人均月收入5000元计算，4亿中等收入群体的年收入总量超过20万亿元。正是这4亿中等收入群体和他们手中的 20 万亿元，构成了中国消费市场的主体。国内房市、车市、家电市场、文旅市场和其他重要市场的兴衰，主要取决于 4 亿中等收入群体的购买力变化。从收入结构看，稳定和扩大中等收入群体，大大压缩了高收入人群的比重，使低收入居民更容易向上层收入群体靠近，成为平抑贫富差别和促进社会收入分配更趋合理的重要力量。现在，中国决策机构正在研究制订"中等收入群体倍增"的战略规划，得到社会各界高度赞同，如果未来 15 年"中等收入群体倍增"战略得以实现，将会出现一个规模惊动世界的 8 亿中等收入群体，中国收入结构将出现革命性的改变，贫富差别会大大缩小，共同富裕的目标真的就可能不远了。

第三，农村贫困人口全部脱贫。实现共同富裕最核心最关键的问题是如何摆脱贫困。中国最贫困的人口在哪里？城市当然有，但绝大多数在农村。新中国成立后，尽管历经曲折，让农村贫困人口脱贫始终作为一项基本国家政务。改革开放以来，中央决策机构高度关注"三农"问题，把农村贫困人口脱贫作为重要国策，长期规划、持续投入、系统施治，不断取得突破和进展。2012 年党的十八大以来，平均每年 1000 多万人脱贫，相当于一个中等国家的人口脱贫。2017 年党的十九大在各方面条件充分成熟的情况下，提出利用三年时间进行农村脱贫攻坚战。2020 年，脱贫攻坚战取得了全面胜利，现行标准下 9899 万农村贫困人口全部脱贫，832 个贫困县全部摘帽，12.8 万个贫困村全部出列，区域性整体贫困得到解决，完成了消除绝对贫困的艰巨任务。

农村存在大量贫困人口，是中国历史的沉疴。要使近亿规模的巨大贫困人口脱贫，是一项空前浩大、艰巨、复杂的系统工程，不但需要投入大量物力财力，也需要实践过程的不断探索创新。由此，中央和地方政府根据农村不同的区域禀赋、发展条件、人居环境状况，实施发展生产、易地搬迁、生态补偿、发展教育、社会保障兜底"五个一批"，实行扶持对象、项目安排、资金使用、措施到户、因村派人、脱贫成效"六个精准"，2020年最终取得农村贫困人口全部脱贫的伟大成就。试看当今世界所有发展中国家，没有哪一个敢把农村贫困人口全部脱贫作为正式国务，更没有哪一个国家敢讲已经实现了农村贫困人口全部脱贫，只有中国实事求是地做到了。许多国外学者和政治家都承认，在中国这个难度极大的成功案例中，有很多东西值得发展中国家借鉴。尽管实现农村贫困人口全部脱贫意义重大，我们依然冷静地知道，现在这个脱贫还是脱"绝对贫困"之贫，下一步的任务，就是挑战中国农村人口的"相对贫困"，力争2035年左右实现目标。一旦中国数亿农村人口脱离相对贫困，会出现什么情况呢？那时，沉积千年的城乡差别可能被基本熨平，社会公平将出现一个崭新局面，共同富裕将登上一个新的重大历史台阶。

中国探索共同富裕的难题。改革开放40多年，中国社会变化有两个特别快：一个是经济发展和国力增强特别快，我们已成为全球第一大工业国，第一大贸易出口国，第二大世界经济体，根据麦肯锡咨询公司的研究报告，2021年中国净资产规模超过美国位列全球第一；另一个就是富有人群的财富积累特别快，2020年瑞银和普华永道联合发布的年度亿万富豪洞察报告显示，在全球43个国家2189名亿万富豪（净资产至少10亿美元）和总财富10.2万亿美元中，中国（不含港澳台地区）富豪人数占比为18.96%，财富占比为16.47%，全球名列前茅，地位相当可观。这种情况下，无论是政府管理还是社会管理，都面临很大的难题：如果对这个最富有人群的管理较为宽松，由于这一人群主体是一些重要行业的最前沿当事者，其市场活动能力和行业带动力很强，私人财富积累很快，民间因贫富差别加剧而产生的不满情绪也会很大；反之，如果对最富有人群的管理趋严趋紧，这一人群就可能因规避风险而实行市场收缩，或者向境外大量分流资产，甚至资本实际转移，进而给行业发展带来重大负面影响。因此，需要认真研究怎样构建更加合理的管理体制机制，让这一人群既受到恒定不变的产权保护，又有健全的法律法规管控其市场行为和财富积累，同时还要积极鼓励他们的社会慈善活动，使之成为第三次分配的重要支撑力量，成为推动社会公平和共同富裕的重要杠杆。

2022 年 5 月

目　录

求真

第二章　求是问道：马克思主义经典作家的理论探索　033

○　马克思主义经典作家对共同富裕问题的思考，既反映了当时社会的历史本质与发展趋势，同时也为今人探寻实现共同富裕的现实路径提供了重要的理论支撑与方法指引。

第三章　历史担当：中国共产党的百年追寻　067

○　一百年来，中国共产党不忘初心、勇毅前行，领导中国人民干革命、搞建设、谋改革，在促进全体人民共同富裕方面取得了辉煌成就，积累了宝贵经验。

第四章　新的赶考：新时代的战略部署　　103

○　党的十八大以来，中国特色社会主义进入新时代。以习近平同志为核心的党中央根据发展阶段的新变化，对扎实推动共同富裕作出了新的战略部署。

第五章　时代特征：立足中国式现代化的科学内涵　　127

○　我们党始终秉持马克思主义关于共同富裕的理想与理论，坚持在实践中探索共同富裕的实现方式，走出了以共同富裕为重要特征的中国式现代化道路。

第六章　方向把握：实现共同富裕应把握的基本原则　165

○　进入新发展阶段，已经到了扎实推动共同富裕的历史阶段。促进共同富裕，要符合中国社会主义社会的基本价值遵循。

求　实

第七章　基础保障：努力推动经济高质量发展　203

○　要在高质量发展中推进经济发展质量变革、效率变革、动力变革，以高质量发展做大做好"蛋糕"，促进共同富裕目标实现。

第十章　积极扩群：扩大中等收入群体规模　

○　只有在一部分人先富起来的基础上，扩大中等收入群体规模，让大部分人进入中等收入行列，才能实现全社会共同富裕的目标。

第十一章　调节收入：三次分配协调联动　

○　实现共同富裕目标的最大挑战是能否让大多数低收入居民迈向中高收入行列，收入差距能否持续显著缩小，其核心路径要瞄准收入分配方面。

美好愿望：
人类自古以来的
理想追求

闻有国有家者，不患寡而患不均，不患贫而患不安。盖均无贫，和无寡，安无倾。

——《论语·季氏》

大道之行也，天下为公。选贤与能，讲信修睦。故人不独亲其亲，不独子其子，使老有所终，壮有所用，幼有所长，矜寡、孤独、废疾者，皆有所养。

——《礼记·礼运》

治国之举，贵令贫者富，富者贫。贫者富，富者贫，国强，三官无虱。

——商鞅《商君书·说民》

大富则骄，大贫则忧；忧则为盗，骄则为暴，此众人之情也。圣者则于众人之情，见乱之所从生。故其制人道而差上下也。使富者足以示贵而不至于骄，贫者足以养生而不至于忧，以此为度而调均之，是以财不匮而上下相安，故易治也。

——董仲舒《春秋繁露·度制》

共同富裕是全人类的共同价值追求。自古人类社会就开始思考如何处理贫富关系。在不同时代，面对贫富分化的现象及其带来的后果，诸多思想家从不同立场、不同角度阐述了自己的见解，提出了处理贫富关系和调节贫富差距的主张，这些见解和主张为后世处理贫富问题提供了启示。

第一章 美好愿望：人类自古以来的理想追求

中国古代社会的"大同"和"小康"思想

先秦

诸子百家从不同角度对贫富问题提出各自的学说和主张

孔子："大同""小康"

孟子："有恒产者有恒心"

荀子："明分"

晏子："权有无，均贫富"

管子："贫富有度"

商鞅："令贫者富，富者贫"

韩非子："论其税赋以均贫富"

墨子："分财不敢不均"

老子："损有余而补不足"

两汉

董仲舒："调均贫富""贫富有度"

司马迁："贫富之道，莫之夺予"

王充："务本""爱日"

唐宋

陆贽："安富恤穷"

李觏："井地之法，生民之权衡"

王安石：方田均税法

朱熹：经界法

元明清

"富养贫论"：强调富人作用

"贫富相资论"：强调贫富相倚而立

"右贫抑富"：铲除"豪右"以缓解贫富悬殊

"保富安贫"：培植富有阶层调和贫富矛盾

中国近现代社会的"大同"和"民生主义"思想

太平天国

《天朝田亩制度》

"凡天下田，天下人同耕"

康有为

《大同书》

"大同世界"

孙中山

"民生主义"

"平均地权"

"耕者有其田"

"节制资本"

西方社会的空想社会主义和福利主义思想

空想社会主义

☆没有从资本主义生产方式内部寻找剥削的根源

☆没有对资本主义基本矛盾进行分析

☆忽略了无产阶级自我解放的力量

福利国家理论

☆只管解决眼前问题，不顾长远的发展

☆主要满足物质生活需要，忽视其他需要

☆物质福利供给远超国民经济承受能力

中国古代社会的
"大同"和"小康"思想

马克思说过："人们自己创造自己的历史，但是他们并不是随心所欲地创造，并不是在他们自己选定的条件下创造，而是在直接碰到的、既定的、从过去承继下来的条件下创造。"① 毫无疑问，当代的共同富裕思想也受到了几千年延续、积淀下来的中国传统文化的影响。

一、先秦时期

先秦是我国古代贫富分化的萌芽期和凸显期。春秋战国以降，贫富分化加剧，贫富差距扩大。在这样的社会现实下，以诸子百家为代表的先秦思想家从不同角度对贫富现象以及贫富分化问题提出了不同的学说和主张。其中，最具代表性的，要数儒家、墨家、法家和道家等关于解决贫富分化问题的整体看法。

在儒家的思想中，最能代表中国古代理想社会的描绘是孔子提出的"大同"和"小康"这两个概念。"大同"和"小康"分别出自《尚书》与《诗经》，自春秋战国至明清不断得到经史子集各部文献的使用和阐扬，

---

① 《马克思恩格斯选集》第 1 卷，人民出版社 2012 年版，第 669 页。

其中尤以《礼记·礼运》关于"大同"社会与"小康"社会的描述最为全面和系统，影响也最为广泛和深刻。①

"同"的本义为"会合"，后来由"会合"引申出"汇同""一致""统一"等意义。所谓"大同"，就是指那种高度一致的整齐境界。②"大同"社会可由以下四个方面的指标反映。其一，经济方面。在财产所有关系上，"大同"要求"货，恶其弃于地也，不必藏于己"，即反对铺张浪费，同时社会劳动创造出的是社会财富，不能个人独占。在社会劳动观上，"大同"要求"力，恶其不出于身也，不必为己"，即有能力者愿意服务奉献，不是只为自己谋利益，而是着眼于社会的需要，为社会劳动。在社会保障制度上，"大同"要求"人不独亲其亲，不独子其子，使老有所终，壮有所用，幼有所长，矜寡、孤独、废疾者，皆有所养"，即通过社会包办，实现幼有所育、老有所养、弱有所扶、充分就业。其二，政治方面。在社会组织主体上，"大同"要求"选贤与能"，即由众人依据民主、平等、公平的原则选拔出"贤能"，同时众人保留着对"贤能"评判、否决和再选举的权力。在社会关系原则上，"大同"要求"讲信修睦"，即人与人之间是一种民主平等、和睦相处的关系。其三，思想道德方面。"大同"要求"天下为公"，即人们的觉悟很高，屏除私利，一心为公。其四，社会治理方面。"大同"要求"谋闭而不兴，盗窃乱贼而不作，故外户而不闭"，即整个社会不会发生损人利己的事情，也不会出现抢劫、偷盗、杀人的事件，纵然家家户户门窗不闭，也不会有鸡鸣狗盗之事发生。③

① 裴传永：《"大同小康"之论提出者诸说辨误》，《孔子研究》2020年第2期。

② 姜建设：《"大同小康"溯源》，《信阳师范学院学报》（哲学社会科学版）1994年第4期。

③ 程平：《"大同"、"小康"与"全面建设小康社会"——"小康"思想探源及其当代意蕴》，《合肥学院学报》（社会科学版）2005年第2期。

　　"小康"一词可溯源至《诗经》，《大雅·民劳》中记载："民亦劳止，汔可小康。惠此中国，以绥四方。"《礼记·礼运》将"大同"描述为最高理想社会形态，"小康"则定位为迈向"大同"所需要经历的中间社会形态。"小康"社会也可由以下四个方面的指标反映。其一，经济方面。在财产所有关系上，"小康"要求通过"设制度""立田里"的方式实现"货力为己"。在分配上，"小康"要求"以功为己"，即按劳分配，论功行赏。在社会保障制度上，"小康"要求"各亲其亲，各子其子"，即保障范围以家庭为单位，各家自扫门前雪。其二，政治方面。在社会组织主体上，"小康"要求将国家交由"禹、汤、文、武、成王、周公"以及与他们相似的君王来管理。在社会关系原则上，"小康"要求"大人世及以为礼，城郭沟池以为固，礼义以为纪"，即有明确等级尊卑的礼制。其三，思想道德方面。"小康"要求"天下为家"，即存在私利以及由此引起的道德问题。其四，社会治理方面。"小康"社会并非完全稳定，统治者一方面需要"刑仁讲让，示民有常"，另一方面也要重视"谋用"，以镇"兵起"。[①]

　　孔子之后，孟子认为贫富分化和贫富差距过大与"仁政"相互背离。他首先将贫富分化问题与土地问题连接起来，主张通过合理的土地制度调节贫富，使百姓拥有自己的"恒产"，并提出通过"正经界"的井田方案来改善农民的生产和生活。他认为"仁政"的首要内容就是"制民之产"，使耕者有其恒产，如果百姓有了恒产，就能避免流离失所和冻馁之忧。因此，他提出"有恒产者有恒心"，通过实施井田制实现共同富裕，合理公平地分配土地，使"百姓亲睦"，免于饥寒之苦。

[①] 程平：《"大同"、"小康"与"全面建设小康社会"——"小康"思想探源及其当代意蕴》，《合肥学院学报》（社会科学版）2005年第2期。

荀子进一步丰富了孔子和孟子的观点。荀子认为，财富的产生和分化源自人性对物质欲望的追求，"夫贵为天子，富有天下，是人情之所同欲也"[1]。因此，他认为"贫富有差"是有必要性和合理性的。在缩小贫富差距问题上，他主张按照"维齐非齐"的观念实现"明分"，将贫富差距缩小在一定范围内。这里的"分"有三种含义：其一是指人们的社会关系；其二是指人们的等级地位；其三是指人们的职业分工。这些都是确定个人在社会财富的分配中获得份额的依据，荀子强调贫富之间是可以相互转换的，隐含共同富裕的思想表达。

晏子的认识与儒家类似，其思想主要包含以下几层意思：第一，晏子认为"求富"以及追求财富的行为是人之常情，也是正当的，所以当齐国君主赐予他邶殿良田六十邑时，他虽然拒而不受，但也同时说自己"非恶富也"，也就是肯定了"富者，人之所欲也"的看法。第二，尽管追求财富本身具有合理性，但由于人们在追求财富的过程中难免产生争私行为，如果任由这种争心和欲望无限增长，就会产生"足欲"，"足欲"是"失富"的源头。因此，晏子认为需要对这种求富心理给予一定限制。他将"富"与道义、道德结合在一起，开创了"义利之辨"的先河，产生了"幅利论"。在求富问题上，晏子提出"权有无，均贫富"的思想，即将财富分予民众，以保民富国安、共同富裕。

法家最具有代表性的是管子的"贫富有度"思想、商鞅的"令贫者富，富者贫"思想以及韩非子的"论其税赋以均贫富"思想。

管子认为富民是国家发展的基础，也是实现共富的前提条件。在《管子·治国》中，管子提出"凡治国之道，必先富民"。只有百姓富足，

---

[1] 荀况：《荀子·荣辱》，廖名春、邹新明校点，辽宁教育出版社1997年版，第13页。

国家才能长治久安，人民才能安居乐业。但是，在实现富民的过程中逐渐产生了贫富分化。管子认为农民贫富分化，主要原因在于工商业的发达。他从"轻重论"的角度出发，认为物价高低波动和民众民智不齐，都是导致贫富分化和贫富不均的原因。如果放任这种贫富分化恶化下去，会影响社会的长治久安，因此他提出"贫富有度"的思想，认为"贫"和"富"都要有一定的限度，主张无论贫富都应控制在一个合理的范围之内。为此，他提出四种调节贫富差距的办法来实现共富。一是通过"轻重之权"，发挥国家调控经济职能；二是通过一定的财税政策，调节贫富悬殊；三是重视借贷在贫富调节中的重要作用；四是重视就业和社会保障，保障贫民生活，最终实现共富的理想。

商鞅强调国家干预的作用。他认为人民之所以富裕是因为在政府的规制下从事"农战"，勤劳的人民将逐渐富裕。贫富的差别在于国家干预，"治国之举，贵令贫者富，富者贫。贫者富，富者贫，国强，三官无虱"①。民众的贫富状况完全可以由政府来指定，因为国家真正掌握着财富资源。要使统治者规制民众求利活动的职能发挥效力，就要让民众长期处于"家不积粟"的状况，只有这样，民众才愿意听从政府的意志导向。与此同时，商鞅反对贫富分化和贫富悬殊，主张动用国家行政权力，特别是刑和赏来调节贫富，即对贫者威之以刑，使其致力于农业生产，让贫苦百姓最后走向富裕。所以，在实现共同富裕上，只要君主"刑于九而赏出一"，便可以达到"令贫者富，富者贫"的效果。

韩非子认为，贫富是个人的勤俭和惰奢造成的。社会中的贫富差距以及贫者和富者的差别是客观存在的，富者之所以能够占有财富在于个

---

① 商鞅：《商君书·说民》，徐莹注说，河南大学出版社2012年版，第152页。

人的勤劳和节俭。他指出："今夫与人相若也，无丰年旁入之利而独以完给者，非力则俭也。与人相若也，无饥馑疾疚祸罪之殃独以贫穷者，非侈则惰也。侈而惰者贫，而力而俭者富。"① 因此韩非子主张，由个人的勤俭和惰奢形成的贫富分化是合理的，没有必要采取"济贫"的办法抑制贫富分化，而应该"论其税赋以均贫富"。

墨家学派创始人墨子分析了人类从事生产性劳动的激励问题。在他看来，追求（或预期）收入分配的增加是劳动者努力工作的根本动力。墨子一方面主张把劳动及其功绩作为收入（俸禄）和奖励（赏赐）的依据，如在谈及国家治理时，他认为"欲其事之成"，就必须"以劳殿赏，量功而分禄"，即使是"农与工肆之人"，只要达到既定标准，也应该"高予之爵，重予之禄"。② 另一方面，他认为不劳而获的行为必须受到谴责。这说明墨子已经具备了朴素的按照劳动获取收入分配的思想。

墨子认为："民有三患，饥者不得食，寒者不得衣，劳者不得息，三者民之巨患也。"③ 统治者必须使百姓摆脱赤贫，"饥者得食，寒者得衣，劳者得息"④。因此，在贫富分化问题上墨子提出"均平"思想，主张学习"古者圣王"，做到"分财不敢不均"。⑤

道家的老子从自然法高度强调了均衡分配财富的必要性。在老子的哲学思想中，"道"既是一种创造现实世界的初始力量，又是高于物质世界而存在的绝对精神，把"损有余而补不足"上升为"天之道"，就赋予了均衡分配自然法则的性质。基于这一理念，老子对政府过度干预

① 韩非：《韩非子·显学》，秦惠彬校点，辽宁教育出版社 1997 年版，第 184 页。
② 墨子：《墨子·尚贤上》，朱越利校点，辽宁教育出版社 1997 年版，第 11 页。
③ 墨子：《墨子·非乐上》，朱越利校点，辽宁教育出版社 1997 年版，第 68 页。
④ 墨子：《墨子·非命下》，朱越利校点，辽宁教育出版社 1997 年版，第 76 页。
⑤ 墨子：《墨子·尚同中》，朱越利校点，辽宁教育出版社 1997 年版，第 22 页。

导致的分配不公进行了批评："我无为，而民自化；我好静，而民自正；我无事，而民自富；我无欲，而民自朴。"[①] 统治者的无为，并不意味着什么事情也不干，而是说他们不能为了财政目的而加重税收，以侵夺民间财富来维持自己的奢侈生活等，否则就会危及社稷："民之饥，以其上食税之多，是以饥。民之难治，以其上之有为，是以难治。民之轻死，以其上求生之厚，是以轻死。"[②] 老子和庄子的思想中也隐含着调节贫富差距的价值主张。老子从"天道"出发，认为天道是反对"持盈"的，所以必须"损有余而补不足"。因此，富人就必须救济贫弱之人，"常善救人，故无弃人；常善救物，故无弃物"[③]，自然能达到"民莫之令而自均"[④] 的状态。

总的来说，先秦时期的贫富思想是针对封建农业经济的发展而提出的，其中带有明显的社会等级观念，主张按照社会政治地位占有财富的思想在中国漫长的历史发展进程中逐渐成为主流。但不可否认的是，先秦思想家在防止贫富分化、抑制贫富差距进一步拉大等方面所提出的某些思想主张，实际上蕴含着共富的理想追求。

二、两汉时期

两汉时期，土地兼并加剧，加之战乱，使得民不聊生。围绕与贫富相关的土地等问题，古代先贤们的经济思想中也有着许多关于贫富的讨论。

---

① 老聃：《老子·第五十七章》，涂小马校点，辽宁教育出版社1997年版，第17页。
② 老聃：《老子·第七十五章》，涂小马校点，辽宁教育出版社1997年版，第22页。
③ 老聃：《老子·第二十七章》，涂小马校点，辽宁教育出版社1997年版，第8页。
④ 老聃：《老子·第三十二章》，涂小马校点，辽宁教育出版社1997年版，第10页。

西汉董仲舒认为，社会上的贫富不均是由多方面因素综合造成的。董仲舒指出，自秦以来的贫富分化首先是由土地自由买卖导致的，"富者田连仟伯，贫者亡立锥之地"的直接原因就在于"除井田，民得卖买"。其次，国家"颛川泽之利，管山林之饶"垄断了山林川泽之利，堵塞了百姓谋生之路，也使得百姓走向贫困。同时，百姓要承担的租税徭役十分繁重，不仅要向政府承担"三十倍于古"的力役之征，还要缴纳"二十倍于古"的田赋盐铁之税。如果"耕豪民之田"，则要向地主缴纳"见税什五"也就是百分之五十的地租。此外，贪暴之吏的妄加刑戮也使得百姓走向了破产流亡之路。①

董仲舒对贫富分化提出了如下看法：第一，"有所积重，则有所空虚"，贫富分化是不可避免的，因此应该"制人道而差上下"。②第二，国家对于贫富差距应该"调均贫富"而使得"贫富有度"，这个"度"就是"使富者足以示贵而不至于骄，贫者足以养生而不至于忧"，达到"财不匮而上下相安"的状态。③值得注意的是，"调均贫富"和"贫富有度"都是先秦诸子对于贫富差距早已提出的思想主张，董仲舒则是结合西汉的社会情况再度重申了这样的观点。第三，如果放任人们的欲望，不"调均贫富"以使社会向"贫富有度"的方向发展，将造成贫富悬殊，"富者愈贪利而不肯为义，贫者日犯禁而不可得止"④，将妨害国家治理。因此，董仲舒提出"均平赋税"和"限田"思想调节贫富差距。他认为，要抑制贫富之间的兼并，除了在土地制度上要"限民名田"之外，还要

① 班固：《汉书》卷24《食货志》，中华书局1962年版，第1137页。
② 董仲舒：《春秋繁露·制度》，曾振宇注说，河南大学出版社2009年版，第229页。
③ 董仲舒：《春秋繁露·度制》，曾振宇注说，河南大学出版社2009年版，第229页。
④ 董仲舒：《春秋繁露·度制》，曾振宇注说，河南大学出版社2009年版，第229页。

做到"薄赋敛，省徭役，以宽民力"。[1]

司马迁看到了社会上存在的贫富分化现象，他认为贫富分化的产生是个人能力所导致的，"巧者有余，拙者不足"[2]乃是常态。正因如此，他主张贫富分化和贫富差距的存在是合理的，"贫富之道，莫之夺予"[3]，也就是说贫富分化和贫富差别符合社会规律，不能凭借强权去"夺富济贫"。在对待贫富差距问题上，司马迁提出应该采取"善者因之"的不予干涉态度，不赞成国家对贫富分化加以干预，不赞同对富人进行打击和限制。他认为针对商品经济发展必然导致的贫富分化，最好的态度就是"因之"，这样才不会造成贫富进一步分化。

东汉王充认为贫富贵贱都是命中注定，非人所能为，也就与个人的才智行德没有必然联系，所以"才高行厚，未必保其必富贵；智寡德薄，未可信其必贫贱"[4]。尽管后天的勤奋和才能对个人的贫富境况能有所

均田制

均田制亦称"均田"，北魏至唐中叶计口分配土地的制度。北魏初，长期战争使土地荒芜，地籍散乱，严重影响赋役征收。太和九年（485）孝文帝采纳李安世建议，计口分配空荒土地。北齐北周隋唐均沿此制，办法略有变更。至唐中叶，土地兼并加剧，均田制无形取消。均田制的实施，肯定了土地的所有权和占有权，有助于缓和阶级矛盾，对恢复和发展农业生产有积极作用。

[1] 班固：《汉书》卷24《食货志》，中华书局1962年版，第1137页。
[2] 司马迁：《史记》卷129《货殖列传》，中华书局1959年版，第3255页。
[3] 司马迁：《史记》卷129《货殖列传》，中华书局1959年版，第3255页。
[4] 王充：《论衡》卷1《命禄篇》，陈蒲清点校，岳麓书社1991年版，第8页。

改善，但王充还是认为命运始终不可悖逆，"命贫以力勤致富，富至而死；命贱以才能取贵，贵至而免"①。富裕可以通过两条途径获得：一是"务本"，强调农工商均能致富；二是"爱日"，人的贫富与劳动时间的多寡相联系。因此，在抑制贫富分化上，王充主张通过减少徭役的办法，使百姓有更多的时间从事农业生产，增加"收入"，从而缩小贫富之间的差距。

三、唐宋时期

唐宋时期，在经济发展、社会变革的历史推动下，经济思想领域呈现出巨大转折，出现了许多新思想、新观念，贫富思想也发生了转变。在"义利之辨"深入展开的同时，唐宋思想家认识到了保护富人对于调节贫富关系具有重要意义，"保富"思想随之开始产生。

唐代陆贽认为，造成贫富分化和贫富差距的原因有三点：一是人的劳动技能和勤勉程度不同，他认为财富是人为的，那些劳动技能高超并且勤勉工作的人财富多，懒惰的人则财富少；二是统治阶级的贪婪，对百姓实行的重赋将导致贫富分化加剧；三是土地兼并严重，他指出，"富者兼地数万亩，贫者无容足之居"②，有田的地主坐食地租，不劳而获，将造成贫富差距。尽管如此，陆贽并不赞同"劫富济贫"，认为应该通过"微损有余，稍优不足，损不失富，优可赈穷"做到"安富恤穷"③。

北宋李觏对孟子的"何必言利"之说提出批判，反对贵义贱利，同时认识到富民对于国家统治的重要性，因而主张保护富人。在缩小贫富

---

① 王充：《论衡》卷1《命禄篇》，陈蒲清点校，岳麓书社1991年版，第10页。
② 陆贽：《陆宣公集》卷22《均节赋税恤百姓第六条》，刘泽民校点，浙江古籍出版社1988年版，第260页。
③ 陆贽：《陆宣公集》卷22《均节赋税恤百姓第六条》，刘泽民校点，浙江古籍出版社1988年版，第261页。

分化和贫富差距方面，他提出要均平赋役和复行井田之法。李觏认为："吾乃今知井地之法，生民之权衡乎！井地立则田均，田均则耕者得食，食足则蚕者得衣；不耕不蚕，不饥寒者希矣。"[1] 可见，在他看来，复行井田是均平赋税的重要举措，不仅有助于保护富人的利益，而且能够抑制贫富的进一步分化。

王安石在财富观上同样主张"保富"，而在贫富分化认识上，他认为宋代土地兼并激烈和赋税不均是导致贫富分化的主要原因。因此他主张实行"方田均税"以抑制日益扩大的贫富分化。方田，其实是整理土地、核实土地的做法，目的在于依据占有土地的多少进行均税。方田均税法规定："以东西南北各千步，当四十一顷六十六亩一百六十步，为一方；岁以九月，县委令、佐分地计量，随陂原平泽而定其地，因赤淤黑垆而辨其色；方量毕，以地及色参定肥瘠而分五等，以定税则；……均税之法，县各以其租额税数为限，旧尝收蹙奇零，如米不及十合而收为升，绢不满十分而收为寸之类，今不得用其数均摊增展，致溢旧额，凡越额增数皆禁。"[2] 可见是在对土地进行测量的基础上，依据土地的肥沃贫瘠情况分等均税。

随着南宋土地兼并加剧，产去税存和有税无产的农户数量大大增加，赋税不均和贫富差距扩大。南宋朱熹指出："乡村小民，其间多是无田之家，须就田主计田耕作。每至耕种耘田时节，又就田主生借谷米。及至秋冬成熟，方始一并填还。佃户既赖田主给佃生借以养活家口，田主

① 李觏：《李觏集》卷20《潜书》，王国轩校点，中华书局1981年版，第214—215页。
② 脱脱等：《宋史》卷174《食货上二·方田》，中华书局1977年版，第4199—4200页。

亦借佃客耕田纳租以供赡家计,二者相须,方能存立。"①为解决这一问题,他主张推行经界法,调节贫富之间的差距。

总体而言,唐宋时期各位思想家一般认为人的勤劳是增加财富的办法,所以主张在保护富人的基础上,通过"均税"缩小贫富分化和贫富差距。

四、元明清时期

元明清时期的贫富思想在融合吸收先秦以来历代贫富思想的基础上,对传统贫富思想进行了斟酌、损益并融入了"保富论"这一核心思想,完成了对传统贫富思想的完善和提升。这一时期,富民阶层成为社会上的中间阶层,贫富关系也围绕富民阶层的社会经济活动而展开。在经济思想上,对贫富关系的认识也鲜明地表现为强调富人作用的"富养贫论"以及强调贫富相倚而立的"贫富相资论"。

这一时期,各位思想家对贫富分化原因的认识主要集中在以下四点。一是个人的勤惰和智愚是产生贫富差距的原因。如明代丘濬认为,人们或贫或富是命中注定的,"天生众民,有贫有富"②。同时他强调贫富与个人勤惰也是有关的,"勤者得之,怠者失之,俭者裕之,奢者耗之"③。既然富人是命中注定或个人努力的结果,那么剥夺富人的财富就没有道理。二是统治阶级的剥削和侈靡导致了贫富分化。元代赵天麟认为贫富悬殊起源于贵族和富人的侈靡,明代海瑞认为贫富分化的原因在于官僚士子与民争利,吕坤认为贫富不均的根源是豪强地主的剥削和掠夺。三

---

① 朱熹:《晦庵先生朱文公文集》卷 100《劝农文》,《朱子全书》第 25 册,上海古籍出版社、安徽教育出版社 2002 年版,第 4626 页。
② 丘濬:《大学衍义补》卷 25《制国用·市籴之令》,林冠群、周济夫校点,京华出版社 1999 年版,第 242 页。
③ 丘濬:《大学衍义补》卷 20《制国用·总论理财之道上》,林冠群、周济夫校点,京华出版社 1999 年版,第 201 页。

是赋役繁重和赋税不均是造成贫富分化的缘由。清代黄宗羲指出，天下贫民的困苦和贫富悬殊是由赋税不均导致的。顾炎武则把贫富不均归咎于赋税中的"弊政"。王夫之认为赋税太重、吏胥为奸才是导致贫富分化的主要因素，尽管他不主张消除贫富分化，但也提出改革赋税制度以缓和贫富矛盾。四是土地兼并是加剧贫富分化的主要原因。明代张居正一方面认为统治者的侈靡和贪婪加剧了社会的贫富差距，另一方面又认为"豪强兼并，赋役不均"[1]才是贫富悬殊的真正原因。

正因为对贫富分化产生的原因有分歧，所以在抑制贫富分化、缩小贫富差距方面思想家们存在不同看法，甚至出现对立。如在明清调节贫富分化的认识中，出现了相互对立的情况，即"右贫抑富"与"保富安贫"。抑富论者主张通过铲除"豪右"以缓解贫富悬殊，保富论者则主张通过培植富有阶层调和贫富矛盾。如丘濬主张"保富安贫"，认为"诚以富家巨室，小民之所依赖，国家所以藏富于民者也"[2]。

不管是"右贫抑富"还是"保富安贫"，都倡导在财富"分配"上实现"均平"的价值观念。"均平"在元明清时期，主要包括"均土地"和"均赋役"两种思路。"均土地"实质是平均地权，一般把井田制视为解决贫富悬殊最理想的方案。"均赋役"则是平均赋税和徭役，明代张居正认为，均平赋役可以起到安富恤贫的作用。他指出，"均赋役"对于贫户而言，能减轻豪强的转嫁，避免豪强"恃顽不纳田粮，偏累小民"[3]和"豪强兼并，而民贫失所"[4]；对于富人而言，他们的财富也因此能够得到国家法律的

① 张居正：《张太岳集·奏疏》卷1《陈六事疏》，中国书店2019年版，上册，第6页。

② 丘濬：《大学衍义补》卷13《固邦本·蕃民之生》，林冠群、周济夫校点，京华出版社1999年版，第123页。

③ 张居正：《张太岳集·奏疏》卷1《陈六事疏》，中国书店2019年版，上册，第7页。

④ 张居正：《张太岳集·书牍》卷6《答应天巡抚宋阳山论均粮足民》，中国书店2019年版，中册，第129页。

保护和维护。

此外，在均平的具体措施上，对贫富分化中的弱势群体进行扶助和救济也是一项重要策略。元明清时期是古代社会保障和社会救济的重要发展时期。元代的济众院、养济院、惠民药局，明清的养济院、栖流所等，都是救济贫弱的专门机构。元明清时期，以民间力量为主体的善堂善会组织如同善会、育婴堂、普济堂、义赈会等逐渐兴起。同时关于救荒的专门书籍也大量出现，清代俞森编纂的《荒政丛书》是中国古代救荒书籍的集大成者。在调节贫富分化和救济弱势群体方面，元明清社会中最具代表性的是依靠富民济困救荒的思想。

贫富分化问题不仅是一个关系到经济社会发展的现实问题，也是人类发展史上遭遇的一个历史性问题。尽管这些思想只是中国古代先哲对"大同"和"小康"的美好愿望，却为我们理解共同富裕提供了思想指引。

中国近现代社会的
"大同"和"民生主义"思想

　　1840 年鸦片战争以后，由于西方列强入侵和封建统治腐败，中华民族遭受了前所未有的劫难。帝国主义、封建主义的双重压迫，使得中国思想家将大同社会的建构作为救国救民的政治理想与行动方案。太平天国领袖洪秀全曾经试图建设"大同"社会，康有为提出"大同世界"的思想，孙中山提出"民生主义"的思想。

　　太平天国的"大同"思想，主要体现在其纲领性文件《天朝田亩制度》中。[①] 关于土地所有关系，《天朝田亩制度》规定："凡天下田，天下人同耕，此处不足，则迁彼处，彼处不足，则迁此处；凡天下田，丰荒相通，此处荒，则移彼丰处，以赈此荒处，彼处荒，则移此丰处，以赈彼荒处。"[②] 即主张废除封建土地所有制，均分田地。关于分配关系，《天朝田亩制度》规定"天下人人不受私物，物归上主，则主有所运用，天下大家处处平均，人人饱暖矣"[③]，即屏除私利，平均分配物质财富。关于社会保障，《天

---

① 王琳：《当代中国共产党人共同富裕思想研究》，北京交通大学博士学位论文，2014 年。

② 罗尔纲：《太平天国的理想国：天朝田亩制度考》，商务印书馆 1950 年版，第 2 页。

③ 罗尔纲：《太平天国的理想国：天朝田亩制度考》，商务印书馆 1950 年版，第 3 页。

朝田亩制度》规定"鳏寡孤独废疾免役，皆颁国库以养"[1]，这与《礼记·礼运》中的"大同"要求相一致，即通过社会包办，实现幼有所育、老有所养、弱有所扶。《天朝田亩制度》一方面体现了中国几千年来农民阶级获得土地权利、追求生活平等的迫切愿望，另一方面又因为脱离了社会实际，违背了历史发展规律，与古代"大同"思想一样可望而不可即。因此，《天朝田亩制度》既在客观现实条件下，因会严重挫伤生产积极性，造成生产力的倒退而无法实施；又因农民阶级的历史局限性，在统治集团的主观意愿中不愿实施。

作为近代中国维新派领袖以及最早学习西方的思想家之一，康有为在《大同书》中将《礼记·礼运》中的"大同""小康"思想与近代西方资本主义民主制、议会制学说相结合，提出了一个合大地、同人类、保独立、为天乐、公生业、治太平、爱众生、至极乐的"大同世界"。[2]在经济制度上，康有为认为私有制不仅会带来贫富不均，而且由于存在同业竞争和盲目生产，必然会引起商业危机。因此，他主张在生产资料所有制上要废除私有制，农工商业归公，由全社会共同管理；在资源配置方法上要实行严格的计划经济，由商部依据全人类所需农副产品、工业品，考虑自然灾害因素及上年消费实际，订出计划，通报于农部、工部，农部、工部依据各地生产条件，下达年度生产计划。在政治制度上，康有为认为国家是导致战争和人类灾难的根源，因此要实现大同，必须经过三个步骤使国家消亡。第一，建立各国的平等联盟，各国之间势均力敌、相互制约、和平共处。第二，建立公议政府，公议政府制定国际公法以衡量是非曲直，拥有公共部队以制止越轨行为。第三，公议政府时期，

---

① 罗尔纲：《太平天国的理想国：天朝田亩制度考》，商务印书馆1950年版，第7页。
② 王琳：《当代中国共产党人共同富裕思想研究》，北京交通大学博士学位论文，2014年。

各国逐步裁军，统一度量衡及语言文字，消除邦国称号，最终消除国家。在家庭制度上，康有为认为家庭是自私、狭隘等一切罪恶的根源，家族制度妨碍社会进步，因此要实现大同，必须经过两个步骤废除家庭。第一，实现女权彻底独立，实现男女平等。第二，改变婚姻制度，婚姻为合约，合约可长可短，一切自由；婴儿由社会公养，老人由社会公恤。在"大同世界"的实现方式上，康有为认为阶级斗争和革命会有流血和破坏，主张由一些聪明的"仁人"广泛地宣传"大同世界"的好处，等到大家都赞成了，"大同世界"就会自然到来。

康有为所处的近代中国，封建势力逐步衰落，资本主义初步发展。正如马克思、恩格斯在《共产党宣言》中所分析的那样："它们关于未来社会的积极的主张，例如消灭城乡对立、消灭家庭、消灭私人营利、消灭雇佣劳动、提倡社会和谐、把国家变成纯粹的生产管理机构——所有这些主张都只是表明要消灭阶级对立，而这种阶级对立在当时刚刚开始发展，它们所知道的只是这种对立的早期的、不明显的、不确定的形式。因此，这些主张本身还带有纯粹空想的性质。"[1] 毛泽东对康有为的"大同世界"评价道："康有为写了《大同书》，他没有也不可能找到一条到达大同的路。"[2]

孙中山的"民生主义"思想形成于 19 世纪末，他在游历英国期间发现英国的物质财富增长速度很快，但也并非如宣传的那样是一个完美无缺的理想世界。西方资本主义制度的缺陷在于贫富悬殊以及由此导致的社会矛盾尖锐、社会革命不断爆发。孙中山认为中国未来社会的发展应该一方面借鉴欧美社会的经验，充分发展近代资本主义经济；另一方面

① 《马克思恩格斯选集》第 1 卷，人民出版社 2012 年版，第 432 页。
② 《毛泽东选集》第 4 卷，人民出版社 1991 年版，第 1471 页。

要吸取欧美社会的教训，防止资本主义垄断，缩小贫富差距。基于以上考虑，孙中山提出了"民生主义"的对策，"民生主义"大体上包括三个方面。其一，"平均地权"。核定全国的土地价格，土地所有者照价纳税，社会改良进步后增加的地价归国家所有，国家如有需要可以按原价购买，这样人民可以通过税收平等地享受经济发展带来的利益。其二，"耕者有其田"。在以"平均地权"的办法解决城市土地公有化问题的同时，孙中山并不反对农民的小私有经济。针对当时中国的农民绝大多数没有自己的土地而不得不租种地主土地，并承受着过高盘剥而造成的农民与地主严重对立的现状，孙中山主张由国家出面收买地主的土地，然后授田给无地、少地的农民，或租给农民耕种。[①] 其三，"节制资本"。首先，限制私人企业的经营范围。只允许私人资本经营规模较小、无独占性的企业，国有资本经营包括铁路、航运、邮电及大工业、大矿业、大商业等在内的有关国计民生的重要行业，这样巨额资本创造的财富就被全体国民共享，而非成为少数垄断者的私有财产。其次，通过累进税率的方式对资本家征收所得税和遗产税。国家用税收改善工人的教育、卫生和工厂的设备，增加社会生产力，从而让社会资本能够为多数人服务，实现社会财富的均衡分配。此外，出台保障劳工权益的法律，减轻资本家对工人的剥削。[②] 孙中山的"民生主义"对策是在对西方资本主义制度深入考察之后，结合中国积贫积弱的社会现实提出的，其中蕴含的民生思想具有独创性和前瞻性。但由于没有民族独立这个政治基础，这些对策并没能充分付诸实践。

---

① 黄香琴：《试论孙中山民生主义的共同富裕思想》，《山东农业工程学院学报》2015 年第 3 期。

② 黄香琴：《试论孙中山民生主义的共同富裕思想》，《山东农业工程学院学报》2015 年第 3 期。

第三节

西方社会的空想社会主义
和福利主义思想

  西方空想社会主义在对资产阶级及资本主义制度的批判中，构建出蕴含共同富裕思想的理想社会。

  托马斯·莫尔在《乌托邦》中描述了一个虚构的航海家到一个奇异王国——乌托邦的旅行见闻。乌托邦在财产所有制上，实行公有制，公民个人没有任何私有财产，住房每十年调换一次；在劳动安排上，居民每天劳动六个小时就能满足社会需要，其余时间从事科学、艺术等活动；在分配关系上，实行按需分配，人们穿统一的工作服和公民装，在公共餐厅就餐；在城乡、工农关系上，每个公民需要轮流到农村劳动两年；在社会管理上，官吏由秘密投票的方式选举产生，职位不得世袭。[①]托马斯·康帕内拉在《太阳城》中也借航海家之口描绘了一个以公有制为基础、统一生产、共同劳动、按需分配的理想社会。

  弗朗斯瓦·沙利·傅立叶认为充斥野蛮和兽性的资本主义制度与资本主义社会，在经过过渡性的保障制度和协作制度两个阶段后，最终会进入和谐制度与和谐社会。协作社是和谐社会的基层组织，傅立叶称之

---

① 王琳：《当代中国共产党人共同富裕思想研究》，北京交通大学博士学位论文，2014年。

为法朗吉。法朗吉在保留私有制和利润的前提下，实行有计划、有组织的生产、生活活动；收入按劳动、资金、知识进行分配，成员间的收入水平和消费水平存在差异，但这种差异控制在一定范围，不会导致矛盾和冲突。①傅立叶试图通过法朗吉这种社会组织来调和资本与劳动间的矛盾，以达到人人幸福的和谐社会。1832 年他按照自己设计的和谐社会蓝图进行小规模试验，然而不到一年就不得不宣告失败。

罗伯特·欧文对资本主义的认识和批判要比傅立叶更深刻。傅立叶的和谐社会中还保留私有制和阶级，欧文则认为资本主义私有制是资本主义一切罪恶的根源，提出废除资本主义私有制，实行社会主义公有制。"合作公社"是欧文理想社会的基层组织。"合作公社"取消私有制，实行财产公有；消灭城乡对立，消除工人和农民、脑力劳动和体力劳动的差别；人人参加劳动，按需分配。②1824 年欧文开始按照"合作公社"的蓝图进行试验，前后历经几十年，最后也归于失败。

空想社会主义者的理想社会思想，是在对资本主义现实民生状况的批判上产生的，对马克思、恩格斯有着重要影响。空想社会主义者看到了资本主义社会两极分化的现实，同情工人阶级的遭遇，企图建立一个消除阶级对立与冲突、实现人人平等的新社会。不可否认，空想社会主义者的理想社会思想对社会主义思想的传播和发展做出了重要贡献，但它也存在着明显的缺陷。他们反对资本家对工人阶级的剥削，只是出于对工人阶级的同情，而没有从资本主义生产方式内部寻找根源，无法揭露这种剥削是如何进行的。他们关于未来新社会的种种构想是从理性原则出发设计的，没有建立在对资本主义基本矛盾的分析上。对此恩格斯

① 张步仁：《论和谐社会由空想到现实的发展》，《南京航空航天大学学报》（社会科学版）2006 年第 1 期。

② 张步仁：《论和谐社会由空想到现实的发展》，《南京航空航天大学学报》（社会科学版）2006 年第 1 期。

指出："以往的社会主义固然批判了现存的资本主义生产方式及其后果，但是，它不能说明这个生产方式，因而也就制服不了这个生产方式；它只能简单地把它当作坏东西抛弃掉。"① 他们对资产阶级抱有幻想，主张通过"和平的途径"以及"不会成功的试验"实现社会主义理想，忽略了无产阶级自我解放的力量。由于没有建立在科学的分析方法上，他们对资本主义民生问题的认识仅仅诉诸道德批判，无法达到理论批判和实践批判，他们对未来社会的理论构建也只能停留在理论层面。

与之相比，马克思和恩格斯则找到了这些关键问题的答案，创立了历史唯物主义与剩余价值学说，为人类社会最终实现共同富裕，奠定了坚实的理论基础。

工业革命在西方资本主义国家的展开，一方面带来了生产力的快速进步，另一方面也带来了一系列的社会问题。为了维持社会的稳定和劳动力的可持续再生产，1601 年英国颁布《伊丽莎白济贫法》，它将对穷人的救济制度首次以立法的形式确立，使之成为国家的一项主要社会功能。此后英国国会先后通过了《新济贫法》（1834 年）、《矿工法》（1842 年）、《工厂法》（1844 年）、《10 小时工作法》（1847 年）以改善劳工待遇，缓解阶级冲突，初步形成了现代社会政策体系。② 与英国以救济贫民和预防贫困为目的的社会政策体系不同，德国社会政策体系的阶级调和特征更为明显。③ 德国先后颁布《劳工疾病保险法》（1883 年）、《工人赔偿法》（1884 年）、《伤残和养老保险法》（1889 年），通过向工人提供制度化的养老、医疗、工伤、失业保险，赢得了工人阶级对国家的

① 《马克思恩格斯全集》第 25 卷，人民出版社 2001 年版，第 393 页。
② 何子英：《西方福利国家的发展模式及其对我国和谐社会建设的启示》，《马克思主义与现实》2009 年第 2 期。
③ 周弘：《福利国家向何处去》，《中国社会科学》2001 年第 3 期。

广泛认同和支持，迅速为欧洲其他国家争相效仿。[①]1929—1933 年的世界经济危机打碎了自由市场的神话，凯恩斯主义兴起，市场调节具有盲目性和自发性等缺点、需要通过国家干预来弥补市场失灵成为社会共识。二战后随着泰勒制科学管理和装配流水线在生产过程中的普及应用，福特主义成为主导的社会积累体系，在这一体系中，工会的力量得以增强，工资采用集体谈判的方式决定，工人的利益得到较好保护。再加上冷战时期来自社会主义国家的外部竞争，二战后西方资本主义国家形成了一整套福利国家制度。

不同国家的福利制度有所不同。比如，英国为低福利、低市场、普救型福利国家，德国为高福利、高市场、普救型福利国家，瑞典为高福利、低市场、普救型福利国家，美国、新加坡和日本为低福利、高市场、补救型福利国家。[②]以二战后的美国为例，社会保障、社会公益事业和最低物质供应构成其福利制度的三大政策支柱。社会保障由老年保险、幸存者保险、伤残保险、健康保险等社会保险计划组成，用以为遭遇天灾人祸的国民等提供物质生活保障。社会公益事业是指为国民提供最为基本的生活必需品和相关的服务，包括教育、卫生保健、住房、幼儿日托和法律服务等。最低物质供应也被称为"反贫困政策"，旨在通过提供现金补助、物品、服务和培训等多种方式为最贫困、最易遭受伤害以及蒙受重大损失的居民提供最低物质生活保障，以确保他们能维持在最低生活水平之上。[③]

西方福利国家的理论与实践无疑提高了工人阶级的生活水平，具有

---

① 何子英:《西方福利国家的发展模式及其对我国和谐社会建设的启示》,《马克思主义与现实》2009 年第 2 期。

② 祁亚辉:《福利国家的比较研究》,海南出版社 2004 年版。

③ 张玉柯:《美国社会福利制度及其改革趋势》,《世界经济》1998 年第 2 期。

进步意义。它们所采取的一些政策措施具有一定的借鉴价值，能够为我们在推进中国特色社会主义共同富裕的伟大实践中所借鉴。同时，我们也要清楚地认识到西方国家的福利制度具有片面性和不可持续性，无法使国民实现共同富裕。第一，西方国家的福利制度只管解决眼前问题，不顾长远的发展。第二，主要满足物质生活需要，忽视人对美好生活的其他需要。第三，福利承诺成为政党竞争的手段，物质福利供给远超国民经济承受能力，这就导致了过高的工资与税负以及由此引起的经济金融化、经济空心化，这种福利制度如不及时做出改变将会导致政府破产等一系列问题。[①]

---

① 沈斐：《"美好生活"与"共同富裕"的新时代内涵——基于西方民主社会主义经验教训的分析》，《毛泽东邓小平理论研究》2018年第1期。

要点回看

◎ 先秦时期的贫富思想是针对封建农业经济的发展而提出的，其中带有明显的社会等级观念，主张按照社会政治地位占有财富的思想在中国漫长的历史发展进程中逐渐成为主流。

◎ 唐宋时期各位思想家一般认为人的勤劳是增加财富的办法，所以主张在保护富人的基础上，通过"均税"缩小贫富分化和贫富差距。

◎ 元明清时期的贫富思想在融合吸收先秦以来历代贫富思想的基础上，对传统贫富思想进行了斟酌、损益并融入了"保富论"这一核心思想，完成了对传统贫富思想的完善和提升。

◎ 孙中山的"民生主义"对策是在对西方资本主义制度深入考察之后，结合中国积贫积弱的社会现实提出的，其中蕴含的民生思想具有独创性和前瞻性。

◎ 空想社会主义者看到了资本主义社会两极分化的现实，同情工人阶级的遭遇，企图建立一个消除阶级对立与冲突、实现人人平等的新社会。

◎ 马克思和恩格斯则找到了这些关键问题的答案，创立了历史唯物主义与剩余价值学说，为人类社会最终实现共同富裕，奠定了坚实的理论基础。

推荐阅读

1. 胡寄窗:《中国经济思想史》,上海财经大学出版社1998年版。

2. 托马斯·莫尔:《乌托邦》,戴镏龄译,商务印书馆1982年版。

3. 韩剑锋:《裕民、齐民、新民:孙中山民生主义思想研究》,
上海三联书店2013年版。

4. 克劳斯·奥菲:《福利国家的矛盾》,郭忠华等译,吉林人
民出版社2006年版。

第二章

求是问道：
马克思主义经典作家的
理论探索

工人不幸而成为一种活的、因而是贫困的资本，这种资本只要一瞬间不劳动便失去自己的利息，从而也失去自己的生存条件。作为资本，工人的价值按照需求和供给而增长，而且，从肉体上来说，他的存在、他的生命，也同其他任何商品一样，过去和现在都被看成是商品的供给。

——马克思《1844 年经济学哲学手稿》

或者是资产阶级的思想体系，或者是社会主义的思想体系。这里中间的东西是没有的……因此，对社会主义思想体系的任何轻视和任何脱离，都意味着资产阶级思想体系的加强。

——列宁《怎么办？我们运动中的迫切问题》

如果无产阶级不消灭它本身的生活条件，它就不能解放自己。如果它不消灭集中表现在它本身处境中的现代社会的一切非人性的生活条件，它就不能消灭它本身的生活条件。无产阶级并不是白白地经受那种严酷的但能使人百炼成钢的劳动训练的。

——马克思、恩格斯《神圣家族》

共同富裕是马克思、恩格斯等马克思主义经典作家的毕生理论追求，他们对共同富裕问题的思考，既反映了当时社会的历史本质与发展趋势，同时也为今人探寻实现共同富裕的现实路径提供了重要的理论支撑与方法指引。

第二章　求是问道：马克思主义经典作家的理论探索

探索资本主义社会贫困的类型及其成因

贫困的表现类型

工人阶级的物质贫困
生存境遇窘迫

工人阶级的精神贫困
"无知""粗野"
"道德堕落"

根本成因

☆资产阶级的压迫
☆阶级压迫以剩余价值生产为基础

☆阶级意识的匮乏
☆资产阶级的意识形态欺骗

描绘未来社会共同富裕的实现路径

☆通过意识形态斗争，确立阶级意识，摆脱精神贫困
☆只有组织团结起来，组成同盟，才能与整个资产阶级相对抗

掌握意识形态领导权，形成阶级意识

☆通过无产阶级革命消灭资本主义私有制，推翻资产阶级统治，消灭剥削，摆脱物质贫困
☆在生产力发展的基础上，建立起崭新的所有制基础

推动生产力进步，发动阶级革命

☆工人阶级革命的目的和结果，是建立共产主义社会
☆共产主义社会的到来，是生产力发展的必然结果

坚持公有制，建立共产主义

马克思主义共同富裕思想的重要价值

理论价值　　现实价值

☆实现了对空想社会主义者、国民经济学家和德国古典哲学家的超越
☆克服了国民经济学与德国古典哲学的理论局限，找到了共同富裕的实现路径
☆要求人们在认识规律的基础上，顺应规律、利用规律，唯有如此，才能在历史发展的必然性中实现自由、获得解放

☆影响了人们对社会发展未来趋势的理解，改变了人们的思想观念
☆提升了工人阶级的经济和政治地位，改善了工人阶级的生存境遇
☆改变了世界经济、政治和文化格局，推动了世界社会主义运动的发展，为第三世界国家实现独立自主提供了重要的思想理论支撑

探索资本主义社会贫困的
类型及其成因

要想理解共同富裕的实现路径，必须首先理解特定历史环境中贫困的类型和成因。马克思主义经典作家对共同富裕这一问题的研究，也是从分析贫困的类型及其成因开始的。这既是他们认知共同富裕的逻辑起点，也是后人理解马克思、恩格斯等人共同富裕思想的关键切入点。

一、贫困的表现类型

工人阶级的物质贫困是资本主义社会的第一种贫困类型。第一次工业革命之后，西方资本主义社会的生产力水平得到了迅猛提升，伴随而来的，则是整个社会分裂为资产阶级和无产阶级，贫富差距日益拉大，阶级矛盾日益尖锐，工人阶级的生存境遇日益窘迫。当时的许多思想家都发现了这样的现象，并都对这样的社会现实有着深刻的描述。在《1844年经济学哲学手稿》中，马克思指出，"物的世界的增值同人的世界的贬值成正比"[1]。与之类似，蒲鲁东也认为，"在工业进化的初期……结果不是驱除了贫困，反而带来了贫困"[2]。社会的进步，带来的不是普遍

---

[1] 《马克思恩格斯文集》第 1 卷，人民出版社 2009 年版，第 156 页。

[2] 蒲鲁东：《贫困的哲学》第 2 卷，余叔通、王雪华译，商务印书馆 1998 年版，第 734 页。

繁荣和共同富裕，而是贫困与财富的双重积累，崇高与堕落的相伴而行。

恩格斯曾经在英国进行细致的调研和考察，通过大量的第一手和第二手资料，在《英国工人阶级状况》中，向世人展示出当时英国工人阶级最真实的生存境遇。恩格斯指出："大城市工人区的垃圾和死水洼对公共卫生造成最恶劣的后果，因为正是这些东西散发出制造疾病的毒气；至于被污染的河流，也散发出同样的气体。"①的确，19世纪英国的许多工业城市，并没有科学的城市建设规划，社会底层劳动者的住房、医疗卫生等基本生存需求，也根本得不到必要的满足，到处蔓延的伤寒"是直接由于住宅的通风、排水和卫生的恶劣状况引起的"，"在伦敦东区、北区和南区的潮湿而肮脏的地方，这种疾病特别猖獗"。②恩格斯这样概括工人群体的身体状况："他们几乎全都身体衰弱，骨瘦如柴，毫无气力，面色苍白。"③简短的话语，清楚勾勒出当时工人阶级的物质生活境遇。马克思深刻指出，现代社会中形成了"一个并非市民社会阶级的市民社会阶级……形成一个由于自己遭受普遍苦难而具有普遍性质的领域……它表明人的完全丧失……社会解体的这个结果，就是无产阶级这个特殊等级"④。

工人阶级的精神贫困是资本主义社会的第二种贫困类型。面对整个社会日益分裂为贫富悬殊的两个阶级，恩格斯指出，"使英国工人沦为无产者的那种情况，对他们的道德所起的破坏作用比贫穷还要厉害得多"⑤。类似的，托克维尔也发现，英国的"其他人群已经教育普及，

---

① 《马克思恩格斯文集》第1卷，人民出版社2009年版，第410页。
② 《马克思恩格斯文集》第1卷，人民出版社2009年版，第412页。
③ 《马克思恩格斯文集》第1卷，人民出版社2009年版，第418页。
④ 《马克思恩格斯文集》第1卷，人民出版社2009年版，第16—17页。
⑤ 《马克思恩格斯文集》第1卷，人民出版社2009年版，第429页。

道德提高，品位也变得更高雅……穷人却仍旧没有改善，甚至还有些倒退"①。在《资本论》中，马克思指出："不管工人的报酬如何，工人的状况随着资本的积累而恶化。最后，使相对剩余人口或产业后备军同积累的规模和能力始终保持平衡的规律把工人钉在资本上，……在一极是财富的积累，同时在另一极，即在把自己的产品作为资本来生产的阶级方面，是贫困、劳动折磨、受奴役、无知、粗野和道德堕落的积累。"②很明显，"无知""粗野""道德堕落"不属于纯粹的物质范畴，而属于精神范畴。马克思和恩格斯都清楚地看到了，伴随物质贫困而来的是工人阶级的精神贫困问题。

当然，无论是"无知""粗野"还是"道德堕落"，作为一种精神现象，都要以一定的方式外化。恩格斯发现，当时的英国工人阶级酗酒问题十分严重。从严格意义上讲，酗酒并没有违反社会法律，但是在资本主义社会，资产阶级话语中的"勤劳""节俭"才是全社会应当遵循的道德规范。工人没有勤奋劳动，反而拿出微薄的工资满足自己对酒精的渴望，显然与资产阶级要求的社会道德背道而驰。所以，酗酒也是工人阶级精神"堕落"（精神贫困）的一种具体表现。恩格斯十分同情地指出，工人由于"疲惫、烦闷和忧郁的心情……生存没有保障……而达到了无可忍受的地步……不能不沉湎于酒"③。当然，工人阶级精神贫困外化的具体表现还有很多，除了道德堕落，还有对社会危害更严重的违法犯罪等等。

---

① 理查德·斯威德伯格：《托克维尔的政治经济学》，李晋、马丽译，格致出版社、上海人民出版社2011年版，第492页。

② 《马克思恩格斯全集》第42卷，人民出版社2016年版，第664—665页。

③ 《马克思恩格斯文集》第1卷，人民出版社2009年版，第415—416页。

二、物质贫困的成因

物质贫困的第一个原因就是阶级压迫。工人阶级为何会遭受如此严重的物质贫困，这是马克思、恩格斯等人必须认真回应的理论和现实难题。在当时占主流的国民经济学家看来，工人阶级的物质贫困根源于工人自身能力、智慧、技艺等因素的缺失，工人自身而非社会结构要对工人遭遇的物质贫困负责，整个社会也没有责任和义务改善工人阶级的生存境遇。但是，马克思、恩格斯并不同意这样的观点。他们认为工人阶级的悲惨遭遇是社会结构导致的，引发工人阶级物质贫困的根本原因是资产阶级的压迫，而不是工人阶级自身的某些因素。

在《1844年经济学哲学手稿》中，马克思提出了"异化劳动"的概念，即"对工人来说，劳动的外在性表现在：这种劳动不是他自己的，而是别人的；劳动不属于他；他在劳动中也不属于他自己，而是属于别人"[1]。按照国民经济学家的理解，现代社会的经济发展，立足于劳动所有权和等价交换原则。社会中的每个人都是劳动者，每个人都合法地拥有自己的劳动产物，并通过等价交换的方式从社会中换得自身所需。一个人获得的财富越多，也就越能够表明他的劳动产物相对更充分地满足了社会的需要，是个人劳动能力以及其他内在素质的外在确证。马克思的"异化劳动"概念揭示出这样一个事实，那就是现代社会并没有建立在劳动所有权和等价交换原则基础上。工人的劳动及其产物没有归工人自身所有，而是无偿地被没有从事劳动的"他人"即资本家拥有了。工人与资本家之间，不是平等的商品生产者的关系，而是剥削与被剥削、压迫与被压迫的关系。毫无疑问，这一判断是深刻的，也为理解工人阶级物质

---

① 《马克思恩格斯文集》第1卷，人民出版社2009年版，第160页。

贫困的成因，提供了一种全新的思路。因为，国民经济学家主张的劳动所有权和等价交换原则，实际上构建了一种个体间的抽象平等关系，使现代社会成为满足每个人张扬个性的乌托邦。这样，理解物质贫困的成因，只能从个人因素着手。马克思对劳动所有权和等价交换原则的否定，实际上否定了现代社会的乌托邦设定，把压迫与剥削理解为现代社会的所有权本质，既符合社会历史发展的基本事实，同时也为理解工人阶级物质贫困的成因提供了一个崭新的理论视角。

　　"异化劳动"概念虽然通过阶级压迫的视角，一语中的地揭示了工人阶级物质贫困的成因，不过这种解释框架仍旧存在局限性。"异化"是黑格尔、费尔巴哈等哲学家使用的范畴，它预设了前异化和扬弃异化的两个阶段。但是，这两个阶段本质上都是一种价值预设，异化及其扬弃的推动力来自概念自身，是精神运动的表现形式。所以，以"异化劳动"概念规定工人阶级的现实境遇，不足以历史地解释工人阶级遭受的资产阶级压迫究竟从何而来。马克思很快清醒地认识到了这一点，于是在新的理论起点上，展开了新的探索。一方面历史地对待现代社会阶级压迫的历史生成，同时唯物地认知现代社会阶级压迫历史生成的内在推动力。

　　在《哲学的贫困》中，马克思深刻指出，"当文明一开始的时候，生产就开始建立在级别、等级和阶级的对抗上"[1]。这是马克思与异化史观划清界限之后的重要理论创造。这意味着，马克思不再预设人类社会历史中前异化状态的存在，也不再以异化框架论证未来社会的必然到来，而是重返人类社会历史发展的真实脉络，指出阶级对抗就是主导社会历史发展演变的内在动力。在《共产党宣言》开篇，马克思也鲜明指出，"至

---

① 《马克思恩格斯全集》第 4 卷，人民出版社 1958 年版，第 104 页。

今一切社会的历史都是阶级斗争的历史"①。在许多启蒙哲学家看来,进入现代社会之后,人类社会历史发展就已经进入到最高阶段,人的自由而全面的发展已经实现了。马克思则深刻地指出,现代社会本质上并没有超越传统社会,因为二者都是建立在阶级压迫基础上,只不过压迫者与被压迫者的身份发生了变化,用马克思的话说,"封建主义也有过自己的无产阶级,即包含着资产阶级的一切萌芽的农奴等级"②。工人阶级遭受资产阶级压迫、遭遇严重物质贫困这一事实,也是历史地来自前现代社会的阶级压迫。

在给安年科夫的信中,马克思指出:"社会……是人们交互活动的产物。……在人们的生产力发展的一定状况下……就会有相应的社会制度形式、相应的家庭、等级或阶级组织。……人们在他们的交往〔commerce〕方式不再适合于既得的生产力时,就不得不改变他们继承下来的一切社会形式。"③也就是说,现代社会中资产阶级对工人阶级的压迫,作为一种社会"交往方式",本质上是由生产力水平决定的,是生产力不断发展变革的历史产物。到此,马克思已经超越了当时的国民经济学和占据统治地位的黑格尔哲学。因为,马克思不仅从阶级压迫的视角出发,理解社会的构成原则,把握工人阶级遭受物质贫困的原因,而且也为社会中阶级压迫的形成与发展找到了根本动因。

不过,马克思的任务到此远没有完成。资本主义社会虽然也以阶级压迫为基础,但是等价交换原则似乎仍旧在现实中发挥着重要作用,以至于人与人之间保持着相对独立的经济关系,前资本主义时代中人对人

---

① 《马克思恩格斯文集》第2卷,人民出版社2009年版,第31页。
② 《马克思恩格斯全集》第4卷,人民出版社1958年版,第154页。
③ 《马克思恩格斯文集》第10卷,人民出版社2009年版,第42—44页。

的绝对依附状态在资本主义时代被消除了。马克思此时还没有清楚地揭示资本主义社会阶级压迫得以产生的独特经济机制究竟是什么。于是，马克思更加细致地剖析资本主义社会的生产方式，从而更加清晰地指出资本主义社会阶级压迫的实质。

在《哲学的贫困》中，马克思指出，"个人交换也和一定的生产方式相适应，而这种生产方式又是和阶级对抗相适应的……没有阶级对抗就不会有个人交换"[①]。这句话乍看似乎有些费解。交换本身蕴含着等价的内涵，也就是说，马克思承认工人和资本家之间存在着某种意义上的等价交换行为，不过马克思马上又指出这种等价交换是建立在阶级对抗，即剥削基础上的，以资本家无偿占有工人的劳动及其产物为基础。换句话说，工人与资本家之间既是平等关系，又是不平等关系，既是等价交换，又是不等价交换。看上去，这之中存在着深刻的悖论。不过，马克思却通过对剩余价值生产的揭示，在解答这一悖论的同时，深刻阐明了资产阶级压迫工人阶级、劳动者遭受物质贫困的深层经济机制，为历史地理解现代社会阶级压迫的生成路径，奠定了坚实的理论基础。

马克思认为，"工资，即劳动的相对价值或价格，因而也是由生产工人一切生活必需品所必要的劳动时间来决定的"[②]，"利润和工资的提高或降低只是表示资本家和工人分享一个工作日的产品的比例"[③]。在马克思思想发展的全部历程中，这是相对较早对剩余价值问题的论述，即资本家与工人得到的利润和工资，都来自工人的劳动时间。不过，马克思此时的论述尚不十分清晰，他还没有清楚解答等价与不等价如何同时

① 《马克思恩格斯全集》第4卷，人民出版社1958年版，第117页。
② 《马克思恩格斯全集》第4卷，人民出版社1958年版，第94页。
③ 《马克思恩格斯全集》第4卷，人民出版社1958年版，第192页。

存在。到了《资本论》及其手稿中，马克思才对此进行了清晰的阐释。

在《1857—1858年经济学手稿》中，马克思把资本家与工人的交换过程区分为两个环节：第一，"工人拿自己的商品，劳动，……同资本出让给他的一定数额的交换价值，即一定数额的货币相交换"①，"在资本和劳动的交换中第一个行为是交换，它完全属于普通的流通范畴"②。所谓"普通的流通范畴"，其实也就是指等价交换。的确，如果站在工人阶级的立场上，工人通过出卖劳动力从资本家那里赚取工资的过程确实是等价交换，劳动力作为商品所包含的价值等于工资这种商品所包含的价值。不过，工人与资本家交换行为的第二个环节，情况则根本不同："资本家换来劳动本身……使资本得以保存和倍增……是在质上与交换不同的过程"③。因为，资本家从工人那里购买到劳动力这种商品之后，工人在劳动时间中为资本家创造的实际价值，要多于工资包含的价值，站在资本家的一方，"资本和劳动之间的交换……必须是非交换"④，也就是剥削。马克思把工人偿还给资本家工资之后，又付出的劳动称为"剩余劳动"，把工人剩余劳动创造的价值称为"剩余价值"，这也就是被资本家无偿占有的价值。所以，工人与资本家之间以"非交换"为基础的"交换"行为就是这样产生的。马克思的深刻之处在于，没有仅在普通的流通范畴考察工人与资本家的关系，而是把生产、交换、分配、消费这一整个环节，作为自己分析资本家剥削工人这一基本事实的理论视角。

那么以生产剩余价值为目的的资本主义生产方式是如何从历史中产

---

① 《马克思恩格斯全集》第30卷，人民出版社1995年版，第232页。
② 《马克思恩格斯全集》第30卷，人民出版社1995年版，第233页。
③ 《马克思恩格斯全集》第30卷，人民出版社1995年版，第232—233页。
④ 《马克思恩格斯全集》第30卷，人民出版社1995年版，第282页。

生的呢？只有回答了这个问题，马克思才能真正解释工人阶级为何遭受物质贫困，才有可能进一步寻找消灭贫困，实现物质生活共同富裕的路径。在《哲学的贫困》等著作中，马克思从本体论的意义上，论证了生产力发展对社会关系变革的决定性影响，也就是说，马克思现在要回答，剩余价值生产是如何随着生产力发展而历史地产生的。

在国民经济学家的视野中，资本主义私有制的存在与发展具有天然的合法性，但是实际上，资本主义私有制作为以剩余价值生产为目的的所有制形式，其实也是历史地产生的，并且以血腥掠夺而非田园诗式的路径，得到了现实规定。在剩余价值的生产和占有两端，"一方面是货币、生产资料和生活资料的所有者……另一方面是自由劳动者……也就是劳动的出卖者"①。"他们本身既不像奴隶、农奴等等那样，直接属于生产条件之列，也不像自耕农等等那样，有生产条件属于他们。"②探究资本主义私有制的生成，分析剩余价值生产的历史由来，其实也就是在分析，这两个阶级群体如何从前现代社会中发展而来。马克思指出，现代社会的资产阶级和无产阶级，来自同一个历史过程，那就是"生产者和生产资料分离……大量的人突然被强制地同自己的生存资料和生产资料分离，被当做不受法律保护的无产者抛向劳动市场"③。"生产者"主要指封建社会的农民，他们本来拥有土地这种生产资料，但是却被封建贵族剥夺了，以至沦为只拥有劳动力的"自由劳动者"。这样，社会中便逐渐分裂为两个阶级，即掌握生产和生活资料的资本家与一无所有的劳动者，劳动者为了生存，只能向资本家出卖自己的劳动力。于是，

---

① 《马克思恩格斯全集》第 42 卷，人民出版社 2016 年版，第 734 页。
② 《马克思恩格斯全集》第 42 卷，人民出版社 2016 年版，第 735 页。
③ 《马克思恩格斯全集》第 42 卷，人民出版社 2016 年版，第 735—736 页。

资本主义私有制也就奠定了，剩余价值生产也就形成了。马克思为了说明这一历史进程，以英国的"羊吃人"运动为例："新的封建贵族则是他们自己的时代的儿子，他们把货币看做权力的权力。因而，把耕地转化为牧羊场就成了他们的口号。"①原本依赖耕地生活的农民，被赶出了土地，最终变成了工人。

三、精神贫困的成因

工人阶级精神贫困的根本原因，就是阶级意识的匮乏。精神贫困与物质贫困不同，它直接面向人的精神世界与价值追求，认知精神贫困的方式，也不如认知物质贫困的方式那样直观具体。如果陷入经验世界，探究一个个精神贫困现象的具体成因，这项工作无疑极端烦琐复杂、牵涉广泛，而且也很难挖掘出精神贫困的本质及其历史生成。所以，马克思从资本主义生产方式出发，在逻辑层面首先界定精神贫困的本质内涵，并在此基础上探究它的历史生成，为摆脱精神贫困，实现精神生活共同富裕，奠定了重要的理论基础。

在《1844年经济学哲学手稿》中，马克思指出："通过私有财产及其富有和贫困——或物质的和精神的富有和贫困——的运动，正在生成的社会发现这种形成所需的全部材料。"②因此在马克思看来，精神贫困与物质贫困是相伴而生的，是资本主义生产方式引发物质贫富差距的必然产物。那么，"精神贫困"的内涵是什么呢？马克思认为："私有制使我们变得如此愚蠢而片面，以致一个对象……当它对我们来说作为资本而存在……在它被我们使用的时候，才是我们的。……一切肉体的和

① 《马克思恩格斯全集》第43卷，人民出版社2016年版，第774页。
② 《马克思恩格斯文集》第1卷，人民出版社2009年版，第192页。

精神的感觉都被这一切感觉的单纯异化即拥有的感觉所代替。"① 应该说，这是在马克思的经典文本中，相对较早对"精神贫困"范畴的清晰规定。所谓"精神贫困"，其实也就是指在资本主义私有制的条件下，人的一切物质和精神追求，都被异化为"渴望拥有"这一种感觉，而这种"拥有"的现实指向，则是"商品"。此时，精神贫困问题存在于社会中的一切阶级。首先，"工人不幸而成为一种活的、因而是贫困的资本，这种资本只要一瞬间不劳动便失去自己的利息，从而也失去自己的生存条件"②。如果工人有一刻放弃对商品（工资）的渴望，那么他一旦停止劳动，将最终失去生活的能力。面对生存的威胁，工人只能成为商品的奴隶，为商品的完善不断消耗并掏空自身。其次，"在私有制的统治下，积累就是资本在少数人手中的积聚……而资本的这种自然使命恰恰是通过竞争来为自己开辟自由的道路的"③。资本家在现代社会中，如果有一刻放弃对商品的追求，那么他也会面临严重的生存威胁，因为他将在竞争中被其他资本家淘汰，沦为工人甚至堕入更悲惨的境遇。所以，资本家也不得不沦为商品的奴隶。

在《1844年经济学哲学手稿》中，马克思把工人与资本家遭遇的精神贫困问题，称为"利己主义"④。因为在现代社会，要想满足自身的渴望，必须使"每一个个人都同样要成为他人的需要和这种需要的对象之间的牵线者"⑤，最终通过等价交换的方式，满足自身的需要。社会成为个体满足自身需要的中介和工具，人对物的单纯渴望在这样的交往方式之下，

① 《马克思恩格斯文集》第1卷，人民出版社2009年版，第189—190页。
② 《马克思恩格斯文集》第1卷，人民出版社2009年版，第170页。
③ 《马克思恩格斯文集》第1卷，人民出版社2009年版，第134页。
④ 《马克思恩格斯文集》第1卷，人民出版社2009年版，第190页。
⑤ 《马克思恩格斯文集》第1卷，人民出版社2009年版，第322页。

便随即拥有了利己主义的特征。不过，随着马克思逐步放弃异化框架，转而立足唯物史观，从阶级斗争的视角出发，审视物质贫困的本质及其成因，马克思越来越发现，虽然都遭遇着利己主义式的精神贫困，但是工人阶级与资产阶级遭受精神贫困后的现实物质后果却截然相反。资产阶级"感到幸福，感到自己被确证，它认为异化是它自己的力量所在"①，而工人阶级则遭受着"无法再回避的、无法再掩饰的、绝对不可抗拒的贫困"②。精神贫困虽然普遍地存在于社会一切人之中，但是它对工人阶级的危害是真实且严重的，对资产阶级的危害是虚假的。所以，从《神圣家族》开始，马克思便基本把精神贫困理解为工人阶级特有的一种精神状态，而且对精神贫困的内涵、成因与影响的分析也更加深入。

在《神圣家族》中，马克思指出："正是自然必然性、人的本质特性（不管它们是以怎样的异化形式表现出来）、利益把市民社会的成员联合起来。……他们不是超凡入圣的利己主义者，而是利己主义的人。"③ "市民社会"在这里指称的并非黑格尔意义上以劳动所有权和等价交换为基础的市民社会，而是以资本主义私有制为基础的现代社会。不过，马克思此时仍旧指出"利益把市民社会的成员联合起来"，这说明，马克思一方面强调资产阶级对工人阶级的剥削，另一方面也承认等价交换的存在，并且将之视为社会成员之间相互依赖的制度基础。即便此时的马克思还没有清楚地论述剩余价值生产，但是很明显，他对现代社会中"交换"与"非交换"并存的事实有着深刻的理论和经验体认。工人阶级之所以信奉利己主义，在于其相信，现代社会的交换方式能够满足其生存需要，

---

① 《马克思恩格斯文集》第1卷，人民出版社2009年版，第261页。
② 《马克思恩格斯文集》第1卷，人民出版社2009年版，第262页。
③ 《马克思恩格斯文集》第1卷，人民出版社2009年版，第322页。

从另一个角度说，工人阶级没有深刻认识到，正是现代社会的"非交换"本质，使其遭受物质上日益贫困的苦难。"阶级意识"是卢卡奇使用的术语，表达着工人对自身阶级本质、历史形成与未来使命的客观认知。在资本主义条件下，"交换"的关系掩盖着"非交换"的关系，工人阶级只发现了"交换"，而没有发现"非交换"才是现代社会的构成方式，没有认识到自己在劳动中时刻为资本家贡献着剩余价值。工人阶级由于缺乏阶级意识，陷入了"利己主义"的观念，遭受精神贫困，在日益严重的物质贫困中苦苦徘徊。

　　资产阶级的意识形态欺骗，也是引发工人阶级精神贫困的重要原因。在《德意志意识形态》中，马克思认为，"统治阶级的思想在每一时代都是占统治地位的思想……支配着物质生产资料的阶级，同时也支配着精神生产资料"[①]。"统治阶级"本质上就是掌握生产资料的阶级，"统治阶级的思想"也就是为统治阶级长期掌握生产资料而服务的思想。所以，统治阶级的思想从酝酿、发展到成熟的整个历程，都不仅仅面向统治阶级本身，它必然要面向被统治阶级，使之屈从于统治阶级，为统治阶级的物质和精神生产服务。在不同的历史时期，统治阶级掌握和运用生产资料的方式各不相同，所以也由之产生了不同的统治阶级的思想。在现代社会，资产阶级掌握着生产资料，但是与前现代社会相比，人与人之间不再以依赖性关系为基础，彼此之间在等价交换的基础上呈现出相对独立的关系。另外，这种等价交换又是以非交换（剩余价值生产）为基础，因此资产阶级与工人阶级之间统治与被统治、压迫与被压迫的关系，就被掩盖在交换关系之下了。

---

① 《马克思恩格斯文集》第 1 卷，人民出版社 2009 年版，第 550 页。

资产阶级的思想，最本质的目的，也就是要掩盖和遮蔽剥削，极力论证资本主义生产方式对自由、平等、公平、正义的维护。在《资本论》中，马克思清楚地指出："劳动力的买和卖是在流通领域或商品交换领域的界限以内进行的，这个领域确实是天赋人权的真正伊甸园。"①因为，工人的确拥有选择为哪个资本家工作的自由；作为商品占有者，工人与资本家的确发生着等价交换关系；工人和资本家也的确在自由地支配着自己的所有物。资产阶级为了维护自己的地位，实际上在用"自由、平等"等一系列范畴，欺骗工人阶级，使之看不到生产领域存在的剥削，认不清自身处于物质贫困的真实原因。这正是意识形态欺骗，它将使工人阶级陷入资产阶级的意识形态不可自拔，在被压迫的前提下，放弃寻求改变自身境遇的可能。

---

① 《马克思恩格斯文集》第5卷，人民出版社2009年版，第204页。

描绘未来社会共同富裕的实现路径

探究资本主义社会贫困的类型及其成因，并不是目的本身，只有在此基础上探寻共同富裕的实现路径，才能赋予贫困问题研究更深刻的理论和现实意义。马克思主义经典作家也是沿着这样的思路，展开了对未来社会共同富裕实现路径的探索。

一、掌握意识形态领导权，形成阶级意识

摆脱精神贫困，实现精神富裕，在马克思主义经典作家那里，被视为实现共同富裕的关键一步。精神贫困，是工人阶级对资产阶级意识形态的信奉与践行，那么，精神富裕，也就是工人阶级认清了本阶级的时代本质与历史使命，在思想观念中走向了整个资产阶级的反面。在《怎么办？》中，列宁十分强调意识形态斗争的重要意义："或者是资产阶级的思想体系，或者是社会主义的思想体系。这里中间的东西是没有的……因此，对社会主义思想体系的任何轻视和任何脱离，都意味着资产阶级思想体系的加强。"[①] 所谓"意识形态斗争"，实际上就是代表工

----

① 《列宁选集》第 1 卷，人民出版社 1995 年版，第 326—327 页。

人阶级利益的思想体系，在精神观念上对抗代表资产阶级利益的思想体系，使工人阶级形成阶级意识，确立自身历史主体地位。

当然，通过意识形态斗争，确立阶级意识，摆脱精神贫困的历史进程是十分复杂的，对于工人阶级而言，从精神贫困到精神富裕，经历了多个逻辑环节。正如前文说明的那样，恩格斯已经发现，19世纪上半叶的英国工人，普遍存在酗酒的问题。"酗酒"实际上是工人对现实中沉重劳动负担与物质贫困的逃避，是对资产阶级意识形态的精神拒斥。应该说，从某种意义上而言，"酗酒"也体现了一种工人阶级对资本主义生产方式及整个社会文化观念的反思和反抗。但是，"酗酒"并不能表明工人阶级在观念和实践上已经把自己和资产阶级对立了起来，毕竟"酗酒"之后，工人还要回到各自的工作中，在资产阶级意识形态的统治下，为资产阶级贡献自己的剩余价值。另外，"酗酒"也极大地损害了工人阶级的身体健康，不利于工人阶级的生存和发展。所以，它是一种低层次的对资产阶级意识形态的批判。至于工人个人的犯罪行为，虽然能够表明个别工人开始否定现代社会的道德和法律，但是这种否定是无差别的，并不特定地针对整个资产阶级，现代社会的一切文明成果，甚至同一阶级的劳动者自身，都有可能成为个别工人犯罪的对象。同时，个别工人的犯罪行为也表明，这种实践行为是无组织的，不是阶级的普遍行为，而是个体的偶然行为。要知道，精神贫困或精神富裕本身是对整个工人阶级精神现象的描述，与资产阶级对抗，也要以阶级整体而非个人为基础。

随着历史的发展，工人阶级逐步形成了阶级意识，摆脱了精神贫困。18世纪末19世纪初，英国爆发了卢德运动，工人阶级组织起来，为了提高工资、改善自身待遇，有意识地捣毁机器，阻碍生产力进步，保护自己的工作机会。这一事件的本质，是围绕工资待遇问题，工人阶级联合起来与资产阶级的斗争。从这一类斗争活动的目的和性质来说，工人阶级最终还是在维护资本主义生产方式。因为，无论是提高工资、改善待遇，还是使自身免于失业，都是以资本主义生产方式为基础的。也就是说，在思想观念中，工人阶级并没有把自身和资产阶级彻底对立起来，还是愿意通过为资本家工作的方式，改变自身的不幸处境，这仍旧是精神贫困的表现。但是，与"酗酒"或"犯罪"不同，以卢德运动为代表的工人运动已经表明，在思想观念中，工人阶级清楚地认识到，只有组织团结起来，组成同盟，才能与整个资产阶级相对抗，才能切实地满足自身的利益和价值诉求。在一系列斗争活动中，工人阶级终于逐渐意识到，如果不把斗争的矛头指向资本主义私有制本身，不把推翻资产阶级统治作为斗争活动的目的，自身的命运就不会被改变。此时，工人阶级才真正具备了阶级意识，摆脱了精神贫困，走向了精神富裕。

在《共产党宣言》中，马克思指出："共产党人的理论原理，决不是以这个或那个世界改革家所发明或发现的思想、原则为根据的。这些原理不过是现存的阶级斗争、我们眼前的历史运动的真实关系的一般表述。"[1] 可以说，马克思主义理论就是代表工人阶级利益的思想体系，在意识形态的不断碰撞、对抗与斗争中，工人阶级必将越来越深刻地认识到马克思主义理论的真理性。

二、推动生产力进步，发动阶级革命

通过无产阶级革命消灭资本主义私有制，推翻资产阶级统治，消灭剥削，摆脱物质贫困，是摆脱精神贫困、走向精神富裕的根本目的。马

---

[1]　《马克思恩格斯文集》第 2 卷，人民出版社 2009 年版，第 44—45 页。

欧洲三大工人运动

法国里昂工人运动

里昂是法国的丝织业中心。1831年,里昂工人举行集会,要求提高工资。本来工人与资本家已经通过谈判达成了最低工资协议,但资本家在政府的支持下撕毁协议。后来里昂工人在抗议示威中与军警发生冲突,转为武装起义,但很快被镇压。1834年,政府逮捕和审判罢工领袖,禁止工人结社,里昂工人再次起义,要求提高工资,后来因力量悬殊被镇压。

英国宪章运动

1688年英国光荣革命后,建立起君主立宪制。但只有新贵族和大资本家才能参加议会选举,大量的工业资产阶级和工人无法参与国家大事的决策。1832年,无产阶级支持工业资产阶级推动议会改革,之后工业资产阶级获得选举权,但是广大工人仍然被排除在外。19世纪30—40年代,英国工人们为争取普选权,先后三次提出请愿书,即《人民宪章》,但请愿运动均被镇压。

德国西里西亚纺织工人起义

19世纪40年代,大量英国纺织品进入普鲁士,资本家遭受巨大损失,于是把损失转嫁给工人,压低工人工资或解雇工人。1844年6月,西里西亚纺织工人爆发起义,要求提高工资,最终被军队镇压。

三大工人运动充分体现了无产阶级的力量,表明无产阶级已经作为独立的政治力量登上历史舞台。但由于组织涣散,缺乏科学理论的指导,三大运动最终都失败了。

克思相对较早地阐述无产阶级革命思想,是在《德法年鉴》时期。

在《〈黑格尔法哲学批判〉导言》中,马克思指出:"彻底的德国不从根本上进行革命,就不可能完成革命。……这个解放的头脑是哲学,它的心脏是无产阶级。……无产阶级不把哲学变成现实，就不可能消灭自身。"①此时马克思关于无产阶级革命的学说尚不十分成熟，或者说它不能清楚反映出马克思的理论构想和实践目的。因为在这里，马克思把工人阶级视为整个现代社会彻底的否定方面，压迫工人阶级的是现代社会的一切，工人阶级之所以拥有革命性，也是因为工人阶级是彻底的人的丧失。按照这样的逻辑，现代社会的整体，对于工人阶级而言都是桎梏，都是锁链，都是腐朽的东西。工人阶级革命要推翻的也是现代社会的全部。那么，这是否意味着工人阶级也要消灭现代社会生产力发展的积极成果？例如，在卢德运动中，工人们组织起来捣毁机器，阻碍生产力进步。应该说，出现这种行为具有一定的历史必然性，它是工人阶级尚不具备阶级意识时的特殊历史产物。但是，机器本身既可以为资产阶级所用，也可以为无产阶级所用，关键在于机器背后的生产关系如何。捣毁机器的行为，从长远看，既不利于工人阶级的存在和发展，也不符合生产力发展的一般趋势。马克思在《德法年鉴》时期关于无产阶级革命的表述，没有十分清楚地指出工人阶级革命的现实指向，因此并不完善。

在《神圣家族》中，马克思指出，"无产阶级并不是白白地经受那种严酷的但能使人百炼成钢的劳动训练的"②。这句话虽然十分简单，但却至少包含三重内涵。第一，工人阶级虽然遭受着严酷的劳动折磨，但是也因此能够逐步冲破资产阶级意识形态的束缚，摆脱精神贫困，走向精神富裕，形成对现代社会的反抗精神。第二，工人阶级在劳动中逐渐意识到自己真正的敌人不是生产资料，而是生产资料的所有者，是资产阶级，是现代社会的所有制基础。第三，工人阶级紧密与劳动结合在一起，

---

① 《马克思恩格斯文集》第 1 卷，人民出版社 2009 年版，第 18 页。
② 《马克思恩格斯文集》第 1 卷，人民出版社 2009 年版，第 262 页。

具备了继承现代社会生产力成果的客观能力。这意味着，工人阶级不仅要反抗现代社会，而且清楚了解到革命并不是要摧毁一切，而是要在生产力发展的基础上，建立起崭新的所有制基础。

三、坚持公有制，建立共产主义

马克思认为，工人阶级革命的目的和结果，是建立共产主义社会。在《德意志意识形态》中，马克思指出："共产主义对我们来说不是应当确立的状况，不是现实应当与之相适应的理想。我们所称为共产主义的是那种消灭现存状况的现实的运动。"[①] 的确，共产主义社会的到来，首先是生产力发展的必然结果，是工人阶级摆脱精神贫困、实现精神富裕，自觉对社会历史发展规律与一般趋势的理解和把握。现代社会的存在与发展，本身也是共产主义因素不断成熟壮大的历史过程。在《资本论》中，马克思清楚指出："24个工人每人只要在12小时中提供一小时剩余劳动，他们总共就提供24小时剩余劳动，而两个工人的全部劳动在工作日的界限为12小时的情况下，只不过是24小时。"[②] 所以，资本主义社会推动生产力不断进步的同时，也在使一般利润率不断下降，使资本主义社会的剥削和压迫走向历史的终局，为共产主义社会的到来提供物质前提。

马克思指出，"劳动者在经济上受劳动资料即生活源泉的垄断者的支配，是一切形式的奴役的基础，是一切社会贫困、精神沉沦和政治依附的基础"[③]。共产主义社会的所有制与资本主义社会的所有制根本上是不同的，前者是对后者的否定。

---

① 《马克思恩格斯文集》第1卷，人民出版社2009年版，第539页。
② 《马克思恩格斯全集》第43卷，人民出版社2016年版，第424页。
③ 《马克思恩格斯文集》第3卷，人民出版社2009年版，第226页。

在《资本论》中，马克思指出："资本主义生产由于自然过程的必然性，造成了对自身的否定。……这种否定不是重新建立私有制，而是在资本主义时代的成就的基础上，也就是说，在协作和对土地及靠劳动本身生产的生产资料的共同占有的基础上，重新建立个人所有制。"[①] 所谓"共同占有"，其实也就是生产资料的公有制，所谓"个人所有制"，其实也就是生活资料的私人所有。这样，不存在一个阶级通过劳动供养另一个阶级的制度基础，剥削被彻底消灭了，贫富分化也不再可能，物质生活的共同富裕不仅是可能的，同时也是必然的。另外，社会利益与个人利益相统一，社会的价值诉求对于个人而言，不再是虚假的，而是真实的，有利于社会成员全面而自由发展的，社会成员陷入精神贫困的可能性也不复存在，精神生活的共同富裕必然成为共产主义社会精神文化发展的根本特征与必然趋势。正如马克思在《共产党宣言》中指出的那样："过去的一切运动都是少数人的，或者为少数人谋利益的运动。无产阶级的运动是绝大多数人的，为绝大多数人谋利益的独立的运动。"[②]

---

① 《马克思恩格斯文集》第5卷，人民出版社2009年版，第874页。
② 《马克思恩格斯文集》第2卷，人民出版社2009年版，第42页。

马克思主义共同富裕思想的
重要价值

马克思主义经典作家的共同富裕思想，具有深刻的理论和现实意义。它既是对前人共同富裕思想的超越，包含着丰富的理论内涵，同时也承前启后，为世界社会主义运动奠定了坚实的理论基础，彰显出鲜明的现实价值。

一、理论价值

在马克思主义经典作家的共同富裕思想形成之前，空想社会主义者、国民经济学家和德国古典哲学家，都对社会分配问题有着深刻的探讨。马克思、恩格斯从中汲取了大量理论资源，同时也实现了对他们共同富裕思想的超越。

国民经济学家普遍认为，现代社会的贫困是贫困者个体先天自然差异导致的。个体的自然特性，包括品性、德行、能力、素质、智慧等因素。现代社会遵循着劳动所有权和等价交换原则，因而充分地尊重了劳动者的先天自然差异。社会中的贫困与富有，实际上是个体先天自然差异在现代社会基本原则作用下的深刻彰显和放大。因此，在国民经济学家看来，共同富裕的实现几乎是不可能的。要想避免社会的分裂和解体，必须使社会底层劳动者形成勤劳致富、自食其力的观念，进而投入到辛勤的劳动中去。当然，靠任何形式的救济、慈善等行为，是无法实现这一点的。例如，马尔萨斯就指出，应该"把没有自立能力而陷于贫困看作是一种耻辱……对于促进全人类的幸福来说，这种刺激似乎是绝对必需的"[①]。所谓的"刺激"，其实也就是通过精神和物质这两种途径，使底层劳动者认识到，不能自食其力，不通过劳动改变命运，是一种道德上的耻辱。而这种耻辱，将使他们回归劳动之中。很明显，国民经济学家并不打算营造一个共同富裕的理想社会，而是只希望维持社会的阶级分层，把所有人都纳入社会的分工体系之中，最终实现社会生产的有序和高效。

资本主义经济发展以来，国民经济学的地位日益提高，不过正如前文指出的那样，在国民经济学理论的指导下，现代社会面临着严重贫富差距与阶级对立，毫无疑问，这倒逼思想家们反思国民经济学的理论局限，并在此基础上找寻共同富裕的实现路径。在德国古典哲学传统中，黑格尔是第一个认真关注、研究、吸收、反思国民经济学家思想的哲学家。他虽然没有提出共同富裕这一概念，但是在其思想深处，有着对共同富裕理论的追求。黑格尔与国民经济学家一样，认为现代社会遵循了劳动所有权和等价交换原则，现代社会的贫富差距是个人先天自然差异导致的。慈善事业和社会救济，最终无助于改善底层贫困者的生活境遇，劳动者还是要依靠自食其力，逐步改变自身处境。不过，与国民经济学家不同，黑格尔希望通过现代社会的发展，逐步建立起一整套系统而完善的救助和帮扶机制，这也被视为"福利国家"观念的雏形。即便如此，能够发现，黑格尔的观念虽然展现出了人道的一面，但他并不准备从真

[①]　马尔萨斯：《人口原理》，朱泱、胡企林、朱和中译，商务印书馆1992年版，第34页。

正意义上实现共同富裕，也不准备破坏社会的阶层划分，他希望的不过是在可接受的范围内，一定程度上调整社会财富在不同阶层之间的分配方式。

与国民经济学家和德国古典哲学家相比，空想社会主义者在实现共同富裕这一问题上，要更加激进和彻底。如果说，国民经济学家和以黑格尔为代表的德国古典哲学家，都是希望在维护现代社会，即维护劳动所有权和等价交换原则的基础上，尽可能防止社会的分裂和解体，那么，空想社会主义者则希望通过彻底变革现代社会所有制基础的方式来实现共同富裕。例如，托马斯·莫尔指出："如不彻底废除私有制，产品不可能公平分配，人类不可能获得幸福。"[1]摩莱里在《自然法典》中指出："社会上的任何东西都不得单独地或作为私有财产属于任何个人，但每个人因生活需要、因娱乐或因进行日常劳动而于当前使用的物品除外。"[2]应该说，空想社会主义者的判断确实具有启发性，因为他们为共同富裕的实现开辟了一条与以往不同的道路。他们试图炸毁现代社会，试图通过超越现代社会的方式克服现代社会的困境，从一定意义上说，这与马克思主义的基本观点更为接近。

马克思主义对国民经济学、德国古典哲学和空想社会主义理论有着深刻的研究，在实现共同富裕这一问题上，也超越了前人已经达到的理论高度。马克思主义与国民经济学和德国古典哲学不同，认为现代社会没有遵循劳动所有权和等价交换的原则，而是以阶级压迫为基础。在马克思看来，国民经济学和德国古典哲学之所以不认为共同富裕能够实现，归根结底是因为其误判了现代社会的构成原则，认为现代社会已经赋予个人平等的发

---

① 托马斯·莫尔：《乌托邦》，戴镏龄译，商务印书馆 1982 年版，第 44 页。

② 摩莱里：《自然法典》，黄建华、姜亚洲译，商务印书馆 1982 年版，第 106 页。

展机遇和获得财富的可能，已经是一个维护公平正义的"理想国"。这样，贫穷与富裕的问题，便只能是与人的自然属性相关的个别性问题，而不是结构性问题。另外更重要的是，人的自然属性是先天的，虽然人的德行、品性受到社会环境的影响，但是国民经济学家显然将其归于纯粹的主观性因素，毕竟也只有这样，社会才不必对劳动者的贫困担负任何责任。与之相对，马克思主义认为，贫困问题不是个别性问题，而是结构性问题，是社会中阶级压迫的现实产物。因此，解决贫困问题，也就等同于消灭剥削和压迫，等同于超越现代社会。这样，现代社会中资产阶级鼓吹的价值观念，其实不过是对现代社会真实运行方式的自觉或不自觉的遮蔽。可以说，马克思主义通过在经济基础领域对现代社会运行方式的揭示，克服了国民经济学与德国古典哲学的理论局限，找到了共同富裕的实现路径。

马克思认识到，空想社会主义者试图通过超越现代社会这种方式解决贫困问题的基本思路是正确的，但是马克思也指出，生产力决定生产关系，经济基础决定上层建筑。这就意味着，要想变革现代社会，消灭生产资料私有制，建立生产资料公有制，必须要在生产力发展达到一定水平的基础上才能实现。因此，主观能动性的发挥不是任意的，而是由社会历史发展的基本规律决定的。对于马克思而言，共同富裕既是劳动者要努力实现的目标，同时也是社会历史发展的必然趋势。许多空想社会主义者，例如欧文，试图在生产力水平尚不十分发达的条件下，废除私有制，建立公有制，毫无疑问是注定要失败。马克思则要求人们在认识规律的基础上，顺应规律、利用规律，唯有如此，人才能在历史发展的必然性中，实现自由、获得解放，而这种解放的直接表达形式，就是共同富裕的最终实现。

二、现实价值

理论的真理性，来源于理论的自洽性，而理论的自洽性，不仅体现为逻辑的严密，更体现为理论本身科学地认识、反映了现实的发展及其需要，能够转化成改造现实的物质力量。马克思主义共同富裕思想的现实价值，也正是在这个意义上呈现出来。

第一，马克思主义共同富裕思想，影响了人们对社会发展未来趋势的理解，改变了人们的思想观念。长期以来，贫穷不仅是一个经济范畴，同时也是一个道德范畴，它被与堕落、愚昧直接关联起来。似乎，贫困者就是自甘堕落的，就是愚昧无知的，而富人就是辛勤劳动的，就是充满智慧的。对贫困的鄙视和对富裕的渴望，长期占据着社会的主流意识形态。但是，马克思主义共同富裕思想的成熟与发展，向人们宣告，贫困的劳动者才是现代社会真正的主人，正是他们创造了现代社会，富裕的资本家事实上一直在压迫劳动者，榨取劳动者的劳动，只是寄生在现代社会之中。真正值得尊重的，其实是贫困的劳动者，真正应当被鄙视和唾弃的，其实是富裕的资本家。

第二，马克思主义共同富裕思想，提升了工人阶级的经济和政治地位，改善了工人阶级的生存境遇。如果缺乏科学的理论作为指导，工人运动不会取得决定性的进步，也不会获得革命性的意义。19世纪30—40年代，以法国里昂丝织工人两次起义、英国宪章运动、德国西里西亚纺织工人起义为代表的工人运动此起彼伏。在不断的斗争中，工人阶级逐渐认识到了马克思主义共同富裕思想的科学性和真理性，马克思主义也逐渐成为工人运动的指导思想。马克思主义共同富裕思想的传播和发展，使工人阶级逐步以马克思主义指导自己的革命实践活动，在经济、政治领域逐步提升了自己的现实地位。许多欧洲国家先后成立了代表工人阶级利益的政党，这极大地减轻了资产阶级对工人阶级的剥削程度，很大程度上改善了工人阶级的生存境遇。毫无疑问，这对维护社会公平正义具有重要作用，也为共同富裕的最终实现奠定了坚实的阶级基础。

第三，马克思主义共同富裕思想，改变了世界经济、政治和文化格局，推动了世界社会主义运动的发展，为第三世界国家实现独立自主提供了重要的思想理论支撑。马克思主义的影响力是超越国家和民族的，不仅在西欧各国，俄国的工人阶级也认真研究、学习、应用马克思主义，并在列宁的领导下建立起人类历史上第一个社会主义国家。这不仅丰富和发展了马克思主义共同富裕思想，同时也极大地增强了世界范围内工人阶级的革命热情和革命信心，促进了包括中国在内的许多东方国家的民族解放运动，切实地改变了人类社会历史发展的未来进程。

要点回看

◎　现代社会本质上并没有超越传统社会，因为二者都是建立在阶级压迫基础上，只不过压迫者与被压迫者的身份发生了变化。

◎　在资本主义条件下，"交换"的关系掩盖着"非交换"的关系，工人阶级只发现了"交换"，而没有发现"非交换"才是现代社会的构成方式，没有认识到自己在劳动中时刻为资本家贡献着剩余价值。

◎　在一系列斗争活动中，工人阶级终于逐渐意识到，如果不把斗争的矛头指向资本主义私有制本身，不把推翻资产阶级统治作为斗争活动的目的，自身的命运就不会被改变。

◎　共产主义社会的到来，首先是生产力发展的必然结果，是工人阶级摆脱精神贫困、实现精神富裕，自觉对社会历史发展规律与一般趋势的理解和把握。

◎　马克思主义通过在经济基础领域对现代社会运行方式的揭示，克服了国民经济学与德国古典哲学的理论局限，找到了共同富裕的实现路径。

◎　马克思主义共同富裕思想的成熟与发展，向人们宣告，贫困的劳动者才是现代社会真正的主人，正是他们创造了现代社会，富裕的资本家事实上一直在压迫劳动者，榨取劳动者的劳动，只是寄生在现代社会之中。

推荐阅读

1. 马克思、恩格斯：《共产党宣言》，人民出版社 2018 年版。

2. 马克思：《1844 年经济学哲学手稿》，人民出版社 2018 年版。

3. 马克思、恩格斯：《德意志意识形态（节选本）》，人民出版社 2018 年版。

4. 恩格斯：《社会主义从空想到科学的发展》，人民出版社 2018 年版。

5. 内蒙轩：《马克思靠谱》（修订本），东方出版社 2018 年版。

历史担当：
中国共产党的
百年追寻

社会主义是要富的，不是要穷的，是整理生产的，不是破坏生产的。

——李大钊《社会主义释疑》

现在我们实行这么一种制度，这么一种计划，是可以一年一年走向更富更强的，一年一年可以看到更富更强些。而这个富，是共同的富，这个强，是共同的强，大家都有份，也包括地主阶级。

——毛泽东《在资本主义工商业社会主义改造问题座谈会上的讲话》

社会主义的本质，是解放生产力，发展生产力，消灭剥削，消除两极分化，最终达到共同富裕。

——邓小平《在武昌、深圳、珠海、上海等地的谈话要点》

发展依然是当代中国的第一要务，中国执政者的首要使命就是集中力量提高人民生活水平，逐步实现共同富裕。

——习近平《在华盛顿州当地政府和美国友好团体联合欢迎宴会上的演讲》

党的十九届六中全会指出："中国共产党自一九二一年成立以来，始终把为中国人民谋幸福、为中华民族谋复兴作为自己的初心使命，始终坚持共产主义理想和社会主义信念，团结带领全国各族人民为争取民族独立、人民解放和实现国家富强、人民幸福而不懈奋斗，已经走过一百年光辉历程。党和人民百年奋斗，书写了中华民族几千年历史上最恢宏的史诗。"① 一百年来，中国共产党不忘初心、勇毅前行，领导中国人民干革命、搞建设、谋改革，在促进全体人民共同富裕方面取得了辉煌成就，积累了宝贵经验。一部中国共产党的历史，就是一部党领导中国人民促进共同富裕、追求美好生活的历史。

①《中国共产党第十九届中央委员会第六次全体会议文件汇编》，人民出版社 2021 年版，第 4 页。

第三章 历史担当：中国共产党的百年追寻

奠基：新民主主义革命时期

中国共产党早期领导人对共同富裕的认识

☆李大钊："社会主义是要富的，不是要穷的"

☆陈独秀：允许社会主义初期存在多种经济成分

☆李达：资本主义将导致"贫富悬绝"

以毛泽东为主要代表的中国共产党人的共同富裕主张

☆主张平分土地：打土豪、分田地

☆开展土地革命

☆调整农村政策

探索：社会主义革命和建设时期

以毛泽东同志为核心的中央领导集体的共同富裕思想

理论贡献：

☆对马克思主义共同富裕思想的继承和发展

☆对中国化的马克思主义共同富裕思想的开创与奠基

☆对中国走共同富裕的道路具有深远的指导意义

☆为开创中国特色社会主义提供了宝贵经验和理论准备

实践意义：

☆回应了社会主义革命和建设时期的经济发展问题

☆为巩固工农联盟并领导中国人民走社会主义道路奠定了物质基础和群众基础

实现共同富裕

☆要坚持社会主义制度

☆要大力发展生产力

☆要实现工业化和农业合作化

☆要经历长期的奋斗过程

发展：改革开放和社会主义现代化建设新时期

以邓小平为主要代表的中国共产党人的共同富裕思想	以江泽民为主要代表的中国共产党人的共同富裕思想	以胡锦涛为主要代表的中国共产党人的共同富裕思想
☆共同富裕是社会主义的本质 ☆"先富带动后富，最终实现共富"	☆实现人的全面发展和社会发展进步 ☆"效率优先，兼顾公平"	☆把人民群众作为走共同富裕道路的主体力量 ☆把实现社会公平作为走共同富裕道路的价值取向

深化：中国特色社会主义新时代

历史方位

☆中国特色社会主义进入新时代

☆世界处于百年未有之大变局

☆"两个一百年"奋斗目标的历史交汇期

基本要求

☆根本目标：中华民族伟大复兴

☆实现路径：共享发展

☆价值追求：以人民为中心

战略部署

☆战略步骤："三步走"

☆总体布局："五位一体"

理论贡献与实践意义

☆深化内涵，完善路径

☆全面建成小康社会为进一步推动共同富裕创造了良好条件

☆在战略决策上，强调以高质量发展促进共同富裕

第一节

奠基：新民主主义革命时期

中国共产党自成立以来，就以马克思主义为指导，把建设共同富裕的社会作为一个奋斗目标。在新民主主义革命时期，我们党就对什么是共同富裕、怎样实现共同富裕等问题展开了思考和探索，可以说，这些认识对中国共产党的共同富裕思想具有奠基意义。

一、中国共产党早期领导人对共同富裕的认识

20 世纪初期，面对中国大多数人口生活贫困的社会现状，李大钊、陈独秀、李达等中国共产党早期领导人深刻认识到中国社会的贫富不均问题，提出了解决这一问题的主张并展开了积极探索。这些思想认识中既有关于走社会主义道路的思考，又有关于未来社会状况的预测。

李大钊对中国人民的共同富裕问题有着诸多思考。他认为在资本主义制度下，广大劳动者犹如牛马，没有自由，而少数资本家享有自由并占据财富。他把建立社会主义制度作为实现共同富裕的前提，提出必须"打倒现在的'资本主义的制度'"[1]，实现社会主义的制度。在他看来，"社会主义是要富的，不是要穷的"[2]。他主张发展社会生产力，调整生产

---

[1] 《李大钊文集》第 4 卷，人民出版社 1999 年版，第 336 页。

[2] 《李大钊文集》第 4 卷，人民出版社 1999 年版，第 334 页。

方式，让物质财富不断增加并实现公平分配，从而使人人都能够过上很好的安逸幸福生活。

陈独秀非常重视社会经济发展对于促进人民富有的重要作用，并在研究社会主义制度时，对实现共同富裕的问题进行了探索。他认为，社会主义制度的特点是资本集中和财产公有，反对财产私有，这也是发展社会主义经济的根本方法。在他看来，要在"采用某一种为全社会中主要的生产制度"[1]基础上，允许社会主义初期存在多种经济成分。在财富分配中，要反对劫富济贫、平均贫富的均富主义。

李达指出，资本主义将导致"贫富悬绝"，致使"财富恒集中于少数人，贫困恒集中于多数人。富者愈富，贫者愈贫"[2]。他认为，私产是导致社会产生贫富差别乃至阶级压迫的根源，要想解决贫富悬绝导致的社会问题，就要进行阶级斗争和社会变革。

二、以毛泽东为主要代表的中国共产党人的共同富裕主张

毛泽东高度重视群众的实际生活问题，认为只有充分注意群众生活的实际问题，让群众认识到党是代表人民群众利益并与其呼吸相通的，才能真正获得人民群众对革命真心实意的拥护和支持。他指出："为什么要革命？为了使中华民族得到解放，为了实现人民的统治，为了使人民得到经济的幸福。"[3]正因如此，他把想方设法提高人民群众的实际生活水平作为推动共同富裕的一条重要途径。

第一，主张平分土地：打土豪、分田地。为了让广大农民翻身得到

---

[1] 《陈独秀文集》第4卷，人民出版社2013年版，第73页。

[2] 《李达文集》第1卷，人民出版社1980年版，第275页。

[3] 《毛泽东年谱（1893—1949）》上卷，人民出版社、中央文献出版社1993年版，第145页。

解放，从为人民谋利益的初心出发，我们党提出了"打土豪，分田地"的主张。1928年，毛泽东号召贫苦工农团结起来，开展打土豪、建政权、分田地运动，发动和帮助群众打土豪，平分土地。他一再强调"打土豪要归公"，通过平分土地使农民获得利益。

第二，开展土地革命。开展土地革命作为新民主主义革命时期主要的社会经济内容，是我们党践行初心和使命的一个重要体现，目的就在于为人民群众的根本利益而斗争。毛泽东在革命根据地提出了一系列进行土地革命的原则，并逐步形成了切实可行的土地革命路线和政策。1931年，我们党基本形成了"依靠贫农、雇农，联合中农，限制富农，消灭地主阶级，变封建土地所有制为农民土地所有制"的土地革命路线，不仅让广大农民"耕者有其田"，而且激发了他们参与革命的积极性。

第三，调整农村政策。为适应革命形势发展的需要，维护广大农民群众的利益，我们党适时调整农村政策。在土地政策方面，1927—1928年，革命根据地的土地政策经历了从只没收大地主的土地到没收一切地主的土地，从土地收归国有到归农民所有的变化。1946年，在解放区开始由平分一切土地的政策转变为实施"中间不动，两头平"的方针，不仅有效纠正了绝对平均主义，而且使保护中农的问题得到了彻底解决。在劳动政策方面，把减租减息作为抗日战争期间改善农民生活的主要措施，并不断加以完善；坚持适当改善工人生活和不妨碍资本主义经济正当发展的两重性政策等。这些策略的探索与实践，为解决农村贫困问题、促进共同富裕提供了条件。

探索：社会主义革命和建设时期

进入社会主义革命和建设时期，以毛泽东同志为核心的中央领导集体为尽快使中国人民摆脱贫穷落后状态，对社会主义现代化道路展开了积极探索，致力于建设社会主义工业化和发展农业合作化，为推进共同富裕打下了坚实物质基础，提出了一系列具有独创性的理论观点，进一步深化发展了马克思主义共同富裕思想。

一、以毛泽东同志为核心的中央领导集体的共同富裕思想

1953 年，毛泽东在主持制定《中共中央关于发展农业生产合作社的决议》时首次使用了"共同富裕"的概念，提出要"使农民能够逐步完全摆脱贫困的状况而取得共同富裕和普遍繁荣的生活"[①]。以毛泽东同志为核心的中央领导集体从提出共同富裕的概念到逐步形成实现共同富裕的战略举措，经历了一个思想认识逐步深化的过程，这也是我们党从人民群众的根本利益出发，践行初心和使命的实践过程。具体而言，主要包含以下四个方面的内容。

第一，实现共同富裕，要坚持社会主义制度。毛泽东一贯认为，社

---

① 《建国以来重要文献选编》第 4 册，中央文献出版社 1993 年版，第 662 页。

会主义是中国的唯一出路，社会主义制度的建立为中国开辟了一条到达理想境界的道路。中国要想实现国家富强和共同富裕，就要坚持社会主义制度，建设社会主义。面对土地改革之后，农民境况虽较以前发生改善，但是许多农民仍然有困难、不富裕的现实情况，毛泽东在1955年提出要"领导农民走社会主义道路，使农民群众共同富裕起来"[①]的要求，明确把坚持社会主义制度作为实现共同富裕的路径。在毛泽东看来，坚持社会主义制度是"可以一年一年走向更富更强的，一年一年可以看到更富更强些。而这个富，是共同的富，这个强，是共同的强，大家都有份"[②]。他认为，只有实现广大农民的共同富裕，才能更好地巩固工农联盟。1957年，毛泽东再次强调全国人民要团结奋斗，用自己的双手创造出一个富强的国家。他明确提出我们党面临的"很艰巨的任务"，就是"要使几亿人口的中国人生活得好，要把我们这个经济落后、文化落后的国家，建设成为富裕的、强盛的、具有高度文化的国家"。[③]

第二，实现共同富裕，要大力发展生产力。毛泽东非常重视生产力发展对于实现共同富裕的重要性。他认为，要想实现全体人民共同富裕，就必须大力发展生产力，建立社会主义的物质技术基础。毛泽东多次强调，进行社会主义革命、建设上层建筑、变革生产关系等都是为了解放生产力。早在1945年，毛泽东就深刻认识到，"中国一切政党的政策及其实践在中国人民中所表现的作用的好坏、大小，归根到底，看它对于中国人民的生产力的发展是否有帮助及其帮助之大小，看它是束缚生

① 《建国以来重要文献选编》第7册，中央文献出版社1993年版，第308页。
② 《毛泽东年谱（1949—1976）》第2卷，中央文献出版社2013年版，第459页。
③ 《毛泽东思想年编（1921—1975）》，中央文献出版社2011年版，第839页。

产力的,还是解放生产力的"①。在他看来,如果生产力不能得到解放,就没有可能谈其他问题。在实现共同富裕的问题上,只有生产力解放了,经济发展了,才能使人民生活得到改善并摆脱贫穷落后。

第三,实现共同富裕,要实现工业化和农业合作化。为实现全体人民共同富裕,毛泽东坚持在优先发展重工业的条件下工农业并举的方针,提出了建设社会主义工业化、走农业合作化道路的主张。一方面,毛泽东大力推进社会主义工业化建设,发出把我国从落后的农业国变为先进的工业国的号召。早在 1951 年,毛泽东就提出了"准备以二十年时间完成中国的工业化"的目标。1953 年,毛泽东进一步明确了实现社会主义工业化的总体要求,即要使中国由工业不发达的国家变成工业发达的国家,由非社会主义的工业变成社会主义的工业。同时,要通过发达的工业来促进农业的发展,满足农民日常需要。在过渡时期总路线中,提出了要在相当长的时期内基本实现国家工业化的目标任务。1954 年,我们党将现代化的目标由实现工业化转变为实现工业、农业、交通运输业和国防"四个现代化"。由此可以看出,毛泽东对发展社会主义工业化的高度重视。另一方面,毛泽东作出了引导农民走农业合作化道路的战略决策。为避免农村的两极分化逐步严重,帮助农民提高生产力、增加收入,毛泽东提出在逐步实现社会主义工业化和逐步实现手工业、资本主义工商业社会主义改造的同时,逐步实现对整个农业的社会主义改造即实行合作化的要求。他主张"在农村中消灭富农经济制度和个体经济制度,使全体农村人民共同富裕起来"②,提出要通过几年的时间,让农村没有贫农,并且使全体农民达到中农和中农以上的生活水平。毛泽东认为,

① 《毛泽东选集》第 3 卷,人民出版社 1991 年版,第 1079 页。

② 《毛泽东思想年编(1921—1975)》,中央文献出版社 2011 年版,第 785 页。

农业社会主义改造

中华人民共和国成立后，通过合作化道路，把小农经济逐步改造成为社会主义集体经济的过程，是中国共产党在过渡时期总路线的重要组成部分。把小农经济改造成为社会主义大农业，有利于更好地支援社会主义工业化，把农民引上共同富裕的道路，并在生产资料公有制的基础上进一步巩固工农联盟。

农业合作化是我国实行农业社会主义改造的道路。在农业合作化过程中，中国共产党的阶级政策是：依靠贫农（包括新中农），巩固地团结中农，限制并逐步改造富农。中国共产党在完成土地改革以后，按照自愿、互利的原则，采取典型示范、逐步推广的方法进行农业合作化。采取三个互相衔接的步骤和形式，首先组织带有社会主义萌芽性质的互助组，接着发展以土地入股、统一经营为特点的半社会主义性质的初级农业生产合作社，然后再进一步建立土地和主要生产资料集体化的、完全社会主义性质的高级农业生产合作社。到 1956 年，我国在所有制方面基本上完成了对农业的社会主义改造。1955 年夏季以后，农业合作化要求过急，工作过粗，改变过快，形式也过于简单划一，以致在长时间遗留了一些问题。

要通过大约三个五年计划使个体私有制的农民变为合作社集体所有制的农民，由此实现共同富裕"是有把握的"。[1]

第四，实现共同富裕，要经历长期的奋斗过程。毛泽东指出："中国是一个大国，但是现在还很穷，要使中国富起来，需要几十年时间。"[2]在他看来，对于中国这样一个情况复杂且国民经济基础非常落后的国家，实现共同富裕不是轻而易举的，需要经历一个长期且复杂的历史过程。为此，毛泽东预判可能要经过三个五年计划建成社会主义社会，但可能需要五十年的艰苦努力才能建成一个强大的高度社会主义工业化的国家。

[1]　《毛泽东年谱（1949—1976）》第 2 卷，中央文献出版社 2013 年版，第 459 页。

[2]　《建国以来重要文献选编》第 7 册，中央文献出版社 1993 年版，第 202 页。

后来，他又将建成强大的社会主义国家即社会主义现代化强国的时间拉长，认为大约需要十个五年计划到十五个五年计划的时间。这些思想认识中已经蕴含着对建设社会主义、实现共同富裕要分步骤的要求。1963年，毛泽东提出了"两步走"的战略思想：第一步，用十五年时间，建立一个独立的完整的工业体系，使我国工业大体上赶上世界先进水平；第二步，再用十五年时间，使我国工业接近世界的先进水平。① 这一发展战略在1964年第三届全国人民代表大会第一次会议的《政府工作报告》中正式提出，即："第一步，建立一个独立的比较完整的工业体系和国民经济体系；第二步，全面实现农业、工业、国防和科学技术的现代化，使我国经济走在世界的前列。"②

二、理论贡献与实践意义

第一，理论贡献。以毛泽东同志为核心的中央领导集体在探索实现共同富裕的道路上形成了一系列创新性理论成果，不仅是对马克思主义共同富裕思想的继承和发展，而且是对中国化的马克思主义共同富裕思想的开创与奠基，对中国走共同富裕的道路具有深远的指导意义。

毛泽东立足农民占中国人口绝大多数且普遍贫困的现实国情，首先提出了让农民实现共同富裕的思想，并将实现共同富裕与巩固工农联盟有机统一起来，引领中国人民走中国化的共同富裕道路。他所提出的社会主义现代化建设分两个步骤和中国社会主义的发展分两个阶段的思想，不仅是与中国实际相结合的实现共同富裕路径的重要探索，而且为后来邓小平提出"三步走"战略奠定了思想基础。这些创新性的理论成果为

① 《毛泽东年谱（1949—1976）》第5卷，中央文献出版社2013年版，第252页。
② 《周恩来选集》下卷，人民出版社1984年版，第439页。

开创中国特色社会主义提供了宝贵经验和理论准备。

第二，实践意义。以毛泽东同志为核心的中央领导集体共同富裕思想的提出，回应了社会主义革命和建设时期的经济发展问题，也为巩固工农联盟并领导中国人民走社会主义道路奠定了物质基础和群众基础，有效防止了两极分化。一方面，推进社会生产力发展、建设工业化的举措，取得了举世瞩目的巨大成就。毛泽东把大力发展社会生产力作为实现共同富裕的根本途径，客观上使我国的工业建设、科学研究和国防尖端技术开始布局，建立起独立的比较完整的工业体系和国民经济体系。农业机械化和现代化得到了迅速发展，显著改变了农业生产条件，从而为我国走共同富裕道路打下了坚实的物质基础。另一方面，推行农业合作化的实践，有效防止了两极分化。实行农业合作化是以毛泽东同志为核心的中央领导集体为实现共同富裕所开展的创新实践。在毛泽东看来，全体人民公平地享有生产资料才是共同富裕。他始终把公平思想放在首位，对人民的生活利益问题高度重视。20 世纪 50 年代中期，毛泽东敏锐地觉察到农村中两极分化现象日益严重的问题，他提出在农村开展生产合作化运动，采取既反对平均主义，也反对过分悬殊的做法。

发展：改革开放和社会主义现代化建设新时期

进入改革开放和社会主义现代化建设新时期，我们党明确了中国处于社会主义初级阶段的历史定位，在逐步推进经济体制改革和分配制度改革过程中，探索出了"先富带动后富"的共同富裕道路，推动了马克思主义共同富裕思想的创新发展。在这一历史时期，以邓小平同志为核心的中央领导集体解放思想，在实践中"摸着石头过河"，为走共同富裕道路清除了思想障碍、开启了全新探索；以江泽民同志为核心的中央领导集体着眼于人的全面发展与社会发展进步，进一步深化了发展理念，为走共同富裕道路积累了崭新经验；以胡锦涛同志为总书记的党中央坚持科学发展观，持续深化发展理念，为走共同富裕道路展开了新的实践。

一、以邓小平为主要代表的中国共产党人的共同富裕思想

第一，提出背景。从国际形势来看，20 世纪 70—80 年代，中国迎来了一个有利的国际环境和加快发展的好时机。世界科技的日新月异给各国发展带来了机遇。美苏关系逐步走向缓和，世界和平力量的增长超过战争力量的增长，世界局势和国际力量对比发生了新的变化，在较长时间内不发生大规模的世界战争成为可能，和平与发展成为时代主题。从

国内状况来看，历经"大跃进"运动、人民公社化运动和"文化大革命"之后，新形势和新任务迫切需要在分配上体现贡献大小，打破平均主义和"大锅饭"，以更好地激发人民群众的积极性和创造性，从而使其以饱满的热情和昂扬的斗志投入社会主义现代化建设的新实践。因此，使人民摆脱贫困、尽快富裕起来成为一个亟待解决的问题。邓小平回应时代的呼声，作出了实行改革开放的历史性决策，并将中国特色社会主义道路作为通往富裕和繁荣之路。

第二，科学内涵。其一，共同富裕是社会主义的本质。1990 年，邓小平在同中央负责同志谈话中指出，共同富裕是"体现社会主义本质的一个东西"，这是"社会主义最大的优越性"。[①]1992 年，邓小平在南方谈话中对社会主义的本质作出明确而完整的表述，即"社会主义的本质，是解放生产力，发展生产力，消灭剥削，消除两极分化，最终达到共同富裕"[②]。这一论断表明，我们党对社会主义本质的认识与理解突破了具体制度的结构层面而深入其功能层面，即不再从结构着眼而是从功能出发，更加注重实效而非先定性。这就意味着我们党已经开始突破传统的社会主义模式论，更为强调现实的社会主义作为一种社会形态所应具有的功能和所应实现的价值。我们党把共同富裕作为社会主义的本质内涵，是针对资本主义两极分化而言的。邓小平多次强调社会主义与资本主义不同的特点就是共同富裕，不搞两极分化，创造的财富第一归国家，第二归人民，不会产生新的资产阶级。

其二，共同富裕的实现路径是"先富带动后富，最终实现共富"。在邓小平看来，实现共同富裕既是一个发展的过程，又是一个发展的目

---

① 《邓小平文选》第 3 卷，人民出版社 1993 年版，第 364 页。
② 《邓小平文选》第 3 卷，人民出版社 1993 年版，第 373 页。

标。这一理念体现了实现共同富裕要坚持过程性和目的性相统一，其中还蕴含着一个重要的方法论原则，即实现共同富裕既要强调效率，反对平均主义，又要消除贫困，防止两极分化。改革开放以后，邓小平探索提出了著名的"三步走"战略，不仅作为实现共同富裕的重要步骤，而且成为国家经济社会发展的一个长远规划。1987年，邓小平对"三步走"的战略构想进行了首次系统阐述：第一步，国民生产总值要在20世纪80年代翻一番，以1980年为基数，由当时的人均250美元翻一番，达到人均500美元；第二步，要在20世纪末再翻一番，达到人均1000美元；第三步，要在21世纪用30—50年的时间再翻两番，大体上达到人均4000美元。党的十三大进一步明确了我国经济建设"三步走"的战略部署并将其写入十三大报告，即："第一步，实现国民生产总值比一九八〇年翻一番，解决人民的温饱问题。这个任务已经基本实现。第二步，到本世纪末，使国民生产总值再增长一倍，人民生活达到小康水平。第三步，到下个世纪中叶，人均国民生产总值达到中等发达国家水平，人民生活比较富裕，基本实现现代化。然后，在这个基础上继续前进。"[1] "三步走"战略不仅为我国推进社会主义现代化建设指明了前进方向，而且为实现共同富裕提供了可靠路径，把社会经济发展目标和人民美好生活目标有机统一起来，充分体现了以邓小平同志为核心的中央领导集体的高瞻远瞩和战略智慧。

其三，共同富裕的基本内容包括物质富裕和精神富裕。社会主义的共同富裕是物质富裕和精神富裕的统一体。走共同富裕的道路，不仅包含物质层面的内容，也包括精神层面的内容。就此而言，社会主义的共

---

[1] 《十三大以来重要文献选编》上册，人民出版社1991年版，第16页。

同富裕是全面的富裕。进入改革开放和社会主义现代化建设新时期，邓小平站在发展社会主义现代化和建设现代文明的高度，对人民的富裕问题提出了新的要求和期待。他除了高度强调发展社会生产力以外，还提出了建设精神文明的要求，要求在建设高度物质文明的同时，提高全民族的科学文化水平，发展高尚的丰富多彩的文化生活，建设高度的社会主义精神文明。他多次强调，社会主义精神文明建设的目的主要是使各族人民都能成为有理想、讲道德、有文化、守纪律的人民。在他看来，提高人民生活水平和文化水平的问题需要通过积极地建设物质文明和精神文明来解决，因而主张发展物质文明和发展精神文明并举。

二、以江泽民为主要代表的中国共产党人的共同富裕思想

第一，共同富裕的总体目标和基本原则。江泽民把实现人的全面发展和社会发展进步作为共同富裕的总体目标，要求全党"要承担起推动中国社会进步的历史责任，必须始终紧紧抓住发展这个执政兴国的第一要务，把坚持党的先进性和发挥社会主义制度的优越性，落实到发展先进生产力、发展先进文化、实现最广大人民的根本利益上来，推动社会全面进步，促进人的全面发展"[①]。由此，将人的全面发展和社会发展进步置于整个社会主义现代化建设和实现共同富裕的进程中予以重视并加以推进，这就意味着我们党把实现人的现代化问题提到了新的高度，进一步丰富和发展了共同富裕既包括物质富裕，又包括精神富裕的认识。

一方面，江泽民高度重视人的素质提高和人的全面发展问题，在庆祝中国共产党成立八十周年大会上的讲话中明确指出："我们建设有中

---

① 《十六大以来重要文献选编》上册，中央文献出版社 2005 年版，第 11 页。

国特色社会主义的各项事业，我们进行的一切工作，既要着眼于人民现实的物质文化生活需要，同时又要着眼于促进人民素质的提高，也就是要努力促进人的全面发展。这是马克思主义关于建设社会主义新社会的本质要求。"①为了更好地促进人的全面发展，我们党在制定路线方针政策时不仅始终从最广大人民群众的根本利益出发，而且注重正确反映和兼顾不同方面的群众利益。另一方面，江泽民在邓小平所提出的关于实现共同富裕既要建设高度的物质文明，又要建设高度的精神文明的主张基础上，进一步指出："社会主义不仅要实现经济繁荣，而且要实现社会的全面进步。"②他认为，社会主义社会是全面发展、全面进步的社会，而社会主义现代化建设事业是物质文明和精神文明协调发展、相辅相成的事业。基于这一理念，以江泽民同志为核心的中央领导集体更为强调协调发展的重要性。具体而言，这种协调发展的思想主要体现在政治、经济和文化协调发展，经济社会协调发展等方面。江泽民一再强调要高度重视可持续发展战略的推进，逐步缩小地区发展之间的差距，实现经济与社会协调发展和可持续发展。

以江泽民同志为核心的中央领导集体坚持把"效率优先，兼顾公平"作为实现共同富裕的基本原则，强调"效率"的前提性与优先性，"公平"的兼顾性。党的十四届三中全会提出了建立以按劳分配为主体，效率优先、兼顾公平的收入分配制度，进一步明确了效率与公平的关系问题，继承与发展了党的十三大所提出的在促进效率提高的前提下体现社会公平的思想。将"效率"和"公平"辩证统一起来，是克服平均主义和防止两极分化的重要方法论。在个人收入分配中，对于第一环节的初次分配而言，

---

① 《十五大以来重要文献选编》下册，人民出版社 2003 年版，第 1925 页。

② 《十三大以来重要文献选编》中册，人民出版社 1991 年版，第 626 页。

首先遵循市场经济的规律，发挥市场经济激励机制和竞争机制的作用，在机会公平与规则公平的前提下，充分体现效率；对于第二环节的再分配而言，在坚持"效率优先"的前提下，由政府采取必要措施来调节个人收入的差距，防止出现两极分化，最终推动实现共同富裕。

第二，实现共同富裕的战略举措。其一，以"三步走"战略为实现共同富裕的总体战略。21世纪初期，鉴于我国现代化建设"三步走"战略的第一步和第二步目标已经实现，人民生活总体上达到小康水平的现实情况，为了进一步推动实现共同富裕，江泽民提出了全面建设小康社会的奋斗目标。党的十五大对我们党到21世纪中叶完成"三步走"战略的第三步目标任务作出部署，即：21世纪第一个十年实现国民生产总值比2000年翻一番，使人民的小康生活更加宽裕，形成比较完善的社会主义市场经济体制；再经过十年的努力，到建党一百年时，使国民经济更加发展，各项制度更加完善；到建国一百年时，基本实现现代化，建成富强、民主、文明的社会主义国家。由此，我们党继承并发展了邓小平的"三步走"战略，根据我国现实国情和现代化发展实际对第三步目标作出更为具体和详细的规划，明确了在2010年、建党一百年和新中国成立一百年这三个时间节点的发展目标。江泽民进一步指出，对我国来说，21世纪前20年是一个必须紧紧抓住并且可以大有作为的重要战略机遇期。他提出了要在21世纪前20年，集中力量全面建设惠及十几亿人口的更高水平的小康社会的要求，力求实现经济更加发展、民主更加健全、科教更加进步、文化更加繁荣、社会更加和谐、人民生活更加殷实。

其二，以坚持发展理念为实现共同富裕的核心理念。改革开放以来，我们党领导人民投身社会主义现代化建设，致力于经济快速发展。江泽民非常重视发展对于解决中国问题的重要性，他指出："解决中国的所有问题，关键在发展。"① 这就明确了共同富裕作为一个发展目标，也必须以发展来解决，离开发展，共同富裕将无从谈起。在进一步深化邓小平所提出的"发展是硬道理"重要理念的基础上，党的十六大报告明确提出"必须把发展作为党执政兴国的第一要务，不断开创现代化建设的新局面"②。一方面，重视均衡协调发展。江泽民提出要把坚持区域经济协调发展，解决地区之间的发展差距作为一项战略任务。西部大开发、东西部对口扶贫协作等战略举措的提出与实施，深化了邓小平关于"两个大局"的战略思想，成为拓展共同富裕道路的重要途径。另一方面，坚持可持续发展。基于我国是一个人口众多、资源相对不足的国家这一现实状况，江泽民继承与发展了邓小平的可持续发展思想，在党的十五大报告中明确提出要在现代化建设中实施"可持续发展战略"。1995年，党的十四届五中全会提出要实现经济与社会相互协调和可持续发展，并将此作为此后15年必须长期贯彻的重要方针之一。江泽民在党的十六大报告中把可持续发展能力不断增强，生态环境得到改善，资源利用效率显著提高，促进人与自然的和谐，推动整个社会走上生产发展、生活富裕、生态良好的文明发展道路作为全面建设小康社会的重要目标，进一步拓展了走共同富裕道路的内涵。

其三，以完善基本经济制度和收入分配制度为实现共同富裕的制度保证。以江泽民同志为核心的中央领导集体通过继续调整并完善我国的所有制结构、分配结构和分配方式，为实现共同富裕提供制度保证。一方面，完善基本经济制度，即坚持公有制为主体，多种所有制经济共同发展。根据生产力发展状况，江泽民提出在巩固和壮大社会主义公有制

---

① 江泽民：《论"三个代表"》，中央文献出版社2001年版，第123页。

② 《十六大以来重要文献选编》上册，中央文献出版社2005年版，第10页。

经济的同时，要把个体经济、私营经济及中外合资、合作企业和外商独资企业的适当发展作为社会主义公有制经济的必要的有益的补充。党的十五大对我国的所有制结构作出进一步调整，提出公有制为主体，多种所有制经济共同发展是我国社会主义初级阶段的一项基本经济制度，同时明确了公有制经济的定义，指出公有制经济包括国有经济和集体经济以及混合所有制经济中的国有成分和集体成分，强调公有制的主体地位主要体现在控制力上。另一方面，完善收入分配制度，即坚持按劳分配为主体，多种分配方式并存。党的十四大提出了建立和完善社会主义市场经济体制的改革目标，第一次提出按劳分配为主体、其他分配方式为补充的分配制度。江泽民在党的十四届五中全会上提出，"在收入分配中，必须坚持按劳分配为主体、多种分配方式并存的原则，体现效率优先、兼顾公平"[①]。党的十五大提出坚持按劳分配为主体、多种分配方式并存的分配制度，并强调把按劳分配与按生产要素分配结合起来。

三、以胡锦涛为主要代表的中国共产党人的共同富裕思想

第一，共同富裕的目标指向。构建社会主义和谐社会是对我国社会发展目标的准确定位，是我们党领导人民走共同富裕道路所提出的一个重要目标。党的十六届四中全会明确提出了构建"全体人民各尽其能、各得其所而又和谐相处的社会"的任务要求，并将其作为巩固党执政的社会基础、实现党执政的历史任务的重要保证。该目标意在适应当时我国社会的新发展新变化，进一步激发社会活力，促进社会公平正义，维护社会安定团结，从而为实现共同富裕营造良好的社会环境。在胡锦涛

---

① 《江泽民文选》第 1 卷，人民出版社 2006 年版，第 469 页。

看来，"社会主义和谐社会，是经济建设、政治建设、文化建设、社会建设协调发展的社会，是人与人、人与社会、人与自然整体和谐的社会"①。他提出要把构建社会主义和谐社会贯穿于建设中国特色社会主义整个历史过程，在实际工作中注意"大社会"和"小社会"两个方面的辩证统一，把和谐社会建设摆在更加突出的位置并落实到党和国家的全部工作之中，解决好人民最关心最直接最现实的利益问题，建立健全制度保障，有重点分步骤地推进和谐社会建设。

基于构建社会主义和谐社会这一目标导向，以胡锦涛同志为总书记的党中央赋予了走社会主义共同富裕道路新的内涵。其一，把人民群众作为走共同富裕道路的主体力量。胡锦涛在江泽民所提出的"实现人的全面发展"基础上提出了"发展为了人民，发展依靠人民，发展成果由人民共享"的理念，将马克思主义的人民观进一步发展深化。其二，把实现社会公平作为走共同富裕道路的价值取向。在纪念党的十一届三中全会召开三十周年大会上，胡锦涛强调了促进社会公平与提高效率的结合问题，主张"按照民主法治、公平正义、诚信友爱、充满活力、安定有序、人与自然和谐相处的总要求，大力发展社会事业，促进社会公平正义，努力形成社会和谐人人有责、和谐社会人人共享的生动局面"②。党的十六届四中全会通过的《中共中央关于加强党的执政能力建设的决定》已经不再使用"效率优先，兼顾公平"的提法，而是更为强调公平，指出：要"注重社会公平，合理调整国民收入分配格局，切实采取有力措施解决地区之间和部分社会成员收入差距过大的问题，逐步实现全体人民共

---

① 《胡锦涛文选》第 2 卷，人民出版社 2016 年版，第 523 页。

② 《十七大以来重要文献选编》上册，中央文献出版社 2009 年版，第 804 页。

同富裕"[1]，"要适应我国社会的深刻变化，把和谐社会建设摆在重要位置，注重激发社会活力，促进社会公平和正义，增强全社会的法律意识和诚信意识，维护社会安定团结"[2]。党的十六届六中全会通过的《中共中央关于构建社会主义和谐社会若干重大问题的决定》也指出："在经济发展的基础上，更加注重社会公平，着力提高低收入者收入水平，逐步扩大中等收入者比重，有效调节过高收入，坚决取缔非法收入，促进共同富裕。"[3]党的十七大报告则明确指出要兼顾效率与公平，初次分配和再分配都要处理好效率与公平的关系，再分配更加注重公平。在再分配中"更加注重公平"成为我们党在新的发展时期推进共同富裕的一个必然选择。这是因为，长期以来，在发展过程中并没有真正遵循初次分配领域中与"公平"相统一的"效率"原则，片面理解和执行"效率"，致使"效率"与"公平"脱节，从而出现经济发展中权利公平、机会公平、规则公平某种程度上缺失的问题，初次分配缺乏一定的公平性。其三，科学发展是实现共同富裕的有效途径。胡锦涛高度重视建立正确的发展观问题。在推动实现共同富裕的过程中，胡锦涛继承发展了我们党的发展理念，用"科学"一词对"发展"的概念进行了界定。党的十六届三中全会提出"统筹城乡发展、统筹区域发展、统筹经济社会发展、统筹人与自然和谐发展、统筹国内发展和对外开放"的"五个统筹"的要求。[4]

第二，实现共同富裕的战略举措。以胡锦涛同志为总书记的党中央致力于促进我国区域协调发展、消除城乡二元结构、扩大中等收入群体

---

① 《中共中央关于加强党的执政能力建设的决定》，人民出版社 2004 年版，第 12 页。

② 《中共中央关于加强党的执政能力建设的决定》，人民出版社 2004 年版，第 24 页。

③ 《中共中央关于构建社会主义和谐社会若干重大问题的决定》，人民出版社 2006 年版，第 19 页。

④ 《十六大以来重要文献选编》上册，中央文献出版社 2005 年版，第 465 页。

比重，以此作为新世纪解决我国发展面临的突出问题、推动实现共同富裕的战略举措。

一是促进区域协调发展。面对区域发展不平衡这一基本国情，促进区域协调发展、逐步缩小地区发展差距成为实现共同富裕的必然要求。党的十六届三中全会提出了促进区域协调发展的战略要求，在"十一五"规划中又进一步明确了把促进区域协调发展作为一项重要目标。我们党旨在通过促进区域协调发展，及时化解区域发展不协调所带来的矛盾与问题，努力遏制区域发展差距扩大的趋势，逐步实现不同区域的人民共享小康社会幸福生活，为实现共同富裕和国家长治久安提供保障。党的十六届五中全会部署了国家区域发展总体战略，强调要继续推进实施西部大开发战略，振兴东北地区等老工业基地，促进中部地区崛起，鼓励东部地区率先发展，形成合理的区域发展格局，以此作为保证人民共享发展成果、逐步实现共同富裕的重大举措。同时，为减少相对贫困并促进实现共同富裕，以胡锦涛同志为总书记的党中央加大扶贫开发的支持力度，重点支持革命老区、民族地区、边疆地区特别是集中连片特殊困难地区。通过这一系列以东带西及东中西共同发展的举措，促进了区域协调发展，向实现共同富裕的目标又迈进了一大步。

二是消除城乡二元结构。进入新世纪，我国农村发展严重滞后于城市，城乡二元结构依然存在，城乡之间在基础设施、居民收入与社会保障等方面存在明显差距，这成为制约农村发展的突出矛盾，也成为影响共同富裕实现的一个瓶颈。为解决这一难题，我们党采取了一系列改变二元经济结构的举措。首先，在分配方式上，坚持和完善按劳分配为主体、多种分配方式并存的分配制度，坚持各种生产要素按贡献参与分配。在经济发展的基础上，更加注重社会公平，合理调整国民收入分配格局，加大再分配调节力度，着力解决收入分配差距较大的问题，逐步缓解地区之间和部分社会成员收入分配差距扩大的趋势。其次，在解决"三农"问题上，深化农村各项改革，加快农业结构调整，建立统筹城乡发展的有效体制机制，加大对农村投资省、见效快的中小型基础设施项目的投入力度。把促进农民增收作为农业和农村工作的一项中心任务，通过取消农业税减轻农民负担，同时，发展农村二、三产业，发展和壮大县域经济，拓宽进城务工经商渠道，引导农村富余劳动力向非农产业和城镇有序转移。完善和强化对农民的直接补贴政策，通过"三减免三补贴"和退耕还林补贴等政策来加大农村扶贫开发力度。注重发展农村经济和建设精神文明双管齐下，带领农民群众奔小康、实现共同富裕和共同进步。

三是扩大中等收入群体比重。党的十六大明确提出了以共同富裕为目标，扩大中等收入者比重，提高低收入者收入水平的要求。党的十七大进一步强调要在5年内确保基本形成合理有序的收入分配格局，使中等收入者占社会人口的多数，基本消除绝对贫困现象。这一要求既有利于减少我国贫困人口的数量，促进我国居民收入分配结构向橄榄型转变，进而扩大消费需求，推动经济快速发展，又有利于缩小城乡收入差距，加快城镇化进程。

深化：中国特色社会主义新时代

以习近平同志为核心的党中央坚持以人民为中心的价值理念，把促进全体人民共同富裕作为为人民谋幸福的着力点，在发展中保障和改善民生，不断增进人民福祉，更好地满足人民群众日益增长的美好生活需要和对公平正义的需求，带领人民在实现共同富裕的道路上不断取得新突破。

一、历史方位

中国特色社会主义进入新时代。党的十八大以来，我国国际地位实现了前所未有的提升，党的面貌、国家的面貌、人民的面貌、军队的面貌及中华民族的面貌发生了前所未有的变化，各个层面都发生了深层次的、根本性的历史性变革，取得了全方位的、开创性的历史性成就，标志着我国实现了从"赶上时代"到"引领时代"的伟大跨越。我国社会主要矛盾由"人民日益增长的物质文化需要同落后的社会生产之间的矛盾"向"人民日益增长的美好生活需要和不平衡不充分的发展之间的矛盾"的转化，推动着我国从"欠发展"的历史方位进入"发展起来"的历史方位，进而推动中国特色社会主义进入新时代。党的十九大报告提出，中国特色社会主义进入新时代，这是我国发展新的历史方位。同时，明确指出这个新时代是"全国各族人民团结奋斗、不断创造美好生活、逐步实现全体人民共同富裕的时代"①。

世界处于百年未有之大变局。当今世界，百年未有之大变局正处于加速演进期，这是我国发展所处的世界坐标。习近平总书记曾用三个"前所未有"来阐明世界百年未有之大变局的深刻内涵："新兴市场国家和发展中国家的崛起速度之快前所未有，新一轮科技革命和产业变革带来的新陈代谢和激烈竞争前所未有，全球治理体系与国际形势变化的不适应、不对称前所未有。"②在世界百年未有之大变局的背景下，我国也迎来了近代以来最好的发展时期，两者同步交织并相互激荡，为实现共同富裕提供了有利条件和重要机遇。同时，也应看到外部国际形势复杂多变，内部改革发展任务繁重，我国面临着更为严峻的风险挑战，实现共同富裕还有诸多瓶颈和困难需要解决。

"两个一百年"奋斗目标的历史交汇期。"两个一百年"奋斗目标，即在中国共产党成立一百年时全面建成小康社会，在新中国成立一百年时建成富强民主文明和谐美丽的社会主义现代化强国。从党的十九大到党的二十大，是"两个一百年"奋斗目标的历史交汇期。2021年，我国已经如期全面建成小康社会，历史性地解决了绝对贫困问题，实现了第一个百年奋斗目标。同时，开启了全面建设社会主义现代化国家的新征程，向着全面建成社会主义现代化强国的第二个百年奋斗目标迈进，朝着实现中华民族伟大复兴的宏伟目标继续前进。在这样的历史交汇期，对推动共同富裕提出了更为紧迫的要求。

---

① 《中国共产党第十九次全国代表大会文件汇编》，人民出版社2017年版，第9页。
② 习近平：《坚持可持续发展，共创繁荣美好世界——在第二十三届圣彼得堡国际经济论坛全会上的致辞》，《人民日报》2019年6月8日。

二、基本要求

第一，根本目标：中华民族伟大复兴。在奋斗目标上，以习近平同志为核心的党中央把实现中华民族伟大复兴作为根本目标，由"三步走"战略进一步走向为实现"两个一百年"奋斗目标和实现中华民族伟大复兴的中国梦规划"时间表"和"路线图"。可以说，坚持和发展中国特色社会主义的道路，就是实现共同富裕的道路，就是实现中华民族伟大复兴的中国梦的道路。习近平总书记明确指出："中国执政者的首要使命就是集中力量提高人民生活水平，逐步实现共同富裕。为此，我们提出了'两个一百年'奋斗目标，就是到 2020 年实现国内生产总值和城乡居民人均收入比 2010 年翻一番，全面建成小康社会；到本世纪中叶建成富强民主文明和谐的社会主义现代化国家，实现中华民族伟大复兴。"[1]基于这一既定目标，我们党明确了"五位一体"的总体布局和"四个全面"的战略布局，这就从顶层设计到具体实践有了明确的方向指引和扎实的推进路径。

第二，实现路径：共享发展。面对我国发展不平衡不充分的突出问题，以习近平同志为核心的党中央高度重视共享发展的发展理念，指出"共享理念"体现的是逐步实现共同富裕的要求。习近平总书记多次强调，人民对美好生活的向往就是我们的奋斗目标，要顺应人民群众对美好生活的向往，更好地满足人民群众对公平正义的需求，保证人民平等参与、平等发展的权利，使改革发展成果更多更公平惠及全体人民，不断向实现全体人民共同富裕的目标稳步迈进。

消除贫困和改善民生是以习近平同志为核心的党中央在推动实现共

---

[1] 《习近平谈治国理政》第 2 卷，外文出版社 2017 年版，第 30 页。

同富裕道路上的两个重要着力点。在消除贫困问题上，习近平总书记提出要坚持精准扶贫、精准脱贫，坚决打赢脱贫攻坚战。他指出："全面建成小康社会，一个也不能少；共同富裕路上，一个也不能掉队。"[1] 在改善民生问题上，习近平总书记主张必须坚持发展为了人民、发展依靠人民、发展成果由人民共享，"抓住人民最关心最直接最现实的利益问题，既尽力而为，又量力而行，一件事情接着一件事情办，一年接着一年干"[2]。

在分配环节，习近平总书记强调要作出更有效的制度安排，加大收入分配调节力度，绝不能出现"富者累巨万，而贫者食糟糠"的现象。在他看来，共同富裕既不是整齐划一的平均主义，不是均等富裕，也不是少数人的富裕，而是全体人民的共同富裕，是人民群众物质生活和精神生活都富裕。

第三，价值追求：以人民为中心。党的十九大报告强调："新时代我国社会主要矛盾是人民日益增长的美好生活需要和不平衡不充分的发展之间的矛盾，必须坚持以人民为中心的发展思想，不断促进人的全面发展、全体人民共同富裕。"[3] 坚持以人民为中心，是我们党矢志不渝的价值追求。以习近平同志为核心的党中央在秉持和传承党的人民主体思想的基础上，提出以人民为中心的发展思想，主张"人民共创共享共治"。这不仅深刻表达了中国共产党人的人民情怀，而且生动体现了新时代中国特色社会主义的鲜明特征。

在新时代的历史方位上，坚持以人民为中心，就要不断满足人民日益增长的美好生活需要，推动共同富裕的实现。首先，坚持依靠人，充

---

①　《习近平谈治国理政》第3卷，外文出版社2020年版，第66页。

②　《中国共产党第十九次全国代表大会文件汇编》，人民出版社2017年版，第36页。

③　《中国共产党第十九次全国代表大会文件汇编》，人民出版社2017年版，第15—16页。

分释放人的创新激情、活力与能力，领导人民群众参与到实现共同富裕的实践中去。习近平总书记一再强调高素质劳动者对于高质量发展的重要性，要通过促进共同富裕来提高城乡居民收入，提升人力资本，进而提高全要素生产率，夯实高质量发展的动力基础。其次，坚持尊重人，以人民群众的实际利益满足与真实感受评价作为衡量工作的根本尺度。再次，坚持为了人，要不断满足人民群众的利益需要、切实维护人民的权益、努力增进人民的福祉，不断推进人的全面发展、全体人民共同富裕。

三、战略部署

第一，战略步骤："三步走"。以习近平同志为核心的党中央着眼于实现中华民族伟大复兴的中国梦，把推动共同富裕与社会主义现代化建设有机统一起来，继续发展深化了"三步走"战略：第一步，到 2020 年实现全面建成小康社会。第二步，在全面建成小康社会的基础上，再奋斗 15 年，到 2035 年基本实现社会主义现代化。第三步，在基本实现现代化的基础上，再奋斗 15 年，到 21 世纪中叶把我国建设成为富强民主文明和谐美丽的社会主义现代化强国。

立足不同发展阶段的特点和实际，在综合分析国际国内形势和我国发展条件的基础上，我们党采取分阶段、分步骤促进共同富裕的战略。习近平总书记提出："到'十四五'末，全体人民共同富裕迈出坚实步伐，居民收入和实际消费水平差距逐步缩小。到 2035 年，全体人民共同富裕取得更为明显的实质性进展，基本公共服务实现均等化。到本世纪中叶，全体人民共同富裕基本实现，居民收入和实际消费水平差距缩小到合理区间。"① 同时，强调要抓紧制定促进共同富裕行动纲要，提出科学可行、符合国情的指标体系和考核评估办法。由此可见，我们党推动共同富裕的战略步骤统一于新时代的"三步走"战略之中，与社会主义现代化建设的总体目标具有内在统一性。

第二，总体布局："五位一体"。实现国强民富是中国近现代以来的梦想和追求。为实现共同富裕的目标，习近平总书记深入思考中国的现实问题和理论问题，提出了中国特色社会主义事业"五位一体"的总体布局，并围绕这一总体布局提出了一系列论述和主张。

在经济建设方面，以习近平同志为核心的党中央对社会主义基本经济制度作出新概括，明确了"公有制为主体、多种所有制经济共同发展""按劳分配为主体、多种分配方式并存""社会主义市场经济体制"的并列关系，既有利于解放和发展社会生产力、改善人民生活，又有利于维护社会公平正义、实现共同富裕。

在政治建设方面，习近平总书记高度重视法治政府和服务型政府建设，尤为强调政府在推动共同富裕中的重要作用，提出"要切实转变政府职能，深化行政体制改革，创新行政管理方式，健全宏观调控体系，加强市场活动监管，加强和优化公共服务，促进社会公平正义和社会稳定，促进共同富裕"②。

在文化建设方面，我们党把实现共同富裕作为社会主义的共同理想。习近平总书记指出，促进共同富裕与促进人的全面发展具有高度统一性。"要强化社会主义核心价值观引领，加强爱国主义、集体主义、社会主义教育，发展公共文化事业，完善公共文化服务体系，不断满足人民群

---

① 习近平：《扎实推动共同富裕》，《求是》2021 年第 20 期。

② 《习近平关于社会主义政治建设论述摘编》，中央文献出版社 2017 年版，第 115 页。

众多样化、多层次、多方面的精神文化需求。要加强促进共同富裕舆论引导，澄清各种模糊认识，防止急于求成和畏难情绪，为促进共同富裕提供良好舆论环境。"[1]

在社会建设方面，习近平总书记为促进共同富裕、实现社会和谐安定指明了方向。一方面，在发展中保障和改善民生，为人民提高受教育程度、增强发展能力创造更加普惠公平的条件，提升全社会人力资本和专业技能，增强致富本领。另一方面，鼓励勤劳创新致富，畅通向上流动通道，给更多人创造致富机会，形成人人参与的发展环境。为防止两极分化和社会阶层固化，提出了构建初次分配、再分配、三次分配协调配套的基础性制度安排，加大税收、社保、转移支付等调节力度并提高精准性，扩大中等收入群体比重，增加低收入群体收入，合理调节高收入，取缔非法收入等一系列举措。

在生态文明建设方面，习近平总书记强调："良好生态环境是最公平的公共产品，是最普惠的民生福祉。"[2] 在他看来，良好的生态环境、人与自然的和谐相处是共同富裕的一个重要内涵。我们党着力改善人居环境，推进生态文明建设和美丽中国建设，以生态环境的可持续发展为人的自由全面发展创造优良的生存环境和生态条件，进而生产出更为优质的物质产品，满足人民群众多样化需求的同时，促进经济不断增长，推动共同富裕稳步前进。

四、理论贡献与实践意义

第一，理论贡献。其一，深化了共同富裕的内涵。习近平总书记指出：

---

① 习近平：《扎实推动共同富裕》，《求是》2021 年第 20 期。

② 《习近平关于社会主义生态文明建设论述摘编》，中央文献出版社 2017 年版，第 4 页。

"共同富裕是社会主义的本质要求，是中国式现代化的重要特征。"① 这一重要论断将实现共同富裕置于中国式现代化的战略高度予以把握和理解，明确了共同富裕与中国式现代化的辩证关系。中国式现代化新道路是一条物质文明、政治文明、精神文明、社会文明和生态文明协调发展的现代化道路。共同富裕作为彰显该现代化道路的重要特征，其内涵与中国式现代化道路所表征的人类文明新形态具有一致性，就此而言，共同富裕的内涵必将随着中国式现代化道路的不断拓展而持续丰富。其二，完善了共同富裕的路径。以习近平同志为核心的党中央把共同富裕与中华民族伟大复兴有机统一，立足新时代的中国实际，对"三步走"战略的第三步进行了更为详尽、细致的阶段性规划，从而创新发展了实现共同富裕的战略路径。就历史方位而言，提出中国特色社会主义进入新时代，为推动共同富裕明确了崭新历史方位。就价值理念而言，提出坚持以人民为中心，既与为人民服务一脉相承，又与时俱进丰富发展了为人民服务的内涵。就经济建设而言，提出社会主义市场经济体制是基本经济制度，深化和发展了社会主义基本经济制度的内涵。这些原创性论断都体现了我们党对共同富裕的认识在不断深化，创新发展了 21 世纪马克思主义。

第二，实践意义。从实践来看，随着全面建成小康社会的目标实现，我国近 1 亿农村贫困人口实现脱贫，历史性地解决了绝对贫困问题，以习近平同志为核心的党中央成功使我国迈入扎实推动共同富裕的历史阶段，同时也为进一步推动共同富裕创造了良好条件。在战略决策上，由"让一部分人和地区先富起来"转向更加注重"共同富裕""使全体人民共享发展成果"，把促进全体人民共同富裕摆在更加重要的位置，

---

① 习近平：《扎实推动共同富裕》，《求是》2021 年第 20 期。

强调以高质量发展促进共同富裕，这些举措定将推动人的全面发展和全体人民共同富裕取得更为明显的实质性进展。

要点回看

◎ 毛泽东立足农民占中国人口绝大多数且普遍贫困的现实国情，首先提出了让农民实现共同富裕的思想，并将实现共同富裕与巩固工农联盟有机统一起来，引领中国人民走中国化的共同富裕道路。

◎ 这一理念体现了实现共同富裕要坚持过程性和目的性相统一，其中还蕴含着一个重要的方法论原则，即实现共同富裕既要强调效率，反对平均主义，又要消除贫困，防止两极分化。

◎ "三步走"战略不仅为我国推进社会主义现代化建设指明了前进方向，而且为实现共同富裕提供了可靠路径，把社会经济发展目标和人民美好生活目标有机统一起来，充分体现了以邓小平同志为核心的中央领导集体的高瞻远瞩和战略智慧。

◎ 将人的全面发展和社会发展进步置于整个社会主义现代化建设和实现共同富裕的进程中予以重视并加以推进，这就意味着我们党把实现人的现代化问题提到了新的高度，进一步丰富和发展了共同富裕既包括物质富裕，又包括精神富裕的认识。

◎ 以习近平同志为核心的党中央把共同富裕与中华民族伟大复兴有机统一，立足新时代的中国实际，对"三步走"战略的第三步进行了更为详尽、细致的阶段性规划，从而创新发展了实现共同富裕的战略路径。

推荐阅读

1.《毛泽东选集》，人民出版社 1991 年版。

2.《邓小平文选》，人民出版社 1993 年、1994 年版。

3.《中国共产党第十九次全国代表大会文件汇编》，人民出版社 2017 年版。

4.《习近平关于社会主义政治建设论述摘编》，中央文献出版社 2017 年版。

5.《中国共产党简史》，人民出版社、中共党史出版社 2021 年版。

新的赶考：
新时代的战略部署

人民对美好生活的向往，就是我们的奋斗目标。人世间的一切幸福都需要靠辛勤的劳动来创造。我们的责任，就是要团结带领全党全国各族人民，继续解放思想，坚持改革开放，不断解放和发展社会生产力，努力解决群众的生产生活困难，坚定不移走共同富裕的道路。

——习近平《在十八届中央政治局常委同中外记者见面时的讲话》

江山就是人民、人民就是江山，打江山、守江山，守的是人民的心。

——习近平《在庆祝中国共产党成立100周年大会上的讲话》

共同富裕是社会主义的本质要求，是中国式现代化的重要特征。我们说的共同富裕是全体人民共同富裕，是人民群众物质生活和精神生活都富裕，不是少数人的富裕，也不是整齐划一的平均主义。

——习近平《扎实推动共同富裕》

党的十八大以来，中国特色社会主义进入新时代。这个新时代，"是全国各族人民团结奋斗、不断创造美好生活、逐步实现全体人民共同富裕的时代"①。以习近平同志为核心的党中央根据发展阶段的新变化，对扎实推动共同富裕作出了新的战略部署。

① 《中国共产党第十九次全国代表大会文件汇编》，人民出版社 2017 年版，第 9 页。

第四章　新的赶考：新时代的战略部署

推进共同富裕的战略目标和战略步骤

战略目标
☆人民生活更为宽裕
☆中等收入群体比例明显提高
☆城乡区域发展差距和居民生活水平差距显著缩小
☆基本公共服务均等化基本实现

战略步骤
短期： 到"十四五"时期末，民生福祉达到新水平
中期： 展望2035年，全体人民共同富裕取得更为明显的实质性进展
长期： 到21世纪中叶，全体人民共同富裕基本实现

扎实推动共同富裕的重大战略举措

1.构建区域协调发展新格局，缩小区域发展差距
☆继续深入实施区域发展总体战略
☆着力构建区域协调发展新机制
☆强化特殊类型区域发展

2.实施乡村振兴战略，促进农民农村共同富裕
☆巩固拓展脱贫攻坚成果
☆全面推进乡村振兴
☆加强农村基础设施和公共服务体系建设

3.加强对高收入的规范和调节，着力扩大中等收入群体规模
☆加强对高收入的规范和调节
☆着力扩大中等收入群体规模

4.促进基本公共服务均等化，补齐共同富裕短板
☆推动义务教育优质均衡发展和城乡一体化
☆健全就业公共服务体系
☆织密扎牢社会保障网
☆完善住房供应和保障体系
☆推动城乡区域基本公共服务制度统一、质量水平有效衔接

5.促进人民精神生活共同富裕，提升民众幸福感
☆强化社会主义核心价值观引领
☆完善公共文化服务体系
☆加强促进共同富裕舆论引导

推进共同富裕应处理好的几组关系

1.政府与市场的关系
☆发挥市场在实现共同富裕中的主导作用
☆发挥政府在实现共同富裕中的积极作用

2.公平与效率的关系
☆坚持效率优先
☆坚持兼顾公平

3.初次分配、再分配与第三次分配的关系
☆发挥初次分配、再分配在分配中的主体作用
☆发挥第三次分配的辅助补充作用

4.尽力而为与量力而行的关系
☆坚持尽力而为
☆需要量力而行

5.循序渐进与先行先试的关系
☆坚持循序渐进的原则
☆大胆先行先试

推进共同富裕的战略目标
和战略步骤

进入新时代以来，我国经济实力、科技实力、综合国力不断跃升，我国发展朝着更高质量、更有效率、更加公平、更可持续、更为安全的方向稳步迈进。为此，优化和提升推进共同富裕的战略目标和战略步骤势在必行。

一、战略目标

党的十九大在对实现第二个百年奋斗目标作出分两个阶段推进的战略安排的同时，也对扎实推动共同富裕的目标作出了新的调整：到2035年"人民生活更为宽裕，中等收入群体比例明显提高，城乡区域发展差距和居民生活水平差距显著缩小，基本公共服务均等化基本实现，全体人民共同富裕迈出坚实步伐"；到21世纪中叶"全体人民共同富裕基本实现，我国人民将享有更加幸福安康的生活"。[①]可从四个方面来理解新时代推进共同富裕的战略目标。

一是人民生活更为宽裕。新中国成立之后，特别是改革开放以来，

[①] 《中国共产党第十九次全国代表大会文件汇编》，人民出版社2017年版，第23页。

人民物质生活得到了极大的改善，精神生活也得到了显著提升，但是距离共同富裕仍有一定差距。共同富裕的战略目标，首先是人民生活更为宽裕，在物质生活和精神生活两方面都要有更大幅度的提升。早在2012年，习近平总书记在十八届中央政治局常委与中外记者见面会上就强调，"人民对美好生活的向往，就是我们的奋斗目标"[①]。

二是中等收入群体比例明显提高。"两头小、中间大"的橄榄型社会结构，具有一定的合理性、稳定性。中等收入群体就属于橄榄型社会结构的"中间大"部分，需要占据一定比例。目前我国已经有4亿多人属于中等收入群体，占总人口的比重约为30%，与共同富裕目标相比，中等收入群体的人数和占比均有一定的差距，需要明显提高中等收入群体比重。有的省级政府已在2022年政府工作报告中提出"实施中等收入群体倍增行动计划"，相信其他省区市也将陆续提出各自的中等收入群体扩大计划。

三是城乡区域发展差距和居民生活水平差距显著缩小。我国幅员辽阔，各地区发展阶段、地理位置、资源禀赋、主体功能区划分存在差异，不可避免地会出现城乡区域发展差距，居民生活水平也会存在一定差距。推动共同富裕，并非要消除城乡区域发展和居民生活水平的绝对差距，而是要致力于缩小城乡区域发展和居民生活水平的相对差距，使得城市和农村、不同区域之间的发展相对平衡，使得居民生活水平大体相当。

四是基本公共服务均等化基本实现。基本公共服务均等化是实现共同富裕的重要方式，通过政府主导、市场主体和社会组织广泛参与，引导社会资源向薄弱环节流动，补齐基本公共服务短板，促进基本公共服

---

① 《习近平谈治国理政》第1卷，外文出版社2018年版，第4页。

务均等化。当然，除了要在数量上基本实现基本公共服务均等化，也要在质量上推进基本公共服务均等化，同步实现数量的提高与质量的提升，在高质量发展中促进基本公共服务均等化。

二、战略步骤

党的十九届五中全会对扎实推动共同富裕的战略步骤作出了部署安排，"锚定二〇三五年远景目标，综合考虑国内外发展趋势和我国发展条件，坚持目标导向和问题导向相结合，坚持守正和创新相统一"[1]，可从短期、中期、长期三个维度来看新时代推进共同富裕的战略步骤。

短期来看，到"十四五"时期末，民生福祉达到新水平。在如期实现全面建成小康社会奋斗目标之际，国内生产总值突破了百万亿元大关，人均国内生产总值超过了一万美元，人民生活水平和质量普遍提高，这在我国经济发展史上具有重要里程碑意义，标志着我国综合国力再次跃上新的大台阶。民生福祉要达到新水平，体现在以下方面：就业方面，实现更加充分更高质量就业；收入方面，居民收入增长和经济增长基本同步，分配结构明显改善；公共服务方面，基本公共服务均等化水平明显提高；教育方面，全民受教育程度不断提升；社会保障方面，多层次社会保障体系更加健全，卫生健康体系更加完善；乡村振兴方面，脱贫攻坚成果巩固拓展，乡村振兴战略全面推进。

中期来看，展望2035年，全体人民共同富裕取得更为明显的实质性进展。共同富裕的实质性进展体现在中等收入群体显著扩大、基本公共服务实现均等化、城乡区域发展差距和居民生活水平差距显著缩小，同

---

[1] 《中国共产党第十九届中央委员会第五次全体会议文件汇编》，人民出版社2020年版，第26页。

时也体现在人均国内生产总值达到中等发达国家水平。关于中等发达国家水平的界定，有三种不同的方案：一是采用世界银行所列的"中收入"国家水平作为中等发达国家的水平；二是列出世界公认的发达国家名单，依照其发达程度进行自高到低的排序，去掉序列中的前5名和后5名，将剩下国家的综合状况进行平均，然后用各项平均值代表中等发达国家的水平；三是列出当代全部发达国家的名录，依照8个指标大类，将所列名录中每个发达国家逐项指标的平均值填入，再应用特别设计的算法求出这些国家的"总平均集合"，来代表中等发达国家的水平。[①] 相比较而言，第三种方案更具合理性，根据这一方案，目前中等发达国家的标准是人均GDP达到4万—6万美元，按照国际货币基金组织的数据，2021年我国人均GDP约为11891美元，距离中等发达国家的标准仍有较大差距。

长期来看，到21世纪中叶，全体人民共同富裕基本实现。"人民就是江山，共产党打江山、守江山，守的是人民的心，为的是让人民过上好日子。我们党的百年奋斗史就是为人民谋幸福的历史。"[②] 实现共同富裕是为人民谋幸福的具体表征，我们党致力于实现全体人民共同富裕，这是一个长期目标，需要许多代人的共同努力。

三、战略目标和战略步骤的新特征

从党的十九大到十九届五中全会，扎实推动共同富裕的战略目标和战略步骤已经发生了积极变化，呈现出三个方面的新特征。

第一，进一步强调了"十四五"时期是实现共同富裕目标的重要阶段，

① 《怎样界定"中等发达国家"》，《光明日报》2003年7月4日。

② 《中国共产党一百年大事记（1921年7月—2021年6月）》，人民出版社2021年版，第246页。

提出到 2025 年全体人民共同富裕要"迈出坚实步伐"。党的十九大报告对全面建成小康社会至 21 世纪中叶作出了两个阶段的安排。第一个阶段，从 2020 年到 2035 年，在全面建成小康社会的基础上，再奋斗 15 年，基本实现社会主义现代化；第二个阶段，从 2035 年到 21 世纪中叶，在基本实现现代化的基础上，再奋斗 15 年，把我国建成富强民主文明和谐美丽的社会主义现代化强国。其中，第一个阶段要求"全体人民共同富裕迈出坚实步伐"，即意味着最晚到 2035 年，要使"全体人民共同富裕迈出坚实步伐"。到党的十九届五中全会，更加强调 2025 年的短期阶段目标，力争使全体人民共同富裕在这个阶段"迈出坚实步伐"，如果按照这个时间节点计算，"全体人民共同富裕迈出坚实步伐"的目标整整提前了10 年。

第二，2035 年目标提升为"取得更为明显的实质性进展"。如果说 2025 年的"十四五"末，共同富裕的目标是推动"全体人民共同富裕迈出坚实步伐"，那么 2035 年共同富裕的目标便提升为"取得更为明显的实质性进展"。其中，"明显"表明数量上有较大幅度的提高，"实质性"表明质量上有较大幅度的提升，是数量与质量共同演进的上升过程。

第三，2035 年目标更加高质量。"十四五"时期及未来很长一段时间，高质量发展是我国的主题，人民生活不仅"更为宽裕"，而且要"更加美好"，要实现"人的全面发展"；中等收入群体不仅"比例明显提高"，而且要"显著扩大"；基本公共服务均等化不是"基本实现"，而是"实现"。这些变化，必须有相应的重大战略举措进行有效支撑。

扎实推动共同富裕的
重大战略举措

新时代是中国共产党人带领全国人民实现共同富裕目标的关键时期。进入新时代以来，以习近平同志为核心的党中央有针对性地提出了一系列扎实推动共同富裕的重大战略举措。

一、构建区域协调发展新格局，缩小区域发展差距

区域发展的平衡性和协调性是推动共同富裕的重要方面，不同地区之间的经济实力、居民收入、公共服务资源等存在着较大差距，构建新时代区域协调发展格局需把握好以下三点。

一是继续深入实施区域发展总体战略。党的十八大以来，我国在继续深入实施由西部开发、东北振兴、中部崛起、东部率先构成的区域发展总体战略的同时，大力推动京津冀协同发展、长江经济带发展、粤港澳大湾区建设、长江三角洲区域一体化发展、黄河流域生态保护和高质量发展等战略实施，从而形成了新时代的区域协调发展新格局，并取得了较大成就，有效推进了共同富裕的步伐。"十四五"时期及未来一段时间，要继续推动西部大开发形成新格局，继续推动东北振兴取得新突破，继续促进中部地区加快崛起，继续鼓励东部地区加快推进现代化。

二是着力构建区域协调发展新机制。加快构建要素有序自由流动、主体功能约束有效、基本公共服务均等、资源环境可承载的区域协调发展新机制。"十四五"时期及未来一段时间，区域发展总体战略要更加注重区域分工合作，改变区域间缺乏专业化分工合作、过度同质化竞争的发展方式[①]，通过产业链、供应链、价值链连接不同区域，形成优势互补的发展方式；要更加注重区域公平，建立跨区域的利益平衡机制，推动基本公共服务在区域间的均等化；要更加注重可持续发展，区域发展不仅要关注经济增长，也要注重区域分配公平，还要防止环境污染、生态退化，建立绿色可持续的发展机制。

三是强化特殊类型区域发展。我国区域发展存在一些特殊的区域，比如革命老区、相对贫困地区、边疆地区，这些地区自然条件基础较差，缺乏经济发展的有利条件。对于这些特殊类型的区域，要实施不同的发展战略，给予更有针对性的政策支持，促进特殊类型区域迎头赶上、健康快速发展。同时，要注重平衡南北经济，发挥南方经济基础较好的优势，通过对口协作、产业转移、人才培训、共建园区等多种方式，特别是发挥"飞地经济"的带动作用，打造南北经济合作的新典范。

二、实施乡村振兴战略，促进农民农村共同富裕

我国存在城乡二元结构问题，习近平总书记指出："促进共同富裕，最艰巨最繁重的任务仍然在农村。"[②] 要大力实施乡村振兴战略，促进农民农村共同富裕。

一是巩固拓展脱贫攻坚成果。在中国共产党成立一百周年之际，我

---

① 孙志燕：《深入实施区域发展总体战略》，《人民日报》2016年9月26日。
② 习近平：《扎实推动共同富裕》，《求是》2021年第20期。

国脱贫攻坚战取得了全面胜利，现行标准下 9899 万农村贫困人口全部脱贫，832 个贫困县全部摘帽，12.8 万个贫困村全部出列，区域性整体贫困得到解决，完成了消除绝对贫困的艰巨任务。[①] 尽管消除绝对贫困的艰巨任务已经完成，但还存在减少相对贫困的重任，以及返贫的风险。要建立易返贫致贫群体的监测机制，及早发现、及早干预，对脱贫县要扶上马送一程，确保不发生规模性返贫和新的致贫；要建立帮扶机制，对于西部地区脱贫县，可集中重点帮扶，增强内生发展能力，对于低收入人群，可适当采取兜底和帮扶措施；要建立缓解相对贫困的长效机制，相对贫困无法彻底根除，但可以采取多种方式缓解，特别是可以建立一些制度性的长效机制，有力巩固拓展脱贫攻坚成果。

二是全面推进乡村振兴。"三农"问题是全党工作的重中之重，走中国特色社会主义乡村振兴道路，全面实施乡村振兴战略，是共同富裕的题中应有之义。要提高农业质量效益和竞争力，以科技创新为核心动力，加强农业供给侧结构性改革，有序推进农业现代化；要优化农业生产结构和区域布局，根据主体功能区划分，加快建设粮食生产功能区、重要农产品保护区和特色农产品优势区；要大力发展县域经济，推动城市和农村经济有效衔接，推动农村一二三产业融合发展；要深化农村各类要素和市场改革，推动城乡要素平等交换、双向流动，不断完善城乡融合发展机制。

三是加强农村基础设施和公共服务体系建设。农村基础设施方面，补齐农村基础设施和公共服务短板，是推进共同富裕的重要内容，要强化各级政府的职责，在改革中不断提升农村基础设施水平。人力资本方

① 习近平：《在全国脱贫攻坚总结表彰大会上的讲话》，人民出版社 2021 年版，第 1 页。

面，要进一步加大普惠性人力资本投入，继续有效减轻困难家庭教育负担，保障困难家庭学有所教，提高低收入群众子女的受教育水平。养老医疗方面，要不断完善养老和医疗保障体系，从全国范围统筹社会保障，逐步缩小职工和居民、城市与农村的社会保障差距，特别是要完善兜底救助体系，加快缩小社会救助的城乡标准差异，逐步提高城乡最低生活保障水平，兜住基本生活底线。住房方面，要坚持房子是用来住的、不是用来炒的定位，因城施策，租购并举，建立和完善住房市场健康发展的长效机制。

三、加强对高收入的规范和调节，着力扩大中等收入群体规模

收入分配最能体现共同富裕的程度，要不断加强对高收入的规范和调节，着力扩大中等收入群体规模。[①]

一方面，加强对高收入的规范和调节。调节过高收入不是整齐划一的平均主义，不是"杀富济贫""唯收入论"，不是吃"大锅饭""养懒汉"。要鼓励高收入人群更多回报社会，高收入群体特别是大型高收入企业，要以更高站位、更大格局，将自身长远发展融入共同富裕大场景中，回报社会的同时获得更加长久健康的发展。完善税收制度，通过建立和完善个人所得税、房地产税、消费税等税收制度，以法律法规的方式加强对高收入的规范和调节。加强重点领域和重点行业管理，从金融体系监管和行业经营者集中反垄断等方面，重点防止数字经济领域和平台经济领域的资本无序扩张，推进行业反垄断，避免寡头经济对行业

---

① 习近平：《扎实推动共同富裕》，《求是》2021 年第 20 期。

收入分配造成的负面影响。坚决取缔非法收入，坚决遏制权钱交易，坚决打击内幕交易、操纵股市、财务造假、偷税漏税等获取非法收入行为。

另一方面，着力扩大中等收入群体规模。有许多群体都是潜在的中等收入群体，要抓住重点、精准施策，推动更多低收入人群迈入中等收入行列。对于高校毕业生，要在提高高等教育质量的基础上，强化这类群体的专业优势，加强适应社会需要的技能培训；对于技术工人，要加大技能型人才的挖掘和培养力度，不断提高技术工人的工资待遇，实施"大国工匠"计划，吸引更多高素质人才加入技术工人的队伍；对于中小企业主和个体工商户，要持续改善营商环境，减轻税费负担，以市场化方式提供更多的金融服务，帮助他们稳定经营、持续增收；对于进城农民工，要深化户籍制度改革，让进城农民工有所居、有所养，让进城农民工子女有所教、有所学，让他们安心进城、稳定就业；对于公务员特别是基层一线公务员及国有企事业单位基层职工，要不断提高他们的工资待遇。

四、促进基本公共服务均等化，补齐共同富裕短板

提供均等、可及的基本公共服务是实现共同富裕的题中应有之义。从人的全生命周期出发，应努力提升基本公共服务质量和水平，重点推进教育、就业、医疗保障、养老等基本公共服务的均等化，从而真正实现幼有所育、学有所教、劳有所得、病有所医、老有所养、住有所居、弱有所扶，让发展成果更多更公平惠及全体人民，不断增强人民群众获得感、幸福感、安全感。

一是推动义务教育优质均衡发展和城乡一体化。加快城镇学校扩容增位，保障农业转移人口随迁子女平等享有基本公共教育服务。改善乡村小规模学校和乡镇寄宿制学校条件，加强乡村教师队伍建设，提高乡

村教师素质能力，完善留守儿童关爱体系，巩固义务教育控辍保学成果。针对低收入群体子女教育面临的难题，要加大普惠性人力资本投入，有效减轻困难家庭教育负担，提高低收入群众子女受教育水平。

二是健全就业公共服务体系。强化就业优先政策，健全有利于更充分更高质量就业的促进机制，加强基层公共就业创业服务平台建设，为劳动者和企业免费提供政策咨询、职业介绍、用工指导等服务，统筹用好就业补助资金和失业保险基金。健全劳务输入集中区域与劳务输出省份对接协调机制，加强劳动力跨区域精准对接。加强劳动者权益保障，健全劳动合同制度和劳动关系协调机制，完善欠薪治理长效机制和劳动争议调解仲裁制度，探索建立新业态从业人员劳动权益保障机制。

三是织密扎牢社会保障网。健全全民医保制度，健全基本医疗保险稳定可持续筹资和待遇调整机制，逐步缩小职工与居民、城市与农村的筹资和保障待遇差距。健全基本养老服务体系，大力发展普惠型养老服务，逐步提高城乡居民基本养老金水平。按照兜底线、织密网、建机制的要求，加快健全覆盖全民、统筹城乡、公平统一、可持续的多层次社会保障体系。完善兜底救助体系，加快缩小社会救助的城乡标准差异，逐步提高城乡最低生活保障水平，兜住基本生活底线。

四是完善住房供应和保障体系。住有所居是普通老百姓的夙愿。坚持房子是用来住的、不是用来炒的定位，加快建立多主体供给、多渠道保障、租购并举的住房制度，让全体人民住有所居、职住平衡。着力解决困难群体和新市民住房问题，完善长租房政策，扩大保障性租赁住房供给，逐步使租购住房在享受公共服务上具有同等权利。调整城镇建设用地年度指标分配依据，建立同吸纳农业转移人口落户数量和提供保障性住房规模挂钩机制。

五是推动城乡区域基本公共服务制度统一、质量水平有效衔接。要围绕就业创业、公共教育、医疗卫生、住房保障、社会保险、社会服务、公共文化体育、优抚安置及残疾人服务等领域，建立健全基本公共服务标准体系，明确国家相关标准，同时建立动态调整机制，推动标准水平在城乡区域间衔接平衡。要根据经济社会发展状况，逐步提高保障标准和服务水平。按照常住人口规模和服务半径，统筹基本公共服务设施布局和共建共享，促进基本公共服务资源向基层延伸、向农村覆盖、向边远地区和生活困难群众倾斜。

五、促进人民精神生活共同富裕，提升民众幸福感

共同富裕是全体人民共同富裕，是人民群众物质生活和精神生活都富裕。促进人民精神生活富裕是马克思主义的基本观点，也是新时代中国特色社会主义发展的内在要求。探索精神生活共同富裕的新路径，应重点把握好以下三个方面。

一是强化社会主义核心价值观引领。推动学习贯彻习近平新时代中国特色社会主义思想走深走心走实，实现理想信念教育常态化制度化。加强爱国主义、集体主义、社会主义教育，厚植勤劳创新致富、共同富裕的文化氛围，推动形成适应新时代要求的思想观念、精神面貌、文明风尚、行为规范。坚持马克思主义在意识形态领域的指导地位，坚定文化自信，提高社会文明程度，持续提升公民文明素养，促进满足人民文化需求和增强人民精神力量相统一。

二是完善公共文化服务体系。大力发展公共文化事业，推进公共文化服务共享均等、可持续，不断满足人民群众多样化、多层次、多方面的精神文化需求。传承弘扬中华优秀传统文化、革命文化、社会主义先

进文化。加强公共文化服务体系建设和体制机制创新，更好保障人民文化权益。加强优秀文化作品创作生产传播，不断推出反映时代新气象、讴歌人民新创造的文艺精品。优化城乡文化资源配置，推进城乡公共文化服务体系一体建设。创新实施文化惠民工程，提升基层综合性文化服务中心功能，广泛开展群众性文化活动。推进公共图书馆、文化馆、美术馆、博物馆等公共文化场馆免费开放和数字化发展，更好满足人民群众文化需求。

三是加强促进共同富裕舆论引导。不同阶层对共同富裕的解读有所不同，当前应注意避免把共同富裕炒成社会热点，防止把底层老百姓的"仇富"心理等负面情绪激发出来，造成全社会焦虑。理论界和政府管理层应澄清各种模糊认识，防止急于求成和畏难情绪，为促进共同富裕提供良好舆论环境。一方面，应该尽早出台更详细、更具体的规划或方案，让全社会在理论层面尽可能统一认识，让每个人都有比较清晰的预期，尽量以通俗易懂的方式讲好共同富裕与社会主义制度的本质关系。另一方面，严防错误思潮煽动，及时对社会上一些模糊甚至错误认识予以澄清。在引导舆论时要有内宣和外宣的结合，严防敌对势力利用。尤其是关于第三次分配要加强舆论引导，不要引起政策误读，引发"仇富"心理，被社会不同利益群体歪曲。

推进共同富裕应处理好的
几组关系

新时代扎实推动共同富裕的战略目标和战略步骤出现新特征，也意味着要处理好一些关系，具体包括政府与市场，公平与效率，初次分配、再分配与第三次分配，尽力而为与量力而行，循序渐进与先行先试的关系等。

一、政府与市场的关系

推进共同富裕是一项系统性工程，既需要发挥有为政府的作用，更需要发挥有效市场的作用。

一方面，发挥市场在实现共同富裕中的主导作用。共同富裕需要共同创造，"幸福生活都是奋斗出来的，共同富裕要靠勤劳智慧来创造"[1]。各个市场主体都要发挥积极主动的作用，要立足社会主义初级阶段，坚持"两个毫不动摇"，公有制和非公有制都能在推进共同富裕事业中发挥积极作用。要坚持公有制为主体、多种所有制经济共同发展，大力发挥公有制经济在促进共同富裕中的重要作用，同时要促进非公有制经济

---

[1] 习近平：《扎实推动共同富裕》，《求是》2021 年第 20 期。

健康发展、非公有制经济人士健康成长。要允许一部分人先富起来，同时要强调先富带后富、帮后富，重点鼓励辛勤劳动、合法经营、敢于创业的致富带头人。[①]

另一方面，发挥政府在实现共同富裕中的积极作用。政府在促进共同富裕中的作用主要表现在推动经济发展，具体为三个方面：一是促进充分发展，要以创新引领发展，挖掘各类要素的最大潜力，提高要素的使用效率；二是推动平衡发展，政府要在城乡、区域、行业、产业等方面做好平衡协调；三是实现高质量发展，激励各类主体在创新、协调、绿色、开放、共享的新发展理念指引下，实现高质量发展。

二、公平与效率的关系

处理好公平与效率的关系是促进共同富裕的关键，特别是在进入新时代之后，发展环境和发展要求都出现了新变化，更需要处理好效率与公平的关系。

一方面，坚持效率优先。尽管我国已经是世界第二大经济体，人均GDP已经超过1万美元，但是仍然属于中等收入国家，与发达国家相比存在很大差距。只求公平不要效率，大搞平均主义，在中国是绝对不可取的。特别是面对世界百年未有之大变局，面对世纪疫情的冲击，我国仍需以经济建设为中心，通过提升全要素劳动生产率、提高效率把"蛋糕"做大，这是未来很长一段时间都需要坚持的原则，共同富裕只能在建设、发展中实现。

另一方面，坚持兼顾公平。共同富裕不是少数人的富裕，也不是整

---

① 习近平：《扎实推动共同富裕》，《求是》2021年第20期。

齐划一的平均主义，而是有差别的共同富裕，只讲效率不讲公平，不符合共同富裕的原则，也背离社会主义的初衷。只有在初次分配和再分配中体现机会公平和过程公平，同时体现结果公平，才可能在保证公平的同时，使其保有对创新和勤劳的激励作用，这不仅有利于整个社会形成正确的公平观，更有益于最终走向公平和效率的统一。

三、初次分配、再分配与第三次分配的关系

实现共同富裕有赖于合理的分配制度，我国的分配制度是按劳分配为主体、多种分配方式并存，构建初次（第一次）分配、再（第二次）分配、第三次分配协调配套的基础性制度安排。促进共同富裕必须妥善处理初次分配、再分配与第三次分配的关系。

一方面，发挥初次分配、再分配在分配中的主体作用。初次分配是共同富裕的基础，在社会主义市场经济条件下，市场在资源配置中起决定性作用，劳动力、土地、资本、技术、管理、数据等要素都要按照市场的规则进行分配，要素所有者可按照各自的贡献取得相应的回报。在初次分配的基础之上，政府通过税收和财政转移支付的方式进行再分配，即运用税收的手段平衡高收入、中收入和低收入群体的收入水平，运用财政转移支付的手段调节不同行政层级间、不同地区行业间的分配差距，尽量缩小分配差距。

另一方面，发挥第三次分配的辅助补充作用。第三次分配指的是社会主体自主自愿参与的财富流动，更加强调社会成员的精神追求，具体方式包括民间捐赠、慈善事业、志愿行动等，是对初次分配和再分配的有益补充。第三次分配主要依靠社会主体的资源，但也需要制度保障。比如2016年我国颁布了慈善法，明确规定"开展慈善活动，应当遵循合法、

中华慈善奖

2021 年 9 月 5 日，《民政部关于表彰第十一届"中华慈善"获得者的决定》正式发布，授予 182 个爱心个人、爱心团队、捐赠企业、慈善项目和慈善信托第十一届"中华慈善奖"。不少获奖代表表示，要充分发挥慈善第三次分配作用，为助力扶弱济困、促进共同富裕做出更大的贡献。

"中华慈善奖"是全国慈善领域政府最高奖项，自 2005 年以来已成功举办了十一届表彰活动，累计表彰了 1187 个爱心个人、爱心团队、捐赠企业、慈善项目和慈善信托，有力弘扬了社会主义核心价值观，有效促进了慈善事业发展。

自愿、诚信、非营利的原则"，"国家鼓励和支持自然人、法人和其他组织践行社会主义核心价值观，弘扬中华民族传统美德，依法开展慈善活动"，运用法律的方式对第三次分配予以鼓励和支持，更有利于第三次分配发挥促进共同富裕的作用。

四、尽力而为与量力而行的关系

实现共同富裕是我们党追求的目标，需要竭尽全力而为之，但发达国家的"福利主义"养懒汉的陷阱也警醒我们，既要尽力而为，也要量力而行。

一方面，坚持尽力而为。充分调动各类经济主体的积极性，充分挖掘各种要素的潜力，把"蛋糕"做大，为共同富裕提供坚实的经济基础。同时，要建立科学的公共政策体系，形成人人享有的合理分配格局，把"蛋糕"分好。要以更大的力度、更实的举措增强人民群众的幸福感、获得感、安全感。

另一方面，需要量力而行。必须清醒认识到，我国仍然是发展中国家，经济社会发展水平与发达国家相比还有很大差距，推进共同富裕需要量力而行。一些发达国家建立所谓"从摇篮到坟墓"的高福利制度，拖垮了政府财政的可持续性，加剧了经济社会危机。2010年欧洲主权债务危机的一个重要诱因便是超前的脱离国情的"高福利"。我国推进共同富裕不能好高骛远，不顾经济发展和财力可持续，盲目保障和改善民生；不能无限兜底，政府不能什么都包，政府的重点应该是加强基础性、普惠性、兜底性民生保障建设。

五、循序渐进与先行先试的关系

实现共同富裕是一个长远目标和系统性工程，不可能一蹴而就，需要坚持循序渐进的原则，同时也要大胆先行先试。

一方面，要坚持循序渐进的原则。一些发达国家工业化搞了几百年，取得了前所未有的物质基础，但是由于社会制度原因，直到现在共同富裕问题仍未解决，贫富悬殊现象反而越来越严重。我国用几十年的时间走完了发达国家几百年的工业化进程，发展速度本就十分快，但共同富裕是一个系统性工程和长远目标，对其长期性、艰巨性、复杂性要有充分估计，办好这件事，等不得，也急不得，需要循序渐进、稳步推进。

另一方面，要大胆先行先试。我国发展不平衡不充分问题仍然突出，城乡区域发展和收入分配差距较大，各地区推动共同富裕的基础和条件不尽相同，实现共同富裕可能存在许多路径，因此有必要采取试点的方式，大胆先行先试。2021年6月10日，中共中央、国务院发布《关于支持浙江高质量发展建设共同富裕示范区的意见》，提出20项重点措施支持浙江推动高质量发展建设共同富裕示范区取得明显实质性进展，建立推动共同富裕的体制机制和政策框架，力争形成一批可复制可推广的成功经验。

要点回看

◎ 在如期实现全面建成小康社会奋斗目标之际，国内生产总值突破了百万亿元大关，人均国内生产总值超过了一万美元，人民生活水平和质量普遍提高，这在我国经济发展史上具有重要里程碑意义，标志着我国综合国力再次跃上新的大台阶。

◎ 调节过高收入不是整齐划一的平均主义，不是"杀富济贫""唯收入论"，不是吃"大锅饭""养懒汉"。

◎ 面对世界百年未有之大变局，面对世纪疫情的冲击，我国仍需要以经济建设为中心，通过提升全要素劳动生产率、提高效率把"蛋糕"做大，这是未来很长一段时间都需要坚持的原则，共同富裕只能在建设、发展中实现。

◎ 共同富裕不是少数人的富裕，也不是整齐划一的平均主义，而是有差别的共同富裕，只讲效率不讲公平，不符合共同富裕的原则，也背离社会主义的初衷。

◎ 我国推进共同富裕不能好高骛远，不顾经济发展和财力可持续，盲目保障和改善民生；不能无限兜底，政府不能什么都包，政府的重点应该是加强基础性、普惠性、兜底性民生保障建设。

推荐阅读

1.《中共中央关于制定国民经济和社会发展第十四个五年规划和二〇三五年远景目标的建议》，人民出版社 2020 年版。

2. 习近平：《在全国脱贫攻坚总结表彰大会上的讲话》，人民出版社 2021 年版。

3.《中共中央国务院关于支持浙江高质量发展建设共同富裕示范区的意见》，人民出版社 2021 年版。

4. 习近平：《扎实推动共同富裕》，《求是》2021 年第 20 期。

第五章

时代特征:
立足中国式现代化的
科学内涵

民亦劳止，汔可小康。惠此中国，以绥四方。

——《诗经·大雅·民劳》

代替那存在着阶级和阶级对立的资产阶级旧社会的，将是这样一个联合体，在那里，每个人的自由发展是一切人的自由发展的条件。

——马克思、恩格斯《共产党宣言》

一方面，社会的个人的需要将成为必要劳动时间的尺度，另一方面，社会生产力的发展将如此迅速，以致尽管生产将以所有的人富裕为目的，所有的人的可以自由支配的时间还是会增加。

——马克思《政治经济学批判（1857—1858 年手稿）》

我们要实现 14 亿人共同富裕，必须脚踏实地、久久为功，不是所有人都同时富裕，也不是所有地区同时达到一个富裕水准，不同人群不仅实现富裕的程度有高有低，时间上也会有先有后，不同地区富裕程度还会存在一定差异，不可能齐头并进。

——习近平《扎实推动共同富裕》

在庆祝中国共产党成立 100 周年大会上, 习近平总书记指出: "我们坚持和发展中国特色社会主义, 推动物质文明、政治文明、精神文明、社会文明、生态文明协调发展, 创造了中国式现代化新道路, 创造了人类文明新形态。"[1] 我们党始终秉持马克思主义关于共同富裕的理想与理论, 坚持在实践中探索共同富裕的实现方式, 走出了以共同富裕为重要特征的中国式现代化道路。中国式现代化新道路正是习近平总书记对中国现代化历史、理论与现实的深刻总结和高度概括。理解共同富裕的科学内涵, 必须以对中国式现代化的把握为基础。只有在中国式现代化的话语体系与历史背景下, 我们才能够更好地认识共同富裕的形成发展过程及其丰富内涵。

---

[1] 习近平:《在庆祝中国共产党成立 100 周年大会上的讲话》, 人民出版社 2021 年版, 第 13—14 页。

第五章 时代特征：立足中国式现代化的科学内涵

中国式现代化道路的形成逻辑

1.理论逻辑：

☆对马克思主义资本现代性理论的深刻把握

☆伴随着马克思主义中国化重要成果的创新与创造

2.历史逻辑：

☆新民主主义革命时期：中国共产党人的探索为现代化国家的建设创造了根本社会条件

☆社会主义革命和建设时期：通过推进社会主义建设来探索中国现代化道路

☆改革开放和社会主义现代化建设新时期：极大推进了社会主义现代化国家的建设事业

☆中国特色社会主义新时代：展现了中国共产党领导中国式现代化新道路开辟的伟大成果

3.价值逻辑：

☆坚持以促进人的全面发展为中心

☆彰显着独立自主的精神实质

中国式现代化的本质内涵与重要特征

从发展方位看，是中华民族伟大复兴式现代化

从发展过程看，是"并联式"的现代化

从发展阶段看，是后发赶超型的现代化

从发展领域看，是"五位一体"的现代化

从发展属性看，是社会主义性质的现代化

从发展方向看，是高水平自立自强的现代化

从发展目标看，是实现人的全面发展的现代化

总结而言，是对西方式现代化的全面扬弃

共同富裕是中国式现代化的重要特征

☆贯穿于中国式现代化新道路形成和拓展的历史过程

☆体现在中国式现代化不断丰富发展的奋斗目标中

☆明确了走中国式现代化新道路的必然要求

☆彰显中国式现代化新道路的深厚文化底蕴

新时代共同富裕的科学内涵

1.共同富裕包含了物质文明、精神文明和生态文明等内容

2.共同富裕是全体人民人人有份、共同享有

3.共同富裕承认存在合理的差异

4.共同富裕追求的是公平正义

5.共同富裕依靠共同奋斗与制度安排

6.共同富裕是在动态发展中分阶段实现

中国式现代化道路的形成逻辑

一、理论逻辑

中国式现代化道路的形成植根于深厚的理论逻辑，不仅表现为对马克思主义现代化理论的充分认识，还表现为以中国实际、中国问题为中心对马克思主义现代化理论的创新运用。

一方面，从理论认识角度而言，中国式现代化道路是对马克思主义资本现代性理论的深刻把握。马克思主义资本现代性理论为中国式现代化道路的形成，奠定了两个方面重要理论基础：资本批判理论与世界历史理论。从资本批判理论而言，马克思主义确认了资本主义现代性在为世界人民带来进步事物的同时，也造成了极为沉重的苦难。资本主义现代性的拓展实现了与以往截然不同的生产方式，创造了庞大的生产力与丰富的物质产品，为整个社会创造了宽广的自由时间。但是，这些物质产品与自由时间仅为少数人享有，表现为资产阶级享有的自由时间源于广大劳动者的全部时间转化为了劳动时间。在此情况下，工人阶级不仅承受着繁杂的、异化的劳动，而且其创造的价值、剩余价值都为资产阶级所剥削。不仅如此，资本主义现代性还造成了人与自然的对立、人与社会的对立以及人与人的对立等，造就了"分裂为两极"的必然趋势。

从世界历史理论而言，马克思主义世界历史理论印证了现代化在全球展开的必然性。马克思指出："各民族的原始封闭状态由于日益完善的生产方式、交往以及因交往而自然形成的不同民族之间的分工消灭得越是彻底，历史也就越是成为世界历史。"①基于唯物史观的重要判断，世界历史的形成与发展正是由于生产方式的变革，特别是生产的普遍发展以及世界交往的普遍发展。在此基础上，马克思特别强调，人类社会必然由封闭的民族历史转变为联系的世界历史，现代化由此必然在世界范围内展开。可见，中国式现代化是对资本主义现代性与现代化道路的深刻反思，同时也认识到了现代化道路与世界历史之间的必然联系。

另一方面，中国式现代化道路的开辟伴随着马克思主义中国化重要成果的创新与创造。中国式现代化道路的探索历程是一部持续推进马克思主义中国化的历史，更是一部不断推进实践创新、进行实践创造的历史。中国式现代化道路的开辟表现为以中国实际为中心推进马克思主义中国化。早在1938年党的六届六中全会，毛泽东就提出了"马克思主义中国化"的重要概念与命题。新中国成立后，在探索社会主义现代化道路时，以毛泽东为代表的中国共产党人得出了"最重要的是要独立思考，把马列主义的基本原理同中国革命和建设的具体实际相结合"②进行"第二次结合"的深刻感悟。可见，中国实际、中国问题始终是中国式现代化道路理论形成的核心关注点。

二、历史逻辑

中国式现代化道路发端于中国共产党百年来对现代化的探索，其历

---

① 《马克思恩格斯文集》第1卷，人民出版社2009年版，第540—541页。
② 《毛泽东年谱（1949—1976）》第2卷，中央文献出版社2013年版，第557页。

史逻辑源于中国共产党领导现代化建设的四个历史阶段。

新民主主义革命时期，中国共产党人的探索为现代化国家的建设创造了根本社会条件。为了改变中国积贫积弱的现状，以毛泽东同志为主要代表的中国共产党人，清楚地指出中国革命的主要对象就是帝国主义和封建主义，即帝国主义国家的资产阶级和本国的地主阶级，明确必须通过革命的方式推翻压在中国人民头上的三座大山才能实现彻底的社会革命。基于明确的革命对象，中国共产党带领中国人民进行"土地革命"，开创了农村包围城市的革命道路，走上了一条符合中国国情的新民主主义革命道路，成功夺取了新民主主义革命伟大胜利，建立了新民主主义社会，不仅从生产关系调整角度促进了国计民生的恢复，而且在政治、经济、社会动员方面为现代化的发展，特别是向社会主义社会的过渡做好了充分的准备。

社会主义革命和建设时期，以毛泽东同志为主要代表的中国共产党人，通过社会主义改造实现从新民主主义到社会主义的转变，通过推进社会主义建设来探索中国现代化道路。为了巩固新民主主义革命的成果，党确立了在过渡时期"一化三改""一体两翼"的总路线，实现了从新民主主义社会到社会主义社会的重要转变。1955年，毛泽东强调，社会主义改造，"实行这么一种制度，这么一种计划，是可以一年一年走向更富更强的，一年一年可以看到更富更强些。而这个富，是共同的富，这个强，是共同的强"①。正是在社会主义革命和建设时期的艰辛探索，为建设社会主义现代化国家奠定了根本政治前提和制度基础。

改革开放和社会主义现代化建设新时期，以邓小平同志为主要代表

---

① 《毛泽东文集》第6卷，人民出版社1999年版，第495页。

的中国共产党人领导开辟了中国特色社会主义道路，极大推进了社会主义现代化国家的建设事业。党的十一届三中全会之后，以邓小平同志为核心的中央领导集体，作出了把党和国家工作中心转移到经济建设上来、实行改革开放的伟大决策，创造性地使用"小康社会"来描绘中国现代化的阶段性发展目标，并以此为中心进行社会主义国家建设，不仅创造了实现从"站起来"到"富起来"的物质条件，还建立了社会主义现代化国家充满新的活力的体制。

中国特色社会主义进入新时代，以习近平同志为核心的党中央统筹"两个大局"，领导实现第一个百年奋斗目标，不断深化和拓展中国特色社会主义道路，提出了一系列新理念、新思想、新战略、新举措，描绘勾勒中国式现代化道路的远大图景，迎来了"强起来"的伟大飞跃，开启实现第二个百年奋斗目标新征程，展现了中国共产党领导中国式现代化新道路开辟的伟大成果。

三、价值逻辑

中国式现代化道路，既彰显了以人民为中心的根本立场，又突出了独立自主的精神实质，在其形成过程中深刻体现了鲜明的马克思主义属性与具有中国特色的价值规定。

一方面，中国式现代化道路坚持以促进人的全面发展为中心。马克思主义所追求的价值目标在于人的自由全面发展，认为共产主义社会的原则是："代替那存在着阶级和阶级对立的资产阶级旧社会的，将是这样一个联合体，在那里，每个人的自由发展是一切人的自由发展的条件。"① 由此，人的自由全面发展的目标正是国家与社会构建的核心原则。"中国共产党一经诞生，就把为中国人民谋幸福、为中华民族谋复兴确立为自己的初心使命。"② 一定意义上，中国百年现代化历程就是中国共产党践行初心使命的历史。中国式现代化道路全面贯彻以人民为中心的根本立场，在全面建成小康社会基础上，突出了实现全体人民共同富裕的重要位置，强调必须"把增进人民福祉、促进人的全面发展、朝着共同富裕方向稳步前进作为经济发展的出发点和落脚点"③。扎实推动共同富裕的历史阶段，深刻体现了把人民对美好生活的向往作为奋斗目标，实现了以依靠人民、为了人民的方式推动中国式现代化新道路更上一层楼。

另一方面，中国式现代化道路彰显着独立自主的精神实质。在非西方国家的现代化发展中，特别是第二次世界大战结束后经过民族解放与独立运动走上的现代化道路，往往具有依附性的特征，即依靠所谓"中心国家"，沦为"边缘国家"。与此不同的是，中华民族通过彻底的革命实现了民族的独立与解放，将经济自主权牢牢掌握在自己手中，坚持走自己的路，独立自主探索现代化道路。在选择不同道路发展经济、推进现代化建设时，毛泽东便认为中国走不得资本主义道路。与此相对的是，党中央得出了"在现代中国的条件下，只有建立社会主义制度，才能真正解决我国的工业化问题"④ 这一重要结论，并以此为依据历史性地探索出社会主义基本原则的实现形式，将社会主义基本原则与中国实际相结

---

① 《马克思恩格斯文集》第 2 卷，人民出版社 2009 年版，第 53 页。
② 习近平：《在庆祝中国共产党成立 100 周年大会上的讲话》，人民出版社 2021 年版，第 3 页。
③ 习近平：《不断开拓当代中国马克思主义政治经济学新境界》，《求是》2020 年第 16 期。
④ 《建国以来重要文献选编》第 9 册，中央文献出版社 1994 年版，第 341 页。

合，成功走出了符合中国国情的独立自主的现代化道路。走社会主义道路真正改变了旧中国半殖民地半封建的社会性质，为中国的现代化发展确立了政治经济文化等重要基础；走中国特色社会主义道路真正创造了世所罕见的经济发展奇迹，真切实现了国家富强与人民富裕，推动中国的现代化发展迈上新的台阶。事实证明，正如习近平总书记指出的那样："只有社会主义才能救中国，只有社会主义才能发展中国！"①

---

① 习近平：《在庆祝中国共产党成立 100 周年大会上的讲话》，人民出版社 2021 年版，第 5 页。

中国式现代化的
本质内涵与重要特征

在中国共产党领导全国各族人民进行现代化建设的事业中，中国式现代化道路得以开创。中国式现代化道路既不同于西方的资本主义现代化道路，又不同于苏联的社会主义现代化道路。我们可以从以下方面理解和把握中国式现代化在历史生成中产生的本质内涵与重要特征。

从发展方位看，中国式现代化是中华民族伟大复兴式现代化。实现民族复兴是近代以来中华民族孜孜以求的梦想。在近代中国历史上，许多仁人志士认识到了追求现代化的道路与救亡图存相重合、与民族复兴相一致，因而开始从器物、制度、思想等多方面探索现代化道路。囿于阶级属性、历史局限性等；这些探索最终都以失败告终。习近平总书记指出："中国共产党团结带领中国人民进行的一切奋斗、一切牺牲、一切创造，归结起来就是一个主题：实现中华民族伟大复兴。"[1] 在实现中华民族伟大复兴的夙愿指引下，中国共产党展开了对现代化的百年探索。新中国成立特别是改革开放以来，我国坚持以现代化为发展目标，经过70多年的艰苦奋斗，取得了举世瞩目的发展成就，创造了经济持续几十

---

[1] 习近平：《在庆祝中国共产党成立100周年大会上的讲话》，人民出版社2021年版，第3页。

年高速增长的人间奇迹。时至今日，我们在过往现代化辉煌成就上续写中国式现代化新的篇章。在此过程中，中国式现代化开启从"富起来"走向"强起来"、从大国迈向强国的伟大历程。从"富起来"走向"强起来"，到2035年基本实现现代化，到21世纪中叶建成社会主义现代化强国等战略安排，是基于对世情、国情、党情变化的科学判断而提出的，是中国最新和最重要的战略安排。

从发展过程看，中国式现代化是"并联式"的现代化。与西方发达国家"串联式"的现代化相比，我国是一个"并联式"的现代化。西方发达国家在几百年时间内完成的现代化，表现为工业化、城镇化、农业现代化、信息化等顺序发展过程。在此过程中，西方国家有着充分的发展时间处理消化各种接续而至的难题与任务。我国在一百年左右的时间内走完西方国家几百年走过的路，决定了我国的现代化必然是一个"并联式"的过程，直接表现为工业化、城镇化、农业现代化、信息化等任务叠加发展的时空压缩过程，而这就意味着中国的现代化将在更短的时间内面临更大的挑战，即在同一时间内直面多重任务、风险与挑战。我国现代化进程是政治、经济、社会、文化以及生态环境等的急剧变革，要在西方发达国家几分之一的时间内消化工业化、城镇化、农业现代化、信息化等快速发展过程中带来的矛盾和冲突，这就对我国治理水平和治理能力现代化提出了更高的要求，特别是对应对各种风险挑战的能力提出了更高要求。

从发展阶段看，中国式现代化是后发赶超型的现代化。作为后发的发展中国家，我国现代化是在西方发达国家基本实现现代化后才开始的，因而是赶超型的现代化。赶超型现代化使我国面临的国际国内环境与西方发达国家相比具有很大的不同，我国面临的环境将更加复杂、挑战将更加艰巨。综合而言，中国式现代化面临着新机遇、新挑战，"两个大局"构成了我国开启中国式现代化新征程的时代背景，同时面临跨越"中等收入陷阱"和"第二大经济体陷阱"的巨大考验。一方面，中国式现代化新征程的一个时期，仍然是我国发展的重要战略机遇期，但机遇与条件在新形势下具有了新的内涵和特征。随着我国对西方发达国家的不断超越，我国发展面临国际旧格局和发达国家的阻挠挑战将越来越大，特别是美国等守成大国的遏制和打压力度将越来越大。近些年来，随着世界经济格局的"东升西降"，以美国为首的部分西方国家加大了对中国的封锁和遏制，中国发展面临的国际环境挑战前所未有。特别是当今世界正经历百年未有之大变局，国际环境日趋复杂，不稳定性不确定性明显增加，经济全球化遭遇逆风，新冠肺炎疫情加剧逆全球化趋势，各国内顾倾向明显上升。世界进入动荡变革期，单边主义、保护主义、霸权主义对世界和平与发展构成威胁。另一方面，赶超型的现代化发展道路，将现代化进程压缩在较短的时间段内，发展阶段急剧缩短、发展任务相互叠加，造成社会矛盾和风险累加，形成现代化进程中的"矛盾集中凸显期"。这主要源于新时代我国社会主要矛盾变化所带来的对发展提出的新要求，以及当前发展仍然存在着不平衡不充分的问题。这些问题具体表现为创新能力无法与高质量发展要求相适应，改革任务仍然艰巨，城乡差距、地区差距、收入分配差距仍然较大，等等。面对更多变数，机遇和挑战之大都前所未有，但我们有独特的政治优势、制度优势、发展优势和机遇优势，总体上机遇大于挑战。只要我们增强忧患意识，坚持底线思维，保持战略定力，全面做强自己，就一定能够有效应对复杂的国内外发展形势，在危机中育先机、于变局中开新局，创造新的更大奇迹，续写"两大奇迹"新篇章。

从发展领域看，中国式现代化是"五位一体"的现代化。囿于经济社会发展基本规律和客观条件的限制，我国社会主义现代化建设虽然取得了举世瞩目的伟大成就，但还存在着不少短板和弱项，各地区、各领域的发展还存在着不平衡、不充分、不协调等问题。在党领导开启的把

"八八战略"

浙江多年来一以贯之地践行"八八战略"，持续深化改革开放，在市场经济、现代法治、富民惠民、绿色发展等方面成果显著。通过打造共同富裕区域性示范，将助力推动中国特色社会主义的制度优势转化为治理效能、发展优势，成为为全球治理贡献中国智慧的重要窗口。

2003 年，时任浙江省委书记的习近平作出了"发挥八个方面的优势""推进八个方面的举措"的决策部署，简称"八八战略"。

这一战略主要指：

一是进一步发挥浙江的体制机制优势，大力推动以公有制为主体的多种所有制经济共同发展，不断完善社会主义市场经济体制。

二是进一步发挥浙江的区位优势，主动接轨上海、积极参与长江三角洲地区合作与交流，不断提高对内对外开放水平。

三是进一步发挥浙江的块状特色产业优势，加快先进制造业基地建设，走新型工业化道路。

四是进一步发挥浙江的城乡协调发展优势，加快推进城乡一体化。

五是进一步发挥浙江的生态优势，创建生态省，打造"绿色浙江"。

六是进一步发挥浙江的山海资源优势，大力发展海洋经济，推动欠发达地区跨越式发展，努力使海洋经济和欠发达地区的发展成为浙江经济新的增长点。

七是进一步发挥浙江的环境优势，积极推进以"五大百亿"工程为主要内容的重点建设，切实加强法治建设、信用建设和机关效能建设。

八是进一步发挥浙江的人文优势，积极推进科教兴省、人才强省，加快建设文化大省。

我国建设成为富强民主文明和谐美丽的社会主义现代化强国的新征程中，中国式现代化既要实现对历史上现代化建设的继承和超越，又要对现代化建设新目标进行全面设定和追求，全方位、多领域、高水平地建设社会主义现代化国家。这个新目标要求我们紧紧抓住我国社会主要矛盾新变化，统筹推进经济建设、政治建设、文化建设、社会建设、生态文明建设的总体布局，协调推进全面建设社会主义现代化国家、全面深化改革、全面依法治国、全面从严治党的战略布局，以高质量发展为主题，坚持系统观念，全面贯彻新发展理念，统筹发展和安全，加快建设现代化经济体系。要而言之，建设社会主义现代化强国是"五位一体"、人的全面发展的现代化，是从数量向质量、从效率向公平、从硬实力向软实力、从经济现代化向全面现代化、从器物现代化向制度现代化的全面提升。"五位一体"的现代化是一个有机整体。其中，经济建设是根本，要以高质量发展为主题，实现高水平的自立自强。政治建设是保证，要以加强党的领导为根本保证，把制度建设摆在突出位置，推进国家治理能力和治理体系现代化。文化建设是灵魂，要坚持把社会效益放在首位，实现社会效益和经济效益相统一。社会建设是条件，要切实解决好人民群众最关心最直接最现实的利益问题，加快形成与新发展阶段相适应的社会治理体系，建立健全党和政府主导的维护群众权益机制。生态文明建设是基础，要加快绿色发展，推进美丽中国建设。只有坚持"五位一体"建设全面推进，才能形成经济富裕、政治民主、文化繁荣、社会公平、生态良好的发展格局。

从发展属性看，中国式现代化是社会主义性质的现代化。中国式现代化的根本性质在于社会主义属性，这也是与西方资本主义国家最显著、最根本的区别。首先，从领导主体来看，我国现代化是在中国共产党领导下的社会主义属性的现代化。中国共产党领导是中国特色社会主义最本质的特征，是中国特色社会主义制度的最大优势，党是最高政治领导力量，必须坚持把党的领导落实到社会主义现代化建设的各领域各方面各环节。其次，从奋斗目标来看，我国现代化是实现全体人民共同富裕的现代化。我国现代化致力于消除贫困、缩小三大差距，不断改善民生，最终实现共同富裕，是坚持以人民为中心，实现发展成果共享的社会主义现代化。最后，从发展道路来看，我国现代化是走和平发展道路的现代化。社会主义属性决定了我国现代化不能走西方发达国家对内压迫剥削、对外侵略掠夺的道路，而是强调国内坚持以人民为中心，国际推动构建人类命运共同体，以实现人类最大多数群体共同发展、让更多人享受到现代生活水平的走和平发展道路的现代化。

从发展方向看，中国式现代化是高水平自立自强的现代化。改革开放 40 多年的历史和现实深刻表明，关键核心技术是要不来、买不来、讨不来的，关键领域、核心技术等受制于人、依附于人是不可能实现高质量可持续的健康发展的。全面建设社会主义现代化强国，必须重塑我国竞争新优势，把握未来发展主动权。加快科技自立自强，确保国家经济安全、国防安全和其他安全，才能真正掌握发展主动权，培育壮大竞争新优势。加快构建以国内大循环为主体、国内国际双循环相互促进的新发展格局，是中国式现代化的发展路径，也是实现高水平自立自强的必然选择，必须把加强科技自主创新放到首位，必须把自主创新放到能不能生存和发展的高度加以认识，集合优势资源，打好"卡脖子"关键核心技术攻坚战。

从发展目标看，中国式现代化是实现人的全面发展的现代化。中国式现代化根本上服务于实现人的全面发展这一终极目的。中国社会主义现代化的发展目标在于实现人的全面发展，现代化发展始终坚持以人民为中心，为了人民、依靠人民、成果由人民共享。从中国现代化发展历史进程看，增进人民福祉、实现人的全面发展是中国共产党立党治党的本质要求，是推进人从传统向现代转型的必然要求。不仅如此，人的全面发展也是社会主义现代化的内在要求，没有人们自主创造精神的发挥和科学文化素质的提高，没有社会结构向现代化的转变和人的发展，也就难以推进整个社会的经济现代化。同时，人的发展水平对社会主义现代化具有决定性的影响。现代化的各项制度、举措等必须以人为载体，需要通过全面发展的人来完成。社会主义性质和党的领导决定了中国的现代化必须以人的全面发展为目标，在促进人的能力、人的社会关系全面发展，促进人的个性、人的需要充分满足等多方面着眼落实。因此，凝聚人心、完善人格、开发人力、培育人才、造福人民，不断提高人的思想道德和科学文化素质，培养德智体美劳全面发展的社会主义建设者和接班人，既是确保我国现代化建设事业行稳致远的根本依托，也是我国现代化建设的终极目的。

总结而言，中国式现代化是对西方式现代化的全面扬弃。中国式现代化更加强调以人民为中心的发展思想、扎实推动共同富裕、追求人的全面自由发展和构建人类命运共同体的国际关系理念，以此实现了对西方式现代化的全面超越。

共同富裕是中国式现代化的
重要特征

习近平总书记在中央财经委员会第十次会议上指出："共同富裕是社会主义的本质要求，是中国式现代化的重要特征。"[1] 充分认识共同富裕是中国式现代化的重要特征，不仅有助于在中国式现代化发展进程中揭示共同富裕目标任务的历史规定，而且对于理解中国式现代化"新"在何处，认清与西方现代化道路的重大区别，都具有重要意义。由此，在中国式现代化新道路的逻辑进路中认清共同富裕的形成逻辑，构成了把握共同富裕的科学内涵的重要背景。

追求共同富裕贯穿于中国式现代化新道路形成和拓展的历史过程。中国式现代化新道路源于中国共产党的伟大创造，是党团结带领人民探索开创的，党的领导是中国式现代化新道路独特的政治优势。"中国共产党一经诞生，就把为中国人民谋幸福、为中华民族谋复兴确立为自己的初心使命。"[2] 在追求现代化的历史过程中实现共同富裕，体现着中国共产党人始终不变的初心使命。新中国成立初期，以毛泽东同志为主要代表的中国共产党人，通过社会主义改造开启了现代化建设的历史征程。

---

[1] 习近平：《扎实推动共同富裕》，《求是》2021 年第 20 期。

[2] 习近平：《在庆祝中国共产党成立 100 周年大会上的讲话》，人民出版社 2021 年版，第 3 页。

这一历史变革的重要意义在于，彻底改变了以资本主义经济成分为主的新民主主义社会，实现了有史以来最为广泛而深刻的社会变革，确立了社会主义基本制度，从而奠定了现代化建设的根本制度基础。在此基础之上，毛泽东同志从社会主义制度层面指出，现在实行的制度，是可以一年一年走向更富更强的，而这个富，是共同的富。党的十一届三中全会之后，以邓小平同志为核心的中央领导集体深刻总结"文化大革命"的经验教训，作出了把党和国家的工作中心转移到经济建设上来、实行改革开放的伟大决策。在此基础上，党的十二大明确提出"把马克思主义的普遍真理同我国的具体实际结合起来，走自己的道路，建设有中国特色的社会主义"①重大命题，由此明确了中国现代化发展道路，开创了中国特色社会主义道路。邓小平同志提出："一个公有制占主体，一个共同富裕，这是我们所必须坚持的社会主义的根本原则。"②邓小平从社会主义根本原则的角度明确了共同富裕与中国特色社会主义事业的关系，而这正是共同富裕与中国式现代化新道路关系的生动体现。不止于此，我们党团结带领人民在探索现代化道路过程中，向着共同富裕目标不断迈进。中国特色社会主义进入新时代，习近平总书记强调，"我们必须把促进全体人民共同富裕摆在更加重要的位置"③，"推动人的全面发展、全体人民共同富裕取得更为明显的实质性进展"④。一代又一代中国共产党人接续践行初心使命，追求共同富裕贯穿于中国式现代化新道路形成和拓展的历史过程。

---

① 《邓小平文选》第 3 卷，人民出版社 1993 年版，第 3 页。
② 《邓小平文选》第 3 卷，人民出版社 1993 年版，第 111 页。
③ 《中国共产党第十九届中央委员会第五次全体会议文件汇编》，人民出版社 2020 年版，第 84 页。
④ 习近平：《在庆祝中国共产党成立 100 周年大会上的讲话》，人民出版社 2021 年版，第 12 页。

追求共同富裕体现在中国式现代化不断丰富发展的奋斗目标中。在开辟和拓展中国式现代化新道路过程中，中国共产党人持续探寻实现共同富裕的实践路径，在小康社会与现代化建设中不断为实现共同富裕而奋斗。改革开放新时期，我们党团结带领人民既不走封闭僵化的老路，也不走改旗易帜的邪路，而是坚定不移走中国特色社会主义道路。我们从中国所处社会主义初级阶段的具体国情出发，将全面建成小康社会作为第一个百年奋斗目标，坚持在发展中不断保障和改善民生。"小康"本为古代中国对理想社会的憧憬，体现了中国人民对丰衣足食的向往与追求。邓小平同志改造了"小康"一词的概念内涵，创造性地使用了"小康社会"描绘中国现代化发展图景。1979 年，邓小平第一次使用"小康"概念展现中国的现代化蓝图，指出："我们的四个现代化的概念，不是像你们那样的现代化的概念，而是'小康之家'。"[1]围绕实现小康社会的战略安排，我们党提出了"翻两番"的重要目标，规划了"三步走"重要战略，以阶段性发展目标建设现代化。如今，经过全党全国各族人民持续奋斗，"现行标准下 9899 万农村贫困人口全部脱贫，832 个贫困县全部摘帽，12.8 万个贫困村全部出列，区域性整体贫困得到解决，完成了消除绝对贫困的艰巨任务，创造了又一个彪炳史册的人间奇迹"[2]！在脱贫攻坚全面完成的基础上，"我们实现了第一个百年奋斗目标，在中华大地上全面建成了小康社会，历史性地解决了绝对贫困问题"[3]。脱贫攻坚战取得的决定性成就，实现了绝对贫困的消除，使得我们站在了实现全面建成小康社会的新的历史起点，也意味着我们在共同富裕道路

---

① 《邓小平年谱（1975—1997）》上卷，中央文献出版社 2004 年版，第 582 页。

② 习近平：《在全国脱贫攻坚总结表彰大会上的讲话》，人民出版社 2021 年版，第 1 页。

③ 习近平：《在庆祝中国共产党成立 100 周年大会上的讲话》，人民出版社 2021 年版，第 2 页。

上迈出了坚实的一步。在此意义上，习近平总书记指出："脱贫攻坚战的全面胜利，标志着我们党在团结带领人民创造美好生活、实现共同富裕的道路上迈出了坚实的一大步。"[1] 实现共同富裕是一个过程，消除贫困乃至改善民生都是循序渐进实现共同富裕的重要基础。我们不仅消除了绝对贫困，综合国力和人民生活水平都迈上了新的台阶。2020 年国内生产总值超过 100 万亿元，人均国内生产总值超过 1 万美元，经济现代化建设取得了重要成就，为中国现代化事业发展奠定了坚实基础。党的十九大报告提出，到 2035 年"全体人民共同富裕迈出坚实步伐"，到 21 世纪中叶"全体人民共同富裕基本实现，我国人民将享有更加幸福安康的生活"。[2] 在此基础上，党的十九届五中全会提出了更为具体的要求，提出到 2035 年"人均国内生产总值达到中等发达国家水平，中等收入群体显著扩大，基本公共服务实现均等化，城乡区域发展差距和居民生活水平差距显著缩小"，"人民生活更加美好，人的全面发展、全体人民共同富裕取得更为明显的实质性进展"。[3] 这些重要决策部署，指明了实现共同富裕的前进方向，描绘了实现共同富裕的宏伟蓝图。

追求共同富裕明确了走中国式现代化新道路的必然要求。中国式现代化新道路是马克思主义基本原理同中国具体实际相结合的伟大创造。马克思主义科学揭示了人类历史发展规律、社会主义发展规律，为我们认识世界、改造世界提供了科学世界观和方法论。具体而言，马克思主义理论对社会两极分化进行了深刻批判。马克思从资本积累角度指出了"分裂为两极"的历史形式："与工人相对立的已经积累起来的财富也

① 习近平：《在全国脱贫攻坚总结表彰大会上的讲话》，人民出版社 2021 年版，第 20 页。
② 《中国共产党第十九次全国代表大会文件汇编》，人民出版社 2017 年版，第 23 页。
③ 《中国共产党第十九届中央委员会第五次全体会议文件汇编》，人民出版社 2020 年版，第 23 页。

作为统治工人的财富，作为资本，以同样的程度增长起来，与工人相对立的财富世界也作为与工人相异化的并统治着工人的世界以同样的程度扩大起来。与此相反，工人本身的贫穷、困苦和依附性也按同样的比例发展起来。"[①] 可以看出，资本主义制度必然导致一边是财富的积累和集中，一边是贫困的积累和扩大的两极分化，进而致使资本主义陷入危机乃至崩溃。不止于此，马克思还从科学社会主义角度分析了未来社会的重要特征，在于"社会生产力的发展将如此迅速……生产将以所有的人富裕为目的"[②]。这是由于，"无产阶级的运动是绝大多数人的，为绝大多数人谋利益的独立的运动"[③]。通过无产阶级运动建立的未来社会，将以公有制为主体，在此之下的劳动"会成为吸引人的劳动，成为个人的自我实现"[④]，最终将实现"各尽所能、按需分配"。由此，基于马克思主义理论引导的中国式现代化道路，必然要求实现人的全面发展和社会全面进步。正是源于对马克思主义理论的充分认识，党的十九大提出，我国社会主要矛盾已经转化为人民日益增长的美好生活需要和不平衡不充分的发展之间的矛盾。着力解决新时代社会主要矛盾，就要不断创造美好生活、逐步实现全体人民共同富裕。习近平总书记指出，要坚持"把增进人民福祉、促进人的全面发展、朝着共同富裕方向稳步前进作为经济发展的出发点和落脚点"[⑤]。我们党将促进全体人民共同富裕作为为人民谋幸福的着力点，致力于更好地满足人民日益增长的美好生活需要，也正因为如此，中国式现代化新道路得到广大人民的真心拥护。

---

① 《马克思恩格斯文集》第 8 卷，人民出版社 2009 年版，第 544 页。

② 《马克思恩格斯文集》第 8 卷，人民出版社 2009 年版，第 200 页。

③ 《马克思恩格斯文集》第 2 卷，人民出版社 2009 年版，第 42 页。

④ 《马克思恩格斯文集》第 8 卷，人民出版社 2009 年版，第 174 页。

⑤ 习近平：《不断开拓当代中国马克思主义政治经济学新境界》，《求是》2020 年第 16 期。

追求共同富裕彰显中国式现代化新道路的深厚文化底蕴。习近平总书记指出，"优秀传统文化是一个国家、一个民族传承和发展的根本，如果丢掉了，就割断了精神命脉"[1]。中国式现代化新道路，传承弘扬了中华优秀传统文化的价值理念和理想追求，具有深厚的历史文化底蕴。中华优秀传统文化中包含丰富的关于小康、和谐、大同社会的思想。"天道均平"是古代民众追求公平、富裕社会的思想萌芽。《礼记·祭法》记载"黄帝正名百物，以明民共财"，意即黄帝为百物正名，以明晰万物，将物名之学作为财富与民共享。人类由原始社会进入阶级社会后，原有的共劳共享格局被打破，人与人之间有了穷富贵贱之分，阶层分化愈演愈烈。在贫富分化的社会环境中，许多文人墨客的笔触，或承载为百姓的呐喊，或饱含对君王的谏言。《管子·霸言》记载有春秋时期齐国政治家管子提出的"以天下之财，利天下之人"的治国理政主张。《晏子春秋·内篇·问上》记载有齐国大夫晏婴提出的"权有无，均贫富，不以养嗜欲"的思想。《论语·季氏》记载有孔子提出的"闻有国有家者，不患寡而患不均，不患贫而患不安"的思想。《礼记·礼运》记载有"大道之行也，天下为公"，"人不独亲其亲，不独子其子，使老有所终，壮有所用，幼有所长，矜寡、孤独、废疾者，皆有所养"的美好社会愿景，即大同理想。秦国商鞅在《商君书·说民》中指出"治国之举，贵令贫者富，富者贫"，主张通过政策法令平衡占有的财富。在我国近代史上，从太平天国《天朝田亩制度》的土地改革，到康有为《大同书》对世界大同的憧憬，再到孙中山天下为公的"三民主义"，都反映出中华民族对社会大同的期待。但由于历史局限性，这些美好愿望或共同期待没能建构

---

[1] 《习近平谈治国理政》第2卷，外文出版社2017年版，第313页。

与之相适应的制度基础和物质条件，只能停留在对未来社会的憧憬之中。中国共产党自成立以来，在领导中国人民进行革命、建设、改革的实践中，创造性地继承与转换了"大同"社会理想、"以民为本"思想等，始终坚持为人民谋幸福、为民族谋复兴，始终关切人民群众最根本、最深厚的利益福祉，始终贯穿追求共同富裕的政治遵循，实现了这些理想、愿望、憧憬的现实化。事实证明，只有中国特色社会主义道路的开创、中国式现代化新道路的开辟，才能为实现共同富裕奠定扎实的生产力条件和社会发展基础，使得共同富裕理想能够在中华大地上一步步成为现实。

新时代共同富裕的
科学内涵

理解中国式现代化道路的形成逻辑、本质内涵与主要特征，有助于把握新时代共同富裕的科学内涵。由此，在上述历史与理论相结合的重要背景下，可以更深刻地理解和认识新时代共同富裕的科学内涵。

一、共同富裕包含了物质文明、精神文明和生态文明等内容

习近平总书记指出，"我们说的共同富裕是全体人民共同富裕，是人民群众物质生活和精神生活都富裕"[1]。习近平总书记还强调，中国特色社会主义"五位一体"的总体布局是经济建设、政治建设、文化建设、社会建设、生态文明建设一体推进，与此对应的，就是物质文明、政治文明、精神文明、社会文明、生态文明共同提升，社会主义现代化强国的目标正是"富强、民主、文明、和谐、美丽"。概括而言，共同富裕至少凸显了人与物、人与人、人与自然这三个方面内容。

其一，从人与物的关系而言，共同富裕内在包含物质文明更加丰富。

---

[1] 习近平：《扎实推动共同富裕》，《求是》2021 年第 20 期。

从古代中国的"大同世界"，到近代西方的"乌托邦"社会，再到马克思和恩格斯设想的"共产主义社会"，都与社会物质财富的丰富联系起来。物质文明，特别是社会财富的丰富构成了实现共同富裕的客观基础。美国社会学家英格尔斯提出了世界现代化的衡量指标，具体包括人均GDP、农业产值比重、非农就业比重、服务业比重、城镇化率、大学普及率、平均寿命、成人识字率、医生情况和人口自然增长率等，这些指标都共同指向物质文明更加丰富。由此可见，共同富裕内在要求通过高度发达的生产力，创造出充分的物质财富，实现在物质上富足，进而满足在生产之上进行分配的客观要求。

迄今为止，我国已经为共同富裕的实现奠定了重要物质基础。新中国成立以来，我国进行了积极的社会主义革命和建设探索，为中国式现代化共同富裕的实现提供了根本的制度前提、奠定了良好的物质基础。改革开放以来，我国国内生产总值年均增速超过9%，国内生产总值占世界生产总值比重超过15%，成为世界第二大经济体、制造业第一大国、货物贸易第一大国、商品消费第二大国、外资流入第二大国，实现了"国富"；2020年我国人均国内生产总值超过1万美元，全国居民人均可支配收入从1978年的171元增长至2020年的32189元，居民财产性收入从无到有、由少变多，2020年财产性收入占居民人均可支配收入的比重达8.7%，人民生活条件不断改善，初步实现了"富起来"。特别是在中国共产党成立一百周年的重要时刻，我国脱贫攻坚战取得了全面胜利，完成了消除绝对贫困的艰巨任务，如期完成全面建成小康社会的目标。毫无疑问，由经济发展所创造的物质财富是实现共同富裕的客观基础。那么，在现阶段我们是不是已经实现了充分的发展呢？习近平总书记指出："发展仍然是我们党执政兴国的第一要务，仍然是带有基础性、根本性的工作。"① 需要明确的是，我国目前所处的社会主义初级阶段仍需坚持解放和发展生产力，进而为实现共同富裕创造生产力方面的准备和物质基础。

其二，从人与人的关系而言，共同富裕还指精神文明的更大发展。共同富裕并非简单的物质占有，物质文明更加丰富只是重要的一方面，共同富裕还应包含精神文明的更大发展。马克思、恩格斯早在《德意志意识形态》中便指出："思想、观念、意识的生产最初是直接与人们的物质活动，与人们的物质交往，与现实生活的语言交织在一起的。"② 现实的人，从物质生产、物质生活之处便与精神生产、精神生活联系在了一起。不止于此，马克思还从分工的历程中指出，分工是推动历史发展的主要力量之一，而分工将以精神劳动和物质劳动的分工形式表现出来。马克思指出，在未来社会中将消除"虚假的意识形态"，消弭精神劳动和物质劳动的分裂。由此，马克思主义所追求的"人的自由而全面发展"，理应包含了精神生活的极大丰富。

从物质文明与精神文明的关系来看，习近平总书记指出，"经济发展、物质生活改善并不是全部，人心向背也不仅仅决定于这一点"③，在经济发展基础上仍然存在着发展的不平衡与怎样实现共同富裕、实现什么样的共同富裕的问题。在此意义上，习近平总书记强调了精神富裕对于共同富裕的重要意义，指出要"促进人民精神生活共同富裕"，"促进共同富裕与促进人的全面发展是高度统一的"，共同富裕"是人民群众物质生活和精神生活都富裕"。④ 物质文明是精神文明的基础，有了一定程

---

① 习近平：《做焦裕禄式的县委书记》，中央文献出版社 2015 年版，第 35 页。

② 《马克思恩格斯文集》第 1 卷，人民出版社 2009 年版，第 524 页。

③ 习近平：《做焦裕禄式的县委书记》，中央文献出版社 2015 年版，第 35 页。

④ 习近平：《扎实推动共同富裕》，《求是》2021 年第 20 期。

度的物质文明，才有可能达到一定程度的精神文明，中国古代先哲们就提到"仓廪实而知礼节""衣食足而知荣辱"。历史发展到今天，我们越来越多地感受到，仅仅有物质文明的进步是不够的，还需要有精神文明的发展。同时，这两者是一个同步互相促进的关系，精神文明要与物质文明同步，两者之间要相互协调。不论是物质文明发展滞后于精神文明发展，还是精神文明发展滞后于物质文明发展，都不是真正意义上的共同富裕。

其三，从人与自然的关系而言，共同富裕理应包括生态文明的渐进发展。习近平总书记一直十分重视生态环境保护，党的十八大以来多次对生态文明建设作出重要指示，在不同场合反复强调"绿水青山就是金山银山"。这一科学论断阐明了经济与生态的辩证统一关系，内在蕴含着经济生态化和生态经济化的现实可能性。无论是经济生态化还是生态经济化，都指向了生态文明建设融入经济建设的实践导向。正如习近平总书记指出的那样："要正确处理经济发展同生态环境保护的关系，牢固树立保护生态环境就是保护生产力、改善生态环境就是发展生产力的理念，更加自觉地推进绿色发展、循环发展、低碳发展，决不以牺牲环境为代价去换取一时的经济增长。"[1] 由此，在构建实现共同富裕的经济基础，以经济建设为共同富裕奠定客观物质基础的过程中，理应包括生态文明的建设。不仅如此，习近平总书记强调："良好生态环境是最公平的公共产品，是最普惠的民生福祉。"[2] 生态环境不仅具有经济属性，还蕴含着作为公共产品的属性，以及在改善民生中的重要作用。生态环境是面向全体人民的公共产品，是人民美好生活的一部分，生态文明建

---

① 《习近平关于全面深化改革论述摘编》，中央文献出版社 2014 年版，第 107 页。
② 《习近平关于全面建成小康社会论述摘编》，中央文献出版社 2016 年版，第 163 页。

设也应是实现共同富裕的重要内涵之一。

二、共同富裕是全体人民人人有份、共同享有

共同富裕的"共同"二字鲜明地指出，共同富裕的主体是全体人民，而不是少数人、一部分人甚至多数人。这个"共同"不是什么别的利益共同体，不是任何利益集团、权势团体、特权阶层，而是在党的领导下为中国特色社会主义伟大事业努力奋斗的最广大人民群众。习近平总书记在庆祝中国共产党成立100周年大会上的讲话铿锵有力地指出："江山就是人民、人民就是江山……任何想把中国共产党同中国人民分割开来、对立起来的企图，都是绝不会得逞的！"[1] 少数人的富裕、一部分人的富裕甚至多数人的富裕，都不意味着共同富裕，都与共同富裕有差距，甚至是根本的不同。总体富裕、平均富裕也不是真正的、彻底的共同富裕，总体之下、平均之中，也存在两极分化的可能。共同富裕绝不意味着绝对平均的无差别富裕，共同富裕的本质在于不断追求和无限接近差别有序的全体人民的普遍富裕。中国特色社会主义的内在本质、中国共产党的初心和使命决定了党领导人民所追求和探索的社会主义共同富裕，是惠及所有人的"全民共富"，是发展福利的全国整体增进，是发展成果的全民普遍共享。此外，习近平总书记格外关心农村农民的共同富裕问题，指出"要充分尊重广大农民意愿，调动广大农民积极性、主动性、创造性，把广大农民对美好生活的向往化为推动乡村振兴的动力，把维护广大农民根本利益、促进广大农民共同富裕作为出发点和落脚点"[2]，同时也以

---

[1]　习近平：《在庆祝中国共产党成立100周年大会上的讲话》，人民出版社2021年版，第11—12页。
[2]　《习近平李克强王沪宁赵乐际韩正分别参加全国人大会议一些代表团审议》，《人民日报》2018年3月9日。

高站位看到了"促进共同富裕，最艰巨最繁重的任务仍然在农村"[①]的现实状况。

三、共同富裕承认存在合理的差异

共同富裕指的是贫富分化差距较小，这并不意味着不存在任何差距，共同富裕绝不是搞"同等化""平均主义"，不同地区富裕程度还会存在一定差异，不同人群富裕程度有高有低。在历史上，共同富裕带有不同程度的同等化、平均主义倾向，中国古代思想家对共同富裕提出了诸多思想，如孔子的"不患寡而患不均"，韩非子的"论其税赋以均贫富"，历代农民起义也喊出了类似共同富裕的口号，如"等贵贱、均贫富"，这些思想和实践都带有一定程度的平均主义色彩。新民主主义革命时期，"打土豪、分田地"的土地革命是共同富裕思想的典型代表，战争期间的供给制也带有平均主义的特点。从新中国成立到改革开放前，由于受到长期的"等贵贱、均贫富"思想影响，叠加意识形态束缚和发展经验不足，我国对共同富裕的认识同样具有平均主义色彩。城市地区取消计件工资和奖金，农村地区实行农业合作化运动等，在当时的历史条件下实际上是忽视了经济规律，影响了中国式现代化的发展进程和共同富裕的实现进程。改革开放以后，我国对共同富裕的认识越来越科学，不再将共同富裕视为同等富裕，而是允许贫富差距存在，这也是促进效率的一个重要方式。

我国当下社会仍然存在着城乡差距、区域差距、收入差距等客观差距，同时存在着个体差异、家庭差异等特殊性问题。在此背景下，习近平总

---

① 习近平：《扎实推动共同富裕》，《求是》2021年第20期。

书记指出："我们要实现 14 亿人共同富裕，必须脚踏实地、久久为功，不是所有人都同时富裕，也不是所有地区同时达到一个富裕水准，不同人群不仅实现富裕的程度有高有低，时间上也会有先有后，不同地区富裕程度还会存在一定差异，不可能齐头并进。"① 习近平总书记明确，共同富裕并非整齐划一，而是在一定富裕水准上达到的有差异的富裕。当然，贫富差距必须要在一个可控、可接受的范围之内，以表现收入分配差距的基尼系数为例，2020 年我国基尼系数为 0.468，属于收入差距过大，共同富裕的目标不在于将基尼系数降至 0，而是要将其控制在相对合理的区间内。

四、共同富裕追求的是公平正义

公平正义是人类文明的重要尺度，也是社会主义共同富裕的基本遵循。没有公平正义，人类将失去光明，共同富裕难以实现。习近平总书记指出："公平正义是中国特色社会主义的内在要求……共同富裕是中国特色社会主义的根本原则，所以必须使发展成果更多更公平惠及全体人民，朝着共同富裕方向稳步前进。"② 由此明确了公平正义与共同富裕的内在关联性，凸显了在推动共同富裕过程中公平正义的重要性。同时，习近平总书记也注意到，"我国现阶段存在的有违公平正义的现象，许多是发展中的问题，是能够通过不断发展，通过制度安排、法律规范、政策支持加以解决的"③。

那么，何谓公平正义？现代意义上的公平正义，是人与人之间社会

① 习近平：《扎实推动共同富裕》，《求是》2021 年第 20 期。

② 《十八大以来重要文献选编》上册，中央文献出版社 2014 年版，第 78—79 页。

③ 《习近平谈治国理政》第 1 卷，外文出版社 2018 年版，第 96 页。

关系的一种状态，包括权利公平、机会公平、过程公平和结果公平。在推进共同富裕进程中如何体现公平正义？在此意义上，习近平总书记明确了公平正义的内在要求："我们的方向就是让每个人获得发展自我和奉献社会的机会，共同享有人生出彩的机会，共同享有梦想成真的机会，保证人民平等参与、平等发展权利，维护社会公平正义，使发展成果更多更公平惠及全体人民，朝着共同富裕方向稳步前进。"①可以看出，习近平总书记强调的社会公平正义正是为每个人提供自我提升、平等参与、共享发展的条件，实际上突出了社会意义上的机会平等对于每个人的重要性。在追求共同富裕的公平正义维度时，习近平总书记强调："我们要随时随刻倾听人民呼声、回应人民期待，保证人民平等参与、平等发展权利，维护社会公平正义，在学有所教、劳有所得、病有所医、老有所养、住有所居上持续取得新进展，不断实现好、维护好、发展好最广大人民根本利益，使发展成果更多更公平惠及全体人民，在经济社会不断发展的基础上，朝着共同富裕方向稳步前进。"②由此，抽象的公平正义在社会落实的过程中便转化为客观的民生要求，即从教育、养老、医疗、社保、住房等切实民生领域入手不断取得实实在在的成果，不断提升人民群众的获得感。同时，推动公平正义能够"防止社会阶层固化，畅通向上流动通道，给更多人创造致富机会，形成人人参与的发展环境，避免'内卷''躺平'"③。

---

①　习近平：《在中法建交 50 周年纪念大会上的讲话》，《人民日报》2014 年 3 月 29 日。

②　习近平：《在第十二届全国人民代表大会第一次会议上的讲话》，人民出版社 2013 年版，第 6 页。

③　习近平：《扎实推动共同富裕》，《求是》2021 年第 20 期。

五、共同富裕依靠共同奋斗与制度安排

一方面，实现共同富裕依靠共同奋斗。唯物史观揭示，现实的人是历史唯物主义的"出发点"。人的劳动作为一般性的活动存在于一切社会之中，而人类正是通过生产劳动创造了物质财富、形成了人类历史。可以看出，通过物质生产、人的劳动创造的物质财富是任何社会进行分配的物质前提，这是因为分配关系就其本质而言完全决定于生产的结构，即生产对于分配具有决定性作用。从当今现实来看，为了缓和资产阶级和无产阶级的矛盾，部分西方资本主义国家建立了高福利制度。高福利制度虽然在一定程度上提升了社会成员的保障水平，掩盖了资产阶级对无产阶级的剥削，消解了工人阶级的凝聚力，但是经过数年的运作引发了"高福利陷阱"，表现为政府无力承担远超财政能力的福利支出，债务赤字严重，而高福利制度下的"养懒汉"现象频发。不仅如此，高福利制度还破坏了市场配置资源的效率，扰乱和拖累了经济社会发展，福利刚性正在成为福利国家的"阿喀琉斯之踵"。由此，正如习近平总书记指出的那样，每个人的劳动对于共同富裕具有重要意义，"我们要团结带领全体人民，以自己的辛勤劳动和不懈努力，不断保障和改善民生，让改革发展成果更多更公平惠及全体人民，朝着实现全体人民共同富裕的目标稳步迈进"[1]。换言之，中国式现代化的共同富裕"不养懒汉"，是干出来的、奋斗出来的，依赖于每个人的劳动，鼓励勤劳创新致富。习近平总书记总结道，"幸福生活都是奋斗出来的，共同富裕要靠勤劳智慧来创造"[2]，由此明确了实现共同富裕必须依靠奋斗，依靠每个人的

---

[1] 习近平：《在纪念红军长征胜利 80 周年大会上的讲话》，人民出版社 2016 年版，第 15 页。

[2] 习近平：《扎实推动共同富裕》，《求是》2021 年第 20 期。

奋斗，依靠每个人的辛勤劳动。

另一方面，在共同奋斗基础上，共同富裕的实现依赖制度安排。资本主义以生产资料私人占有制为特点，资产阶级处于剥削地位，无产阶级处于被剥削地位，二者在阶级属性上有着天然的矛盾。资产阶级凭借着对生产资料的私人占有，实现了对无产阶级剩余价值的无偿占有，并以资本积累实现在量上和质上的扩大，最终导致资产阶级和无产阶级走向两极分化。新中国成立后，社会主义制度的建立，特别是通过社会主义改造确立的公有制经济制度，为实现共同富裕奠定了根本的制度前提。改革开放后，在党领导全国各族人民的持续探索下，社会主义基本经济制度确立起来并逐渐完善。党的十九届四中全会创造性地将我国的基本经济制度概括为"公有制为主体、多种所有制经济共同发展，按劳分配为主体、多种分配方式并存，社会主义市场经济体制"[1]。由此，实现共同富裕必须以基本经济制度为依托，必须从社会主义初级阶段的基本国情和发展实际出发，不断完善社会主义基本经济制度，坚持"两个毫不动摇"。不仅如此，政府在推动共同富裕方面理应发挥重要作用，即在社会主义市场经济条件下，政府具有弥补市场失灵的重要作用。具体而言，政府在推动共同富裕方面发挥作用的方式正是通过构建制度安排，即习近平总书记强调的"构建初次分配、再分配、三次分配协调配套的基础性制度安排"[2]，以此更好地鼓励和引导先富群体、先富地区带动后富群体、后富地区共同发展，正确处理效率和公平的关系。

---

[1] 《中国共产党第十九届中央委员会第四次全体会议文件汇编》，人民出版社 2019 年版，第 37—38 页。

[2] 习近平：《扎实推动共同富裕》，《求是》2021 年第 20 期。

六、共同富裕是在动态发展中分阶段实现

由于各地区的地理位置、资源禀赋等外在条件，以及各主体的能力禀赋、努力程度等内在条件都存在差异，在实现共同富裕的过程中不可能确保所有地区、所有主体都同步实现。换言之，共同富裕不是"齐步走"的同时富裕，时间上会有先有后，具有非同步性。历史经验教训表明，如果一味追求同时同步同等富裕，客观上将扼杀人的主观能动性，不利于激发人的劳动积极性。正因如此，"让一部分人、一部分地区先富裕起来"，充分激发广大人民群众的积极性和创造性，并通过先富裕起来的人和地区"带动和帮助落后的地区"，最终实现共同富裕。"先富带后富，从而达到共同富裕"思想对中国式现代化的共同富裕起着指引作用。在现实实践中，从区域看，我国首先大力发展东部沿海城市，鼓励东部地区快速发展，然后实施西部大开发、促进中部崛起、振兴东北等区域发展战略，鼓励和引导东部地区带动中西部地区、东北地区共同发展；从城乡看，改革开放初期，我国优先发展城市工业，然后逐步打破城乡二元分割，推进以工促农、以城带乡、工农互惠、城乡一体的新型城乡关系，并大力实施乡村振兴战略。从点到线、从线到面、从面到体，共同富裕的非同步性符合事物变化规律，也符合经济社会发展规律。因此，习近平总书记提出，实现共同富裕的时间有先有后，同时还对实现过程进行了生动刻画，强调"这是一个在动态中向前发展的过程，要持续推动，不断取得成效"[1]。

设定时间表、谋划实现阶段，是我们党领导现代化建设、取得发展成就的重要法宝，实现共同富裕亦是如此。共同富裕的长期性、艰巨性、

---

[1] 习近平：《扎实推动共同富裕》，《求是》2021年第20期。

复杂性决定了在实现过程中必然要分阶段实现。以习近平同志为核心的党中央提出："到'十四五'末，全体人民共同富裕迈出坚实步伐，居民收入和实际消费水平差距逐步缩小。到 2035 年，全体人民共同富裕取得更为明显的实质性进展，基本公共服务实现均等化。到本世纪中叶，全体人民共同富裕基本实现，居民收入和实际消费水平差距缩小到合理区间。"[1] 要而言之，党中央高瞻远瞩地提出了实现共同富裕的三个重要节点——"十四五"末、2035 年、本世纪中叶，并明确了在不同时间点所要达到的共同富裕的阶段性目标。在此基础上，不能指望在很短的时间内就达到非常理想的状态，需要经过长时间的艰苦努力才有可能把事情办好，不能做超越阶段的事情，要量力而行，不能犯急于求成的毛病，不能脱离正处于并将长期处于社会主义初级阶段的实际情况，不能超越发展水平。同时也要认识到，我国处于社会主义初级阶段并不是说在逐步实现共同富裕方面就无能为力和无所作为，而是要把能做的事情尽量做起来，尽力而为解决面临的实际困难，不断朝着推动全体人民共同富裕的目标前进。由此，实现共同富裕不可能"齐步走"，必然是在阶段性目标基础上呈现出动态发展过程。

---

[1]　习近平：《扎实推动共同富裕》，《求是》2021 年第 20 期。

要点回看

◎ 中国式现代化道路，既彰显了以人民为中心的根本立场，又突出了独立自主的精神实质，在其形成过程中深刻体现了鲜明的马克思主义属性与具有中国特色的价值规定。

◎ 我国在一百年左右的时间内走完西方国家几百年走过的路，决定了我国的现代化必然是一个"并联式"的过程，直接表现为工业化、城镇化、农业现代化、信息化等任务叠加发展的时空压缩过程。

◎ 中国式现代化更加强调以人民为中心的发展思想、扎实推动共同富裕、追求人的全面自由发展和构建人类命运共同体的国际关系理念，以此实现了对西方式现代化的全面超越。

◎ 少数人的富裕、一部分人的富裕甚至多数人的富裕，都不意味着共同富裕，都与共同富裕有差距，甚至是根本的不同。总体富裕、平均富裕也不是真正的、彻底的共同富裕，总体之下、平均之中，也存在两极分化的可能。

◎ 由于各地区的地理位置、资源禀赋等外在条件，以及各主体的能力禀赋、努力程度等内在条件都存在差异，在实现共同富裕的过程中不可能确保所有地区、所有主体都同步实现。

推荐阅读

1.《习近平关于全面深化改革论述摘编》，中央文献出版社 2014 年版。

2. 习近平：《做焦裕禄式的县委书记》，中央文献出版社 2015 年版。

3.《习近平关于全面建成小康社会论述摘编》，中央文献出版社 2016 年版。

4. 习近平：《不断开拓当代中国马克思主义政治经济学新境界》，《求是》2020 年第 16 期。

5. 习近平：《在庆祝中国共产党成立 100 周年大会上的讲话》，人民出版社 2021 年版。

6. 罗荣渠：《现代化新论——世界与中国的现代化进程》，商务印书馆 2004 年版。

7. 人民日报理论部：《中国式现代化》，东方出版社 2021 年版。

8. 张占斌、王海燕等：《关于中国式现代化道路的答问》，国家行政学院出版社 2022 年版。

方向把握：
实现共同富裕应把握的
基本原则

按劳分配的性质是社会主义的，不是资本主义的。

——邓小平《坚持按劳分配原则》

我们要随时随刻倾听人民呼声、回应人民期待，保证人民平等参与、平等发展权利，维护社会公平正义，在学有所教、老有所得、病有所医、老有所养、住有所居上持续取得新进展，不断实现好、维护好、发展好最广大人民根本利益，使发展成果更多更公平惠及全体人民，在经济社会不断发展的基础上，朝着共同富裕方向稳步前进。

——习近平《在十二届全国人大一次会议上的讲话》

实现共同富裕不仅是经济问题，而且是关系党的执政基础的重大政治问题。我们决不能允许贫富差距越来越大、穷者愈穷富者愈富，决不能在富的人和穷的人之间出现一道不可逾越的鸿沟。当然，实现共同富裕，要统筹考虑需要和可能，按照经济社会发展规律循序渐进。

——习近平《把握新发展阶段，贯彻新发展理念，构建新发展格局》

实现全体人民共同富裕，是社会主义的本质要求，是我们党的重要使命。中国共产党自诞生之日起，就把为中国人民谋幸福、为中华民族谋复兴作为初心使命，团结带领人民为创造自己的美好生活进行了长期艰辛奋斗。特别是进入新时代以来，以习近平同志为核心的党中央把握发展阶段新变化，把逐步实现全体人民共同富裕摆在更加重要的位置上，推动区域协调发展，采取有力措施保障和改善民生，打赢脱贫攻坚战，全面建成小康社会，为促进共同富裕创造了良好条件。现在，进入新发展阶段，已经到了扎实推动共同富裕的历史阶段。促进共同富裕，要符合中国社会主义社会的基本价值遵循，要牢牢把握坚持勤劳创新致富、坚持基本经济制度、坚持尽力而为量力而行和坚持循序渐进的基本原则。

第六章　方向把握：实现共同富裕应把握的基本原则

坚持勤劳创新致富

1. 勤劳致富是社会主义的基本要求
2. 创新是新发展阶段促进共同富裕的主要手段
3. 形成更多人致富的良好发展环境
4. 完善激发人才创新活力的体制机制

坚持基本经济制度

1. 基本经济制度是促进共同富裕的制度基础
2. 大力发挥公有制经济在促进共同富裕中的重要作用
☆做强做优做大国有资本
☆完善农村基本经营制度
3. 更好发挥非公有制经济在先富带后富中的作用
☆毫不动摇地鼓励、支持和引导非公有制经济发展
☆促进非公有制经济健康发展、非公有制经济人士健康成长

坚持尽力而为量力而行

1. 要正确认识我国的基本国情
☆要看到我国已经取得的历史性成就
☆要牢牢把握社会主义初级阶段这个基本国情

2. 形成人人享有的合理分配格局
☆完善初次分配制度
☆健全再分配调节机制
☆发挥好第三次分配作用
☆规范收入分配秩序

3. 不断在发展中改善和保障民生
☆完善更充分更高质量的就业促进机制
☆完善服务全民终身学习的教育体系
☆完善覆盖全民的社会保障体系
☆完善国民健康保障制度

坚持循序渐进

1. 实现全体人民共同富裕是一项长期任务
☆充分认识实现全体人民共同富裕的长期性
☆未来实现全体人民共同富裕仍面临艰巨的挑战

2. 实现全体人民共同富裕要做好顶层设计
☆坚持系统思维
☆进一步细化目标
☆坚持基本原则

3. 实现全体人民共同富裕要坚持正确路径
☆提高发展的平衡性、协调性、包容性
☆着力扩大中等收入群体规模
☆促进基本公共服务均等化
☆加强对高收入的规范和调节
☆促进人民精神生活共同富裕
☆促进农民农村共同富裕

第一节

坚持勤劳创新致富

坚持勤劳创新致富，既是我国社会主义社会的基本要求，也是我国进入新时代，特别是进入新发展阶段后，贯彻落实新发展理念，构建新发展格局，重塑我国竞争新优势的根本要求。

一、勤劳致富是社会主义的基本要求

在既定的社会条件下，个人的收入和富裕情况主要取决于整个社会的收入分配制度。收入分配制度属于生产关系的范畴，是经济社会发展中一项带有根本性、基础性的制度安排，直接决定了一个社会的基本利益关系和社会成员之间的利益关系。按劳分配是社会主义社会的基本分配制度，勤劳致富是社会主义社会的基本价值遵循。我国建立社会主义制度后，收入分配制度虽然经历了一个不断探索的过程，但按劳分配始终是收入分配制度的基本要求。

马克思主义经典作家对资本主义的批判首先就是基于资本主义不平等的分配制度，在对未来社会的设想中，收入分配又是新制度的关键。根据马克思主义经典作家的设想，共产主义社会的分配制度是"各尽所能、按需分配"。社会主义社会由于生产力不够发达，仍需要实行"按劳分配"的制度。此后，在社会主义实践中，生产资料公有制与"按劳分配"

的原则成为社会主义制度的主要标志。中国在社会主义建设实践过程中，对于实行什么样的分配制度经历了一个长期的探索过程。吸取苏联教训，毛泽东提出了要统筹兼顾积累和消费、国家和集体、个人之间分配关系的基本原则。他指出："工人的劳动生产率提高了，他们的劳动条件和集体福利就需要逐步有所改进。……随着整个国民经济的发展，工资也需要适当调整。"[1] 改革开放以来，我国收入分配制度改革不断推进，重新确立了按劳分配的社会主义分配原则。邓小平认为"按劳分配的性质是社会主义的，不是资本主义的"，并强调指出"按劳分配就是按劳动的数量和质量进行分配"。[2] 随着改革开放的快速发展，为了更好激发经济活力，我国对收入分配制度的认识不断深化，最终确立了按劳分配为主体、多种分配方式并存以及效率和公平相结合的收入分配制度。我国现阶段的收入分配制度虽然提出多种分配方式并存，但是按劳分配为主体的地位始终没有改变，勤劳致富始终是社会主义的基本价值遵循。

同时，在实践中收入分配领域仍存在一些亟待解决的突出问题。比如未能很好地坚持按劳分配为主体的根本要求，在初次分配中劳动报酬占比较低，二次分配中向劳动者倾斜不够，部分企业仍然存在拖欠劳动者工资，隐性收入、非法收入问题比较突出，造成城乡区域发展差距和居民收入分配差距依然较大，部分群众生活比较困难等。促进共同富裕必须坚持勤劳致富的基本原则，深化收入分配制度改革，切实发挥按劳分配的主体作用。

---

[1] 《毛泽东文集》第 7 卷，人民出版社 1999 年版，第 28 页。

[2] 《邓小平文选》第 2 卷，人民出版社 1994 年版，第 101 页。

二、创新是新发展阶段促进共同富裕的主要手段

幸福生活都是奋斗出来的，丰厚的物质基础是实现共同富裕的前提条件，要坚持在发展中保障和改善民生，把推动高质量发展放在首位。进入新发展阶段，我国经济发展环境出现了变化，特别是生产要素相对优势出现了变化。劳动力成本逐步上升，资源环境承载能力达到了瓶颈，旧的生产函数组合方式已经难以持续，科学技术的重要性全面提升。在这种情况下，扎实推动共同富裕，我们必须更加强调自主创新，构建新发展格局。

创新是引领发展的第一动力，发展动力决定发展速度、效能、可持续性。对于我国这么大体量的经济体来讲，如果动力问题解决不好，要实现经济高质量发展和共同富裕是难以做到的。当然，劳动力的增加、资本的投入、需求的带动都有利于增强发展动力，但核心在创新。抓住了创新，就抓住了牵动经济社会发展全局的"牛鼻子"。回顾近代以来世界发展历程，可以清楚看到，一个国家和民族的创新能力，从根本上影响甚至决定国家和民族的前途命运。近代几个世纪以来，人类社会创造的财富远远超过以往几十个世纪创造的财富总和，其最根本的原因在于科技创新。特别是18世纪以来，世界发生了几次重大科技革命，如近代物理学诞生、蒸汽机和机械、电力和运输、相对论和量子论、电子和信息技术的发展等。在此带动下，世界经济发生多次产业革命，如机械化、电气化、自动化、信息化，每一次科技和产业革命都深刻改变了世界发展面貌与格局。进入新发展阶段，各国经济社会发展越来越依赖于理论、制度、科技、文化等领域的创新，国际竞争新优势也越来越体现在创新能力上。谁在创新上先行一步，谁就能拥有引领发展的主动权。当前，

新一轮科技和产业革命蓄势待发，其主要特点是重大颠覆性技术不断涌现，科技成果转化速度加快，产业组织形式和产业链条更具垄断性。世界各主要国家纷纷出台新的创新战略，加大投入，加强人才、专利、标准等战略性创新资源的争夺。虽然我国经济总量稳居世界第二，但大而不强、臃肿虚胖体弱问题相当突出，主要体现在创新能力不足，这是我国这个经济大块头的"阿喀琉斯之踵"。特别是进入新发展阶段，我国经济发展的传统优势逐渐丧失，经济发展动力减弱，促进共同富裕的物质基础受到影响。因此，要实现共同富裕，必须把创新引领和驱动发展放到更加突出的位置，推动高质量发展，构建新发展格局，重塑经济发展新动力。

三、形成更多人致富的良好发展环境

鼓励勤劳致富，要坚持在发展中保障和改善民生，为人民提高受教育程度、增强发展能力创造更加普惠公平的条件，提升全社会人力资本和专业技能，提高就业创业能力，增强致富本领。深化收入分配制度改革，完善企业、机关、事业单位工资决定和增长机制，坚持居民收入增长和经济增长基本同步、劳动报酬提高和劳动生产率提高基本同步。防止社会阶层固化，畅通向上流动通道，给更多人创造致富机会，形成人人参与的发展环境，避免"内卷""躺平"。

把提升国民素质放在突出重要位置，构建高质量的教育体系，提升人力资本水平和人的全面发展能力。全面贯彻党的教育方针，坚持优先发展教育事业，坚持立德树人，增强学生文明素养、社会责任意识、实践本领。推进基本公共教育均等化，推动义务教育优质均衡发展和城乡一体化，保障农业转移人口随迁子女平等享有基本公共教育服务。

改善乡村小规模学校和乡镇寄宿制学校条件，巩固义务教育控辍保学成果。实施就业优先战略，强化就业优先政策。坚持经济发展就业导向，完善高校毕业生、退役军人、农民工等重点群体就业支持体系。促进平等就业，增加高质量就业，建立促进创业带动就业、多渠道灵活就业机制。统筹城乡就业政策，扩大公益性岗位安置。全面提升劳动者就业创业能力，持续大规模开展职业技能培训，广泛开展新业态新模式从业人员技能培训，畅通培训补贴直达企业和培训者渠道，鼓励企业开展岗位技能提升培训。优化收入分配结构，拓展居民收入增长渠道。坚持按劳分配为主体，提高劳动报酬在初次分配中的比重。健全工资决定、合理增长和支付保障机制，完善最低工资标准和工资指导线形成机制，积极推行工资集体协商制度。规范劳务派遣用工行为，保障劳动者同工同酬。多渠道增加城乡居民财产性收入，提高农民土地增值收益分享比例。完善国有资本收益上缴公共财政制度，加大公共财政支出用于民生保障力度。

四、完善激发人才创新活力的体制机制

新发展阶段，我们要坚持创新驱动战略，把科技自立自强作为国家发展的战略支撑，坚持创新在我国现代化建设全局中的核心地位，完善人才发展的体制机制，为激发人才创新活力创造良好环境。

充分发挥人才的第一资源作用。贯彻尊重劳动、尊重知识、尊重人才、尊重创造方针，深化人才发展体制机制改革，全方位培养、引进、用好人才。培养造就高水平人才队伍，遵循人才成长规律和科研活动规律，培养造就更多国际一流的战略科技人才、科技领军人才和创新团队，培养具有国际竞争力的青年科技人才后备军，注重依托重大科技任务和重大创新

基地培养发现人才，支持设立博士后创新岗位。加强创新型、应用型、技能型人才培养，实施知识更新工程、技能提升行动，壮大高水平工程师和高技能人才队伍。加强基础学科拔尖学生培养，建设数理化生等基础学科基地和前沿科学中心。实行更加开放的人才政策，构筑集聚国内外优秀人才的科研创新高地。完善外籍高端人才和专业人才来华工作、科研、交流的停居留政策，完善外国人在华永久居留制度，探索建立技术移民制度。健全薪酬福利、子女教育、社会保障、税收优惠等制度，为海外科学家在华工作提供具有国际竞争力和吸引力的环境。激励人才更好发挥作用，完善人才评价和激励机制，健全以创新能力、质量、实效、贡献为导向的科技人才评价体系，构建充分体现知识、技术等创新要素价值的收益分配机制。选好用好领军人才和拔尖人才，赋予其更大技术路线决定权和经费使用权。全方位为科研人员松绑，拓展科研管理"绿色通道"。实行以增加知识价值为导向的分配政策，完善科研人员职务发明成果权益分享机制，赋予科研人员职务科技成果所有权或长期使用权，提高科研人员收益分享比例。深化院士制度改革，优化创新创业创造生态。大力弘扬新时代科学家精神，强化科研诚信建设，健全科技伦理体系。依法保护企业家的财产权和创新收益，发挥企业家在把握创新方向、凝聚人才、筹措资金等方面的重要作用。推进创新创业创造向纵深发展，优化双创示范基地建设布局。倡导敬业、精益、专注、宽容失败的创新创业文化，完善试错容错纠错机制。弘扬科学精神和工匠精神，广泛开展科学普及活动，加强青少年科学兴趣引导和培养，形成热爱科学、崇尚创新的社会氛围，提高全民科学素质。

坚持基本经济制度

我国基本经济制度同社会主义初级阶段生产力发展水平相适应，既体现了社会主义制度的优越性，又充分发挥了市场经济的活力，为消除贫困、全面建成小康社会创造了雄厚的物质基础。历史和实践证明，基本经济制度是党和人民的伟大创造，是我国社会主义初级阶段经济社会发展的基本制度安排。新发展阶段，必须坚持基本经济制度，为促进共同富裕创造更加雄厚的物质条件。

一、基本经济制度是促进共同富裕的制度基础

社会主义基本经济制度在经济制度体系中具有基础性决定性地位，对其他领域制度建设及国家治理效能有重要影响。进入新发展阶段，坚持社会主义基本经济制度，并将之巩固好、完善好、发展好，对于推动高质量发展、更好促进共同富裕意义重大。

社会主义基本经济制度是实践和理论创新的重要成果，在革命、建设、改革的实践中形成和确立。新中国成立后，通过社会主义改造，我国初步确立了社会主义基本制度及与之适应的经济等方面体制，为当代中国发展进步奠定了根本政治前提和制度基础。改革开放后，我们党深刻总结国内外正反两方面经验，从我国社会主义初级阶段的基本国情出发，

为适应生产力发展需要，推动我国经济体制发生了深刻而重大变化。特别是在所有制方面，我们坚持公有制主体地位和国有经济主导地位，同时大力调整所有制结构，支持个体经济、私营经济、外资经济等健康发展，有效激发了各类市场主体活力和创造力。社会主义基本经济制度实现了社会主义制度和市场经济的有效结合，拥有巨大的制度优越性，既有利于解放和发展社会生产力、改善人民生活，又有利于维护社会公平正义、实现共同富裕。新中国成立后，特别是新时代以来，党领导人民创造了世所罕见的经济快速发展奇迹、社会长期稳定奇迹的背后，社会主义基本经济制度是十分重要的制度保证。

社会主义基本经济制度是新发展阶段推动高质量发展、促进共同富裕的制度保障。进入新时代，以习近平同志为核心的党中央坚持和完善社会主义基本经济制度，在巩固和发展公有制经济、发展混合所有制经济、支持民营经济健康发展、健全按劳分配和按要素分配机制、深化供给侧结构性改革、发挥市场在资源配置中的决定性作用等方面，取得了一系列新的重要理论和实践成果，形成了习近平新时代中国特色社会主义经济思想。长期以来，我们把公有制为主体、多种所有制经济共同发展作为基本经济制度，在此基础上，着眼于新的实践和发展需要，把按劳分配为主体、多种分配方式并存，社会主义市场经济体制上升为基本经济制度，是习近平新时代中国特色社会主义经济思想的重要创新和发展。这三项基本经济制度相互联系、相互支持、相互促进，是经济制度体系中具有长期性和稳定性的部分，起着规范方向的作用，对经济制度属性和经济发展方式有决定性影响。新发展阶段，坚持和完善基本经济制度将成为我国构建更加有效管用、逻辑贯通、衔接匹配的经济制度体系和推动经济高质量发展、促进共同富裕的根本遵循。

二、大力发挥公有制经济在促进共同富裕中的重要作用

习近平总书记指出："我国基本经济制度是中国特色社会主义制度的重要支柱，也是社会主义市场经济体制的根基，公有制主体地位不能动摇，国有经济主导作用不能动摇。这是保证我国各族人民共享发展成果的制度性保证，也是巩固党的执政地位、坚持我国社会主义制度的重要保证。"① 促进共同富裕，必须坚持公有制经济主体地位，毫不动摇巩固和发展公有制经济。

公有制经济是实现共同富裕的基本保障。社会主义之所以能够实现共同富裕，不仅在于共同富裕是社会主义社会追求的价值目标，更在于有公有制经济这个经济基础，在于公有制这种生产关系比资本主义私有制的生产关系更具有优越性，这种优越性不仅体现在生产力上，更体现在生产成果的分配上。因此，社会主义社会能够从根本上解决资本主义社会不可能彻底解决的贫富两极分化问题和贫困问题，从而实现全体人民的共同富裕。社会主义公有制把更好地满足人民群众需求作为社会生产的根本目的，而资本主义私有制把追求利润最大化作为唯一的生产目的，这种生产目的的不同、生产关系的不同，必然导致两种社会形态的不同结果，而其中的关键就在于公有制。对此我们要有清醒的认识，要始终坚持社会主义公有制的主体地位,毫不动摇巩固和发展公有制经济。对此，习近平总书记有非常深刻的论述："如果把国有企业搞小了、搞垮了、搞没了，公有制主体地位、国有经济主导作用还怎么坚持？工人阶级领导地位还怎么坚持？共同富裕还怎么实现？我们党的执政基础和执政地位还怎么巩固？中国特色社会主义还怎么坚持和发展？对这些问

---

① 《习近平关于社会主义经济建设论述摘编》，中央文献出版社 2017 年版，第 63—64 页。

题，我们一定要想清楚，各级领导干部特别是高级干部要想清楚，国有企业广大党员、干部、职工要想清楚，不能稀里糊涂跟着喊口号，更不能中别人的圈套！"①

毫不动摇巩固和发展公有制经济。一是要做强做优做大国有资本。经过多年的改革，我国公有制总体上已经同市场经济相融合。同时，还需要在一些重要领域继续深化改革，做强做优做大国有资本。积极稳妥推进国有企业混合所有制改革，探索公有制多种实现形式，鼓励发展国有资本、集体资本、非公有资本等交叉持股、相互融合的混合所有制经济，实现各种所有制资本取长补短、相互促进、共同发展。坚持"因地施策、因业施策、因企施策，宜独则独、宜控则控、宜参则参"，分层分类深化国有企业混合所有制改革。要加强对混合所有制改革的全过程监督，及时发现纠正出现的偏差，切实防止国有资产流失。推进国有经济布局优化和结构调整，要紧紧围绕服务国家战略，落实国家产业政策和重点产业布局调整总体要求，坚持以企业为主体、以市场为导向，坚持有进有退、有所为有所不为，优化国有资本重点投资方向和领域，推动国有资本向关系国家安全、国民经济命脉和国计民生，提供普遍服务、应急能力建设和公益性的重要行业和关键领域、重点基础设施集中，向前瞻性战略性新兴产业集中，向具有核心竞争力的优势企业集中。完善中国特色现代企业制度，加快完善国有企业法人治理结构和市场化经营机制，健全完善经理层任期制和契约化管理，改革国有企业工资决定机制，推进骨干员工持股制度，充分调动干部职工积极性，激发国有企业发展活力和内生动力。要遵循市场经济规律和企业发展规律，推动国有企业与市场经济深入融合，使国有企业真正成为独立的市场主体。完善以管资

---

① 《十八大以来重要文献选编》下册，中央文献出版社2018年版，第393页。

本为主的国有资本监管体制，国有资产监管机构要重点管好国有资本布局、规范资本运作、提高资本回报、维护资本安全，调整完善国资监管权力清单和责任清单，该管的要科学管理、决不缺位，不该管的要依法放权、决不越位。要科学把握各类国有资产管理的特殊性，探索以管资本为主加强监管的模式和方式方法，加快推进国有资本投资、运营公司试点工作，建立健全各类国有资产监督体系。

二是要完善农村基本经营制度。劳动群众集体所有制是公有制的重要组成部分。要深化农村集体产权制度改革，发展农村集体经济，完善农村基本经营制度。探索农村集体所有制有效实现形式，盘活农村集体资产，不断增强集体经济发展活力，实施乡村振兴战略，引领农民逐步实现共同富裕。要加强农村集体资产管理，开展集体经营性资产产权制度改革。将农村集体经营性资产以股份或者份额形式量化到本集体成员，作为其参加集体收益分配的基本依据。健全集体收益分配制度，明确公积金、公益金提取比例，把农民集体资产股份收益分配权落到实处。发挥农村集体经济组织功能作用，特别是在促进共同富裕中的作用。以家庭承包经营为基础、统分结合的双层经营体制，是改革开放的重大成果，是农村基本经营制度。这一制度符合我国国情和农业生产特点，具有广泛适应性和强大生命力。要坚持统分结合的双层经营体制，创新农业经营方式，丰富农业经营主体，推进家庭经营、集体经营、合作经营、企业经营共同发展，构建现代农业产业体系、生产体系、经营体系，健全农业社会化服务体系，实现小农户同现代农业发展有机衔接。

三、更好发挥非公有制经济在先富带后富中的作用

进入新时代，习近平总书记多次就非公有制经济发展发表重要讲话，

强调"两个毫不动摇""三个没有变"。非公有制经济的发展极大改变了我国经济社会发展面貌，也为扎实推动共同富裕创造了制度条件、奠定了坚实物质基础。促进共同富裕，要毫不动摇地鼓励、支持和引导非公有制经济发展，充分激发市场主体活力，为实现共同富裕创造更加雄厚的物质基础。

毫不动摇地鼓励、支持和引导非公有制经济发展是促进共同富裕的基本方略。改革开放后，我们党深刻总结历史经验教训，认识到贫穷不是社会主义。立足社会主义初级阶段的基本国情，为了加快生产力发展，党的十三大明确提出私营经济一定程度的发展"是公有制经济必要的和有益的补充"①。党的十五大把"公有制为主体、多种所有制经济共同发展"明确为我国社会主义初级阶段的一项基本经济制度，明确"非公有制经济是我国社会主义市场经济的重要组成部分"。②党的十六大提出"毫不动摇地巩固和发展公有制经济"，"毫不动摇地鼓励、支持和引导非公有制经济发展"。③党的十八届三中全会强调"公有制经济和非公有制经济都是社会主义市场经济的重要组成部分，都是我国经济社会发展的重要基础"④。党的十八届五中全会强调"鼓励民营企业依法进入更多领域，引入非国有资本参与国有企业改革，更好激发非公有制经济活力和创造力"⑤。党的十九大强调"必须坚持和完善我国社会主义基本经济制度和分配制度"⑥，并把"两个毫不动摇"写入新时代坚持和发展中国特色社

① 《中国共产党第十三次全国代表大会文件汇编》，人民出版社1987年版，第38页。

② 《中国共产党第十五次全国代表大会文件汇编》，人民出版社1997年版，第21—23页。

③ 《中国共产党第十六次全国代表大会文件汇编》，人民出版社2002年版，第24页。

④ 《中国共产党第十八届中央委员会第三次全体会议文件汇编》，人民出版社2013年版，第8页。

⑤ 《中国共产党第十八届中央委员会第五次全体会议文件汇编》，人民出版社2015年版，第43页。

⑥ 《中国共产党第十九次全国代表大会文件汇编》，人民出版社2017年版，第17页。

共同富裕路上的企业担当

2021年12月，以"在高质量发展中促进共同富裕"为主题的第九届中国企业家发展年会在福建福州举行。

科大讯飞股份有限公司董事长刘庆峰表示，共同富裕有两个重要核心目标。第一是高质量发展，这是实现共同富裕的根基所在。第二是高品质生活，这是实现全面发展的目标所在。年会上，刘庆峰描绘了一幅"共同富裕，因AI而能"的图景，人工智能技术的蓬勃发展将为实现共同富裕创造前所未有的条件和机会。

"一代企业家有一代企业家的责任。"刘庆峰表示，"作为新时代企业家，在国家产业链安全、在共同富裕、在带领中国在全球价值链中获得更大的话语权是我们这一代企业家的责任。"这种"达则兼济天下"的追求，正是新时代众多企业家秉承的情怀和精神。

会主义的基本方略，作为党和国家一项大政方针进一步确定下来。毫不动摇地鼓励、支持和引导非公有制经济发展不仅是新时代坚持和发展中国特色社会主义的基本方略，也是更好发挥非公有制经济在先富带后富中的作用，促进共同富裕的基本方略。

更好发挥非公有制经济在先富带后富中的作用。一要毫不动摇地鼓励、支持和引导非公有制经济发展。要进一步深化改革，为非公有制经济特别是民营经济营造高质量发展的制度环境，推动其走向更加广阔的舞台。优化公平竞争的市场环境，要进一步放开非公有制企业的市场准入，打破各种各样的"卷帘门""玻璃门""旋转门"等壁垒，为非公有制企业营造公平竞争的市场环境。全面实施市场准入负面清单制度，建立市场准入负面清单信息公开机制，提升准入政策透明度和负面清单使用便捷性。全面落实放宽非公有制企业市场准入的政策措施，强化公平竞争审查制度，建立违反公平竞争问题反映和举报绿色通道，加强和改进反垄断和反不正当竞争执法，培育和弘扬公平竞争文化，进一步营造公平竞争的社会环境。加大对非公有制经济的政策支持，要持续减轻企业发展成本。切实落实更大规模减税降费，实施好降低增值税税率、扩大享受税收优惠小微企业范围、加大研发费用加计扣除力度、降低社保费率等政策。着力解决融资难融资贵问题，健全完善金融体系，支持发展以中小微企业为主要服务对象的中小金融机构，鼓励银行与民营企业构建中长期银企关系，为中小企业融资提供可靠、高效、便捷的服务。鼓励引导民营企业改革创新，引导民营企业深化改革，支持民营企业加强创新，鼓励民营企业转型升级优化重组，完善民营企业参与国家重大战略实施机制。

二要促进非公有制经济健康发展、非公有制经济人士健康成长。完善构建亲清政商关系的政策体系，各级党委和政府要把构建亲清政商关系落到实处，推动领导干部同民营企业家交往既坦荡真诚、真心实意、靠前服务，又清白纯洁、守住底线、把握分寸，促进非公有制经济健康发展和非公有制经济人士健康成长。领导干部对非公有制经济人士要多关注、多谈心、多引导，切实帮助解决实际困难，真心实意支持民营经济发展。同时，与民营企业家的关系要清白、纯洁，不能有贪心私心，不能以权谋私，不能搞权钱交易。企业家要积极主动同各级党委和政府及部门多沟通多交流，讲真话，说实情，建诤言，满腔热情支持地方发展。同时，要洁身自好、走正道、辛勤劳动、合法经营，不要捞偏门、违法违规，做到遵纪守法办企业、光明正大搞经营。要建立规范化机制化的政企沟通渠道，健全执法司法对非公企业的平等保护机制，切实保护企业家人身和财产安全。加大对非公企业的刑事保护力度，依法惩治侵犯非公企业投资者、管理者和从业人员合法权益的违法犯罪行为。

坚持尽力而为量力而行

中国特色社会主义进入新时代，意味着近代以来久经磨难的中华民族迎来了从站起来、富起来到强起来的伟大飞跃。新中国成立以来特别是改革开放 40 多年来，我们党团结带领人民成功走出了一条中国特色社会主义道路，稳定解决了十几亿人的温饱问题，彻底消除了绝对贫困，全面建成了小康社会。进入新发展阶段，我国迈向扎实推动共同富裕、全面建设社会主义现代化国家的新征程。扎实推动共同富裕，来不得半点虚假，既要积极而为，又要量力而行。

一、要正确认识我国的基本国情

改革开放以来特别是新时代以来，我国取得了历史性成就、发生了历史性变革，彻底消除了绝对贫困，全面建成小康社会，为扎实推动共同富裕创造了良好的条件和雄厚的物质基础。但是我们也要清楚地认识到，我国仍处于并将长期处于社会主义初级阶段的基本国情没有变，我国是世界最大发展中国家的国际地位没有变。进入新发展阶段，扎实推动共同富裕，必须牢牢把握社会主义初级阶段这个基本国情，坚持尽力而为量力而行的基本原则，坚决反对两种错误思想。

正确认识我国的基本国情。一是要看到我国已经取得的历史性成就。

经过长期努力，我国社会生产力水平总体上显著提高，社会生产能力在很多方面进入世界前列，成为世界第二大经济体、制造业第一大国、货物贸易第一大国，我国长期所处的短缺经济和供给不足状况已经发生根本性转变，我国已经实现了从站起来到富起来的巨大飞跃。2020年，我国GDP第一次超过100万亿元，达到美国GDP的70%以上，人均GDP超过1万美元，接近世界银行高收入国家标准的最低门槛。近些年，中国每年为全球经济增长做出的贡献在30%左右。特别是新冠肺炎疫情暴发以来，中国为全球产业链供应链稳定做出的贡献更是举世瞩目。同时，中国的社会主要矛盾也发生了变化，我国社会主要矛盾已经转化为人民日益增长的美好生活需要和不平衡不充分的发展之间的矛盾。人民对美好生活的向往更加强烈、需要日益广泛，不仅对物质文化生活提出了更高要求，而且在民主、法治、公平、正义、安全、环境等方面的要求日益增长。但影响满足人民美好生活需要的因素很多，主要是发展不平衡不充分问题。比如从收入分配来看，虽然我国人均国民收入在世界上处于中等偏上行列，已经解决了温饱问题，但收入分配差距仍然较大。在这种背景下，再讲"落后的社会生产"已经不符合中国实际，再讲"蛋糕"还不够大还没有到分"蛋糕"的时候就更加不合时宜了。

二是要牢牢把握社会主义初级阶段这个基本国情。把握这一基本国情，必须清醒认识社会主义初级阶段的长期性艰巨性。近年来，面对中国发展取得的历史性成就，有人说中国已经是发达国家了，特别是一些国外势力关于"中国威胁论""中国责任论"的论调不绝于耳。对此，我们要有清醒的认识。我们要认识到我们是从一张白纸走到今天的，我们的基础十分薄弱，我们用70多年的时间走完了西方几百年走过的历程，我们的成就还不稳固。此外，我国是世界第一人口大国，人口规模巨大，虽然我国的 GDP 总量已稳居世界第二，但人均 GDP 才刚达到全球平均水平。通常认为，世界上发达国家人均国内生产总值在 3 万美元以上，美国人均国内生产总值逾 6 万美元，而我国人均国内生产总值刚刚突破 1 万美元，在全球近 200 个经济体中排名在 60 名以后。此外，我们还要充分认识初级阶段发展的全面性复杂性。我们党对社会主义初级阶段的认识是从整个社会主义事业发展全局来看的，涉及生产力和生产关系、经济基础和上层建筑，涉及经济建设、政治建设、文化建设、社会建设、生态文明建设和党的建设各个方面。与这种全面性要求相比，我国经济社会发展还存在不平衡不充分的问题。从"五位一体"总体布局来看，各个领域仍然存在这样那样的短板，有些方面还面临不少突出问题。如从收入分配来看，收入分配差距仍然较大，必须把促进全体人民共同富裕摆在更加重要的位置。

正确认识我国的基本国情，扎实推动共同富裕，必须坚持尽力而为量力而行的基本原则，坚决反对两种错误思想。一是认为我国现在的"蛋糕"还不够大，还没有到分"蛋糕"、推进共同富裕的时候。这种思想前些年十分流行，现在在我们党大力推动共同富裕的背景下，声调有所下降，但有些改头换面的论调，还有不少市场。如过分强调推进共同富裕的困难，千方百计阻挠促进共同富裕的一些政策出台和推进等。二是认为我国现在发展基础已经十分雄厚，好高骛远，吊高胃口，作兑现不了的承诺。对这种思想我们也要警惕，扎实推动共同富裕，我们要立足我国的基本国情，要看到我国发展水平离发达国家还有很大差距。要统筹需要和可能，把保障和改善民生建立在经济发展和财力可持续的基础之上，政府不能什么都包，重点是加强基础性、普惠性、兜底性民生保障建设。即使将来发展水平更高、财力更雄厚了，也不能提过高的目标，搞过头的保障。

二、形成人人享有的合理分配格局

收入分配制度是经济社会发展中一项带有根本性、基础性的制度安排。收入分配是民生之源，是改善民生、实现发展成果由人民共享最重要最直接的方式。促进共同富裕，要坚持尽力而为量力而行的基本原则，要深化收入分配制度改革，把"蛋糕"分好，形成人人享有的合理分配格局，促进收入分配更合理、更有序。

完善初次分配制度。初次分配是按照各生产要素对国民收入贡献的大小进行的分配，主要由市场机制形成。一是要坚持多劳多得，着重保护劳动所得，增加劳动者特别是一线劳动者劳动报酬，提高劳动报酬在初次分配中的比重。完善工资制度，健全企业、机关、事业单位工资决定和正常增长机制。促进中低收入职工工资合理增长，根据经济发展、物价变动等因素，适时调整最低工资标准。完善企业工资集体协商和行业性、区域性工资集体协商制度。二是要健全劳动、资本、土地、知识、技术、管理、数据等生产要素由市场评价贡献、按贡献决定报酬的机制。建立健全以实际贡献为评价标准的科技创新人才薪酬制度，鼓励企事业单位对紧缺急需的高层次、高技能人才实行协议工资、项目工资等。完善有利于科技成果转移转化的分配政策，完善高层次、高技能人才特殊津贴制度，多渠道增加居民财产性收入。

健全再分配调节机制。再分配是在初次分配基础上，对部分国民收入进行的重新分配，主要由政府调节机制起作用。一是要强化税收调节。改革个人所得税，完善财产税，推进结构性减税，减轻中低收入者和小微企业税费负担，形成有利于结构优化、社会公平的税收制度。二是完善转移支付制度。大力推进基本公共服务均等化，集中更多财力用于保障和改善民生。加大对教育、就业、社会保障、医疗卫生、保障性住房、扶贫开发等方面的支出，进一步加大对中西部地区特别是革命老区、民族地区、边疆地区和贫困地区的财力支持。

发挥好第三次分配作用。第三次分配是在道德、文化、习惯等影响下，社会力量自愿通过民间捐赠、慈善事业、志愿行动等方式济困扶弱的行为，是对再分配的有益补充。一是要完善培育发展机制。简化公益慈善组织的审批程序，完善税收优惠政策，落实慈善法规定的激励扶持政策，引导、鼓励企业和高收入人群开展大额捐赠，引导先富群体支持慈善事业。二是要完善监督管理机制。加强党和政府对慈善事业的领导和监管，完善慈善统计制度，健全慈善捐赠、慈善组织、慈善信托、互联网公开募捐平台监督管理机制，增强慈善事业的公开透明度和公信力。三是完善宣传倡导机制。要以增强社会公众的慈善意识为目标，弘扬中华民族守望相助、乐善好施的传统美德，让社会爱心充分涌流，让慈善行为无处不在。

规范收入分配秩序。构建良好的分配秩序，形成正确的激励导向，鼓励勤劳创新致富，保护合法收入，扩大中等收入群体，清理规范隐性收入，取缔非法收入，将分配制度建立在法治的轨道之上。一是要维护劳动者合法权益。强化工资支付保障机制，将拖欠工资问题突出的领域和容易发生拖欠的行业纳入重点监控范围，完善与企业信用等级挂钩的差别化工资保证金缴纳办法。二是扩大中等收入群体。坚持以经济建设为中心，解决好发展质量效益、扩大人力资本、发挥企业家作用、支持中小微企业发展、建设技能型劳动者队伍等重大问题。三是要清理规范隐性收入和取缔非法收入。清理规范工资外收入，严格规范党政机关各种津贴补贴和奖金发放行为，加强事业单位创收管理，严格控制国有及国有控股企业高管人员职务消费。严厉打击走私贩私、偷税逃税、内幕交易、操纵股市等经济犯罪活动。严厉查处权钱交易、行贿受贿行为，深入治理商业贿赂，加强反洗钱工作和资本外逃监控。

三、不断在发展中改善和保障民生

扎实推动共同富裕，坚持尽力而为量力而行的原则，要顺应人民对美好生活的新期待。"一口吃不成胖子"，要统筹需要和可能，把保障和改善民生建立在经济发展和财力可持续的基础之上，根据经济发展和财力状况逐步提高人民生活水平。根据现实条件，抓住人民最关心最直接最现实的利益问题，重点做好基础性、普惠性、兜底性的民生保障建设，完善覆盖全民的民生保障制度体系。

完善更充分更高质量的就业促进机制。就业是民生之本，是人民群众改善生活的基本前提和基本途径。实施就业优先政策，建立就业目标导向优先机制，强化以就业为底线的区间调控；建立宏观政策联动机制，推动引导宏观政策支持就业，围绕稳定和促进就业综合发力，促进经济增长与扩大就业良性循环；建立就业影响评估机制，在产业转型升级、实施重大项目工程时，同步评估对就业的影响。健全公共就业服务制度，完善城乡均等的公共就业服务体系，提升公共就业服务水平。健全终身职业技能培训制度，面向城乡全体劳动者，贯穿工作学习生涯，提供普惠性、均等化的终身职业技能培训。完善重点群体就业支持体系，加大对高校毕业生、贫困劳动者、去产能职工等群体就业帮扶力度。健全就业援助制度，对就业困难人员实行托底帮扶。建立促进创业带动就业、多渠道灵活就业机制，优化政策环境，降低创业成本，形成政府激励创业、社会支持创业、劳动者勇于创业的格局。

完善服务全民终身学习的教育体系。要全面贯彻党的教育方针，坚持教育优先发展，聚焦办好人民满意的教育，完善立德树人体制机制，深化教育领域综合改革，加强师德师风建设。推动城乡义务教育一体化发展，加强农村义务教育，努力缩小城乡义务教育差距，促进教育权利平等和机会公平。健全学前教育机制，扩大普惠性学前教育资源，健全特殊教育机制，健全普及高中阶段教育保障机制，促进普通高中多样化发展。完善职业技术教育、高等教育、继续教育统筹协调发展机制，加快一流大学和一流学科建设，优化创新型、复合型、应用型和技术技能型人才培养机制，打造符合国情的终身教育体系。

完善覆盖全民的社会保障体系。社会保障是民生安全网、社会稳定器，与人民幸福安康息息相关，关系国家长治久安。要把更多群众纳入保障范围，健全保障项目，努力做到法定人员全覆盖。健全基本养老保险制度，实施全民参保计划，努力实现应保尽保，建立养老保险基金中央调剂制度，在完善省级统筹的基础上加快建立基本养老保险全国统筹制度，稳步提高保障水平。健全基本医疗保险制度，全面建成统一的城乡居民医保制度和大病保险制度，稳步提高医疗保障水平，深化支付方式改革，建立医保目录动态调整机制，推动药品招采制度和医疗服务价格改革。完善失业、工伤保险制度，维护失业人员和工伤人员的基本权益。加快建立全国统一的社会保险公共服务平台，加快落实社保转移接续、异地就医结算制度，推进社保卡更广泛应用。规范社保基金管理，堵塞制度漏洞，保持打击欺诈骗保的高压态势。统筹完善社会救助、社会福利、慈善事业、优抚安置等制度，健全退役军人工作体系和保障制度。加快建立多主体供给、多渠道保障、租购并举的住房制度，大力发展住房租赁市场，因地制宜发展共有产权住房，继续加快棚户区改造和公租房建设。

完善国民健康保障制度。不断强化提高人民健康水平的制度保障，坚持关注生命全周期、健康全过程，完善国民健康政策，实施健康中国行动，让广大人民群众享有公平可及、系统连续的健康服务。深化医药卫生体制改革，健全基本医疗卫生制度，促进医疗卫生工作重心下移、资源下沉，健全重特大疾病医疗保险和救助制度，提高公共卫生服务、医疗服务、医疗保障、药品供应保障水平。坚持以基层为重点、预防为主、防治结合、中西医并重。加强公共卫生防疫和重大传染病防控，建立健全适合中医药发展的政策、管理、标准、评价体系，打造中医药和西医药相互协调发展的中国特色卫生健康发展模式，传承创新发展中医药事业。积极应对人口老龄化，健全医疗卫生机构与养老机构合作机制，加快建设居家社区机构相协调、医养康养相结合的养老服务体系，努力让更多老年人享有幸福安宁的生活。

坚持循序渐进

共同富裕是社会主义的本质要求，是我们党的重要使命，也是自古以来我国人民的一个理想追求。实现全体人民共同富裕，是我们党百年接续奋斗的根本动力和重大历史使命，是人类文明发展史上新的壮举。新时代，以习近平同志为核心的党中央团结和带领全国人民，在历史性地解决了绝对贫困和区域性贫困问题后，对扎实推动共同富裕作出了重大战略部署，把实现共同富裕作为现代化建设的重要目标。新发展阶段，推进共同富裕既是一项长期任务，也是一项现实任务。要充分估计实现共同富裕的长期性、艰巨性、复杂性，要清醒认识到实现共同富裕不可能一蹴而就，也不可能齐头并进。同时，要坚持稳中求进、循序渐进、久久为功，一件事情接着一件事情办，一年接着一年干，不断促进人的全面发展，使全体人民共同富裕取得实质性进展。

一、实现全体人民共同富裕是一项长期任务

实现全体人民共同富裕是一个长远目标，需要一个过程，不可能一蹴而就。我们要有清醒的认识，办好这件事，既不能等，也不能急，对其长期性、艰巨性、复杂性要有充分估计。

要充分认识实现全体人民共同富裕的长期性。中国共产党自诞生之

日起，就把为中国人民谋幸福作为初心使命，不断努力，经过百年奋斗取得举世瞩目的历史性成就。中国共产党成立后，就开始团结带领人民为创造自己的美好生活进行艰辛奋斗。新民主主义革命时期，以毛泽东同志为主要代表的中国共产党人，领导人民进行土地革命、实行"耕者有其田"，推翻了帝国主义、封建主义和官僚资本主义的反动统治，取得新民主主义革命胜利，建立了新中国，结束了中国人民长期以来遭受压迫与剥削的历史，结束了国家战乱频仍、四分五裂的局面，实现了民族独立和人民解放，为中国摆脱贫穷落后、实现繁荣富强扫清了障碍，创造了根本政治条件。中华人民共和国成立后，中国共产党团结带领人民自力更生、艰苦奋斗、发奋图强，废除了延续 2000 多年的封建土地制度，消除了造成农民贫困的主要制度因素。对农业、手工业和资本主义工商业进行社会主义改造，建立起社会主义基本制度，为从根本上解决贫困问题提供了最基本制度保证。开展大规模社会主义建设，建立独立的、比较完整的工业体系和国民经济体系，大力发展集体经济，大兴农田水利。大办农村教育和合作医疗，探索建立以集体经济为基础、以"五保"制度和特困群体救济为主体的农村初级社会保障体系。人民物质生活和文化水平逐步提高，占世界近四分之一人口的中国人民特别是农民的基本生活需求得到初步满足。改革开放极大地促进了中国发展，中国减贫进程加快推进，贫困人口大幅度减少。但在农村贫困问题大大缓解的同时，中国贫困问题呈现出分层、分块、分化等新特征，区域间发展不均衡问题凸显。进入新时代，以习近平同志为核心的党中央，把人民对美好生活的向往作为奋斗目标，把贫困人口全部脱贫作为全面建成小康社会、实现第一个百年奋斗目标的底线任务和标志性指标，将脱贫攻坚纳入"五位一体"总体布局和"四个全面"战略布局，汇聚全党全国全社会之力打响脱贫攻坚战。习近平总书记更是亲自指挥、亲自部署、亲自督战，先后 7 次主持召开中央扶贫工作座谈会，50 多次调研扶贫工作，走遍全国 14 个集中连片特困地区，考察了 20 多个贫困村，极大地鼓舞了贫困群众脱贫致富的信心和决心。在全党全国的努力下，中国脱贫攻坚战取得了全面胜利，完成了消除绝对贫困的艰巨任务，创造了彪炳史册的人间奇迹。经过一百年的艰苦奋斗，中国迎来了从站起来、富起来到强起来的伟大飞跃，人民的生存权发展权得到充分保障，为实现全体人民共同富裕奠定了坚实基础。这些成就是经过百年奋斗取得的，来之不易。展望未来，实现全体人民共同富裕仍需要一个较长的时期，按照党中央的最新部署，到 2035 年全体人民共同富裕取得更为明显的实质性进展，到 21 世纪中叶全体人民共同富裕基本实现。如果能够如期实现党中央的部署，从现在到基本实现全体人民共同富裕仍需 30 年的时间，若从党成立之日起计算，则更是长达一个多世纪的时间。

未来实现全体人民共同富裕仍面临艰巨的挑战。首先，共同富裕不仅仅是一个经济问题。对此我们要有清楚的认识，共同富裕需要雄厚的经济基础，但共同富裕绝非单纯的创造财富和进行财富分配的问题，而是一个综合性问题，涉及人民群众的获得感、幸福感、安全感、公平感等全方位目标。我们不仅要解决好经济问题，保持经济高质量发展，不断做大"蛋糕"并分好"蛋糕"，而且要在保证物质富裕的基础上，促进社会的全面发展，解决好人民精神富足的问题，实现人的全面发展和社会的全面进步。人类社会发展到现在，还没有国家实现全体人民共同富裕。一些发达国家工业化搞了几百年，实现了做大"蛋糕"的目的，但到现在共同富裕问题仍未解决，贫富悬殊现象反而越来越严重，这里面有发展理念价值的原因，也有社会制度的原因。但由此，我们可以看出实现全体人民共同富裕的艰巨性和复杂性。其次，实现共同富裕仍面临许多困难。当前我国发展不平衡不充分的问题仍然突出，缩小城乡区域发展差距、形成合理分配格局，最终实现全体人民共同富裕，任务依然艰巨。特别是，我们要看到收入分配领域仍存在一些亟待解决的突出问题，主要是城乡区域发展差距和居民收入分配差距依然较大，收入分配秩序不规范，隐性收入、非法收入问题比较突出，部分群众生活比较困难，宏观收入分配格局有待优化。这些问题的产生，既与我国基本国情、发展阶段密切相关，具有一定的客观必然性和阶段性特征，也与收入分配及相关领域的体制改革不到位、政策落实不到位等直接相关。我国仍处于并将长期处于社会主义初级阶段，是世界上人口最多的发展中国家，区域之间发展条件差异大，城乡二元结构短期内难以根本改变，工业化、信息化、城镇化和农业现代化还在深入发展。深化收入分配制度改革，是一项十分艰巨复杂的系统工程，涉及方方面面利益调整，不可能一蹴而就，必须从我国基本国情和发展阶段出发，立足当前、着眼长远，克难攻坚、循序渐进。

二、实现全体人民共同富裕要做好顶层设计

全体人民共同富裕是一个总体概念，是对全社会而言的，要从全局上来看。我们扎实推动共同富裕，要坚持系统思维，在动态中向前发展，做好顶层设计，持续推动，不断取得成效。

要进一步细化目标。扎实推动共同富裕，党中央已经分阶段做了部署安排。到"十四五"末，全体人民共同富裕迈出坚实步伐，居民收入和实际消费水平差距逐步缩小。到2035年，全体人民共同富裕取得更为明显的实质性进展，基本公共服务实现均等化。到21世纪中叶，全体人

民共同富裕基本实现，居民收入和实际消费水平差距缩小到合理区间。要深入研究不同阶段的目标，进一步细化。目前，各个阶段的目标以定性为主，不好把握。"十四五"规划对民生福祉达到新水平的目标有进一步细化，如实现更加充分更高质量就业，城镇调查失业率控制在 5.5%以内，居民人均可支配收入增长与国内生产总值增长基本同步，分配结构明显改善，基本公共服务均等化水平明显提高，全民受教育程度不断提升，劳动年龄人口平均受教育年限提高到 11.3 年，多层次社会保障体系更加健全，基本养老保险参保率提高到 95%，卫生健康体系更加完善，人均预期寿命提高 1 岁，脱贫攻坚成果巩固拓展，乡村振兴战略全面推进，全体人民共同富裕迈出坚实步伐。但关于共同富裕迈出坚实步伐的界定仍不清晰，一些关键领域的指标缺乏，比如城乡区域差距、居民收入差距缩小到多少，居民收入达到什么水平，等等。因此，要抓紧制定促进共同富裕行动纲要，提出科学可行、符合国情的指标体系和考核评估办法。让实现共同富裕有时间表、路线图和关键抓手等，让共同富裕工作推动起来更加明确、更加高效。

要坚持基本原则。促进共同富裕，要把握好以下原则。一是要鼓励勤劳创新致富。要坚持在发展中保障和改善民生，把推动高质量发展放在首位，为人民提高受教育程度、增强发展能力创造更加普惠公平的条件，提升全社会人力资本和专业技能，提高就业创业能力，增强致富本领。要防止社会阶层固化，畅通向上流动通道，给更多人创造致富机会，形成人人参与的发展环境，避免"内卷""躺平"。二是要坚持基本经济制度。要立足社会主义初级阶段，坚持"两个毫不动摇"。要坚持公有制为主体、多种所有制经济共同发展，大力发挥公有制经济在促进共同富裕中的重要作用，同时要促进非公有制经济健康发展、非公有制经济人士健康成长。三是要尽力而为量力而行。要建立科学的公共政策体系，把"蛋糕"分好，形成人人享有的合理分配格局。要以更大的力度、更实的举措让人民群众有更多获得感。同时，也要看到，我国发展水平离发达国家还有很大差距。要统筹需要和可能，把保障和改善民生建立在经济发展和财力可持续的基础之上，不要好高骛远，吊高胃口，作兑现不了的承诺。政府不能什么都包，重点是加强基础性、普惠性、兜底性民生保障建设。即使将来发展水平更高、财力更雄厚了，也不能提过高的目标，搞过头的保障，坚决防止落入"福利主义"养懒汉的陷阱。四是要坚持循序渐进。共同富裕是一个长远目标，需要一个过程，不可能一蹴而就，对其长期性、艰巨性、复杂性要有充分估计，办好这件事，等不得，也急不得。一些发达国家工业化搞了几百年，但由于社会制度原因，到现在共同富裕问题仍未解决，贫富悬殊问题反而越来越严重。我们要有耐心，实打实地一件事一件事办好，提高实效。要抓好浙江共同富裕示范区建设，鼓励各地因地制宜探索有效路径，总结经验，逐步推开。①

三、实现全体人民共同富裕要坚持正确路径

总的思路是，坚持以人民为中心的发展思想，在高质量发展中促进共同富裕，正确处理效率和公平的关系，构建初次分配、再分配、三次分配协调配套的基础性制度安排，加大税收、社保、转移支付等调节力度并提高精准性，扩大中等收入群体比重，增加低收入群体收入，合理调节高收入，取缔非法收入，形成中间大、两头小的橄榄型分配结构，

---

① 习近平：《扎实推动共同富裕》，《求是》2021 年第 20 期。

促进社会公平正义，促进人的全面发展，使全体人民朝着共同富裕目标扎实迈进。①

一是要提高发展的平衡性、协调性、包容性。加快完善社会主义市场经济体制，推动发展更平衡、更协调、更包容。增强区域发展的平衡性，实施区域重大战略和区域协调发展战略，健全转移支付制度，缩小区域人均财政支出差异，加大对欠发达地区的支持力度。强化行业发展的协调性，加快垄断行业改革，推动金融、房地产同实体经济协调发展。支持中小企业发展，构建大中小企业相互依存、相互促进的企业发展生态。二是要着力扩大中等收入群体规模。抓住重点、精准施策，推动更多低收入人群迈入中等收入行列。三是要促进基本公共服务均等化。加大普惠性人力资本投入，有效减轻困难家庭教育负担，提高低收入群众子女受教育水平。完善养老和医疗保障体系，逐步缩小职工与居民、城市与农村的筹资和保障待遇差距，逐步提高城乡居民基本养老金水平。完善兜底救助体系，加快缩小社会救助的城乡标准差异，逐步提高城乡最低生活保障水平，兜住基本生活底线。完善住房供应和保障体系，租购并举，完善长租房政策，扩大保障性租赁住房供给，重点解决好新市民住房问题。四是要加强对高收入的规范和调节。合理调节过高收入，规范资本性所得管理。清理规范不合理收入，加大对垄断行业和国有企业的收入分配管理，整顿收入分配秩序，清理借改革之名变相增加高管收入等分配乱象。坚决取缔非法收入，坚决遏制权钱交易，坚决打击内幕交易、操纵股市、财务造假、偷税漏税等获取非法收入行为。五是要促进人民精神生活共同富裕。强化社会主义核心价值观引领，加强爱国主义、集体主义、社

---

① 习近平：《扎实推动共同富裕》，《求是》2021 年第 20 期。

会主义教育，发展公共文化事业，完善公共文化服务体系，不断满足人民群众多样化、多层次、多方面的精神文化需求。六是要促进农民农村共同富裕。巩固拓展脱贫攻坚成果，对易返贫致贫人口要加强监测、及早干预，对脱贫县要扶上马送一程，确保不发生规模性返贫和新的致贫。全面推进乡村振兴，加快农业产业化，盘活农村资产，增加农民财产性收入，使更多农村居民勤劳致富。加强农村基础设施和公共服务体系建设，改善农村人居环境。[1]

---

[1] 习近平：《扎实推动共同富裕》，《求是》2021 年第 20 期。

要点回看

◎ 坚持勤劳创新致富，既是我国社会主义社会的基本要求，也是我国进入新时代，特别是进入新发展阶段后，贯彻落实新发展理念，构建新发展格局，重塑我国竞争新优势的根本要求。

◎ 我国基本经济制度同社会主义初级阶段生产力发展水平相适应，既体现了社会主义制度的优越性，又充分发挥了市场经济的活力，为消除贫困、全面建成小康社会创造了雄厚的物质基础。

◎ 社会主义之所以能够实现共同富裕，不仅在于共同富裕是社会主义社会追求的价值目标，更在于有公有制经济这个经济基础，在于公有制这种生产关系比资本主义私有制的生产关系更具有优越性。

◎ 毫不动摇地鼓励、支持和引导非公有制经济发展不仅是新时代坚持和发展中国特色社会主义的基本方略，也是更好发挥非公有制经济在先富带后富中的作用，促进共同富裕的基本方略。

◎ 促进共同富裕，要坚持尽力而为量力而行的基本原则，要深化收入分配制度改革，把"蛋糕"分好，形成人人享有的合理分配格局，促进收入分配更合理、更有序。

◎ 实现全体人民共同富裕是一个长远目标，需要一个过程，不可能一蹴而就。我们要有清醒的认识，办好这件事，既不能等，也不能急，对其长期性、艰巨性、复杂性要有充分估计。

推荐阅读

1.《中共中央关于全面深化改革若干重大问题的决定》，人民出版社 2013 年版。

2.《习近平关于科技创新论述摘编》，中央文献出版社 2016 年版。

3. 习近平：《论坚持全面深化改革》，中央文献出版社 2018 年版。

4.《中共中央关于坚持和完善中国特色社会主义制度　推进国家治理体系和治理能力现代化若干重大问题的决定》，人民出版社 2019 年版。

5.《中共中央国务院关于新时代加快完善社会主义市场经济体制的意见》，人民出版社 2020 年版。

○ 2018 年 8 月 26 日，在新疆维吾尔自治区木垒哈萨克自治县天山木垒中国农业公园里，成熟的小麦在夕阳下散发出迷人的金色

○ 2019 年 8 月 3 日，在福建省福清市沙埔镇
举行的首届福清开渔节上，渔船驶向大海

○ 上图为 2003 年拍摄的浙江省淳安县下姜村；
下图为 2017 年 8 月 9 日拍摄的下姜村

○ 2021 年 9 月 1 日，湖南省汝城县沙洲村，云蒸霞蔚，崭新的农舍鳞次栉比，美不胜收

○湖南省花垣县十八洞村梨子寨民居

○江苏省江阴市华西村

○云南省玉溪市大营街社区

○浙江省安吉县打造"中国美丽乡村"

○ 2021 年 7 月 24 日，贵州省黔西市新仁苗族乡
化屋村麻窝寨易地扶贫搬迁集中安置点

○ 2019 年 2 月 27 日，山西省平定县娘子关镇坡底村村民在养殖合作社内捞鱼。当地发挥自身优势，创新致富路径

○ 2020 年 5 月 16 日，云南省寻甸县金所街道草海子村的农妇在采摘蚕桑叶。当地大力发展特色优势产业，带动农民脱贫增收致富

○ 2020 年 11 月 3 日，在云南省怒江州福贡县匹河怒族乡老姆登村，村民在自家开的客栈直播怒江大峡谷美景

○ 2021 年 9 月 2 日，空中俯瞰浙江省杭州市富阳区湖源乡龙鳞坝。当地依托龙鳞坝的特色旅游资源，发展乡村旅游，带动富民产业

○ 2021 年 7 月 10 日，福建省福州市三坊七巷
历史文化街区南后街游人如织

○ 2021 年 12 月 24 日，浙江省
宁波市舟山港穿山港区

○ 2022年4月27日，空中俯瞰浙江省湖州市吴兴区道场乡红里山村龙出没森林水世界探险乐园。当地策划特色乡村文旅活动，推动乡村振兴和共同富裕

第七章

基础保障：
努力推动经济
高质量发展

贯彻新发展理念是关系我国发展全局的一场深刻变革，不能简单以生产总值增长率论英雄，必须实现创新成为第一动力、协调成为内生特点、绿色成为普遍形态、开放成为必由之路、共享成为根本目的的高质量发展，推动经济发展质量变革、效率变革、动力变革。

　　——《中共中央关于党的百年奋斗重大成就和历史经验的决议》

　　我国经济正在发生深刻变化，深化供给侧结构性改革要更多采取改革的办法，更多运用市场化、法治化手段，在巩固、增强、提升、畅通上下功夫。

　　——习近平《在中央经济工作会议上的讲话》（2018年）

　　以科技创新催生新发展动能。实现高质量发展，必须实现依靠创新驱动的内涵型增长。我们更要大力提升自主创新能力，尽快突破关键核心技术。

　　——习近平《在经济社会领域专家座谈会上的讲话》

高质量发展是实现共同富裕的基础前提和必然路径。2021 年 8 月 17 日，习近平总书记在中央财经委员会第十次会议上发表重要讲话强调："共同富裕是社会主义的本质要求，是中国式现代化的重要特征"，要"坚持以人民为中心的发展思想，在高质量发展中促进共同富裕"。[①] 高质量发展是"十四五"时期乃至未来更长时期我国经济社会发展的主题，是推进社会主义现代化建设的战略选择。实现全体人民共同富裕是社会主义现代化建设的根本目的，因此要在高质量发展中推进经济发展质量变革、效率变革、动力变革，以高质量发展做大做好"蛋糕"，促进共同富裕目标实现。

---

① 习近平：《扎实推动共同富裕》，《求是》2021 年第 20 期。

第七章　基础保障：努力推动经济高质量发展

坚持贯彻新发展理念

1.新发展理念和高质量发展是内在统一的

☆完整、准确、全面贯彻新发展理念：创新、协调、绿色、开放、共享

☆以新发展理念引领高质量发展

2.从问题导向把握新发展理念

☆提高经济发展的质量

☆推动以人民福祉为中心的发展

☆不断扩大发展的包容性

☆推动广义社会财富积累

☆提高发展的韧性

3.推动高质量发展必须坚持系统观念

☆必须坚持全方位、各领域的高质量发展

☆推动高质量发展必须坚持全国一盘棋

☆推动高质量发展必须长期坚持

坚持深化供给侧结构性改革

1.坚持供给侧结构性改革，实现供需的动态匹配

☆加快供给侧结构性改革能增强发展新动力

☆加快供给侧结构性改革能推动经济发展实现新平衡

2.深化金融供给侧结构性改革，服务实体经济

☆必须贯彻落实新发展理念，强化金融服务功能，找准金融服务重点，以服务实体经济、服务人民生活为本

☆要重构金融监管框架

☆要从根本上解决房地产与实体经济失衡的矛盾，规范地方政府举债行为

3.把需求侧管理与供给侧结构性改革相结合

☆在供给侧，将深化供给侧结构性改革作为发展主线，提升供给质量

☆在需求侧，将扩大内需作为发展的战略基点，以强大的中国市场拉动高质量发展

☆把扩大内需与深化供给侧结构性改革有机结合，以创新驱动、高质量供给引领和创造新需求

坚持实施重大战略任务

1.实施科技自立自强的创新驱动战略

2.构建高质量发展的区域空间新格局

3.构建以制造业高质量发展为重点的现代产业体系

4.构建高质量的人才要素支撑体系

5.建立高质量的收入分配制度安排

6.建设更高水平开放型经济新体制

坚持贯彻新发展理念

习近平总书记在党的十九大报告中指出："我国经济已由高速增长阶段转向高质量发展阶段，正处在转变发展方式、优化经济结构、转换增长动力的攻关期，建设现代化经济体系是跨越关口的迫切要求和我国发展的战略目标。"[1] 显然，努力推动经济实现高质量发展，这是党中央立足现实条件、发展特征变化，作出的重大战略决策，是对我国发展阶段的一个重大判断，深刻揭示了新时代中国经济发展的历史方位和基本特征。党的十八大以来，中国特色社会主义进入了新时代，我国社会的主要矛盾已经转化为人民日益增长的美好生活需要与不平衡不充分的发展之间的矛盾。社会主要矛盾的变化决定了经济工作的方向和重点，要求我国经济发展切实转向高质量发展。

一、新发展理念和高质量发展是内在统一的

推动实现经济高质量发展，必须贯彻新发展理念。习近平总书记在福建考察时强调，推动高质量发展，首先要完整、准确、全面贯彻新发展理念。新发展理念和高质量发展是内在统一的，高质量发展就是体现

---

① 《中国共产党第十九次全国代表大会文件汇编》，人民出版社 2017 年版，第 24 页。

新发展理念的发展。①

　　要牢固树立并切实贯彻创新、协调、绿色、开放、共享的发展理念，以新发展理念引领高质量发展。以创新发展理念引领发展的动力变革，让创新成为发展的第一推动力，推动科技创新、模式创新、业态创新、管理创新等不同领域和不同层面的创新，特别是要以科技自立自强作为发展的战略支撑。要加大创新支持力度，优化创新生态环境，激发创新创造活力。以协调发展理念引领发展的动态均衡，持续推进发展的战略结构调整。以绿色发展理念引领人与自然和谐共生，通过生态建设持续积累生态资本，推动构建人与自然生命共同体。以开放发展理念引领发展格局拓展，深度融入共建"一带一路"，办好自由贸易试验区，建设更高水平开放型经济新体制，持续加大开放，聚集世界优势资源为我所用，推动并参与全球发展的大循环，主动构建人类命运共同体，引领新型全球化。以共享发展理念引领共同富裕，不断调整收入分配结构，缩小贫富差距，让所有人民都能更公平、更平等地共同分享发展成果，不断迈向共同富裕。五大发展理念既内在统一也各有侧重，创新注重的是解决发展动力问题，协调注重的是解决发展内外联动问题，绿色注重的是解决人与自然和谐问题，开放注重的是解决发展不平衡问题，共享注重的是解决社会公平正义问题。

二、从问题导向把握新发展理念

　　我国发展已经站在新的历史起点上，要根据新发展阶段的新要求，坚持问题导向，更加精准地贯彻新发展理念，不仅在宏观层面要推进高

---

① 《在服务和融入新发展格局上展现更大作为，奋力谱写全面建设社会主义现代化国家福建篇章》，《人民日报》2021 年 3 月 26 日。

质量发展，在中观、微观层面也要推动高质量发展，由规模扩张的发展模式全面转向更加注重质量、效率、效益的高质量发展模式。要提高经济发展的质量，推动质量变革、效率变革、动力变革，提高供给体系的质量与效率，推动经济发展更多地依靠创新要素投入，提高全要素生产率对经济增长的贡献。要推动以人民福祉为中心的发展，持续推动发展由以物质为中心转向以人民福祉为中心，将持续提高人民精神、健康、家庭、社会角色、物质、环境等不同层面的福祉作为发展的出发点和落脚点。要不断扩大发展的包容性，发展要吸纳14亿人共同参与建设，共同分享发展成果，只有共同发展，才是真发展。要推动广义社会财富的积累，发展不仅是物质财富的积累，也是生态财富、文化财富、人力资源财富、知识财富等广义社会财富积累的过程。要提高发展的韧性，不断提高发展应对外部风险、应对外部冲击的能力，使得发展过程既能作出灵活的适应性调整，又能够实现预定的目标。

三、推动高质量发展必须坚持系统观念

推动"十四五"时期经济社会高质量发展是一个系统工程，经济、政治、文化、社会、生态等各领域都要体现高质量发展的要求。

必须坚持全方位、各领域的高质量发展。高质量发展应体现在经济社会发展的方方面面。党的十八大以来，中国特色社会主义进入新时代，我国社会主要矛盾已经转化为人民日益增长的美好生活需要和不平衡不充分的发展之间的矛盾。人民日益增长的美好生活需要不仅包括人民对物质文化生活的更高要求，而且包括人民在民主、法治、公平、正义、安全、环境等方面日益增长的新要求。因此，发展的重点不仅要满足人民的物质生活需要，更要满足人民在政治、文化、社会、生态文明等方

面高品质生活的迫切需求。我们必须坚持以人民为中心的发展思想，把发展质量和效益摆到更加突出的位置，解决好人民群众普遍关心的就业、教育、医疗、居住、社保、环境、安全等突出问题。高质量发展绝不能仅局限于经济领域，经济、政治、社会、文化、生态等各领域都要体现高质量发展的要求，让人民群众有实实在在、全面立体的获得感。

推动高质量发展必须坚持全国一盘棋。高质量发展，归根到底是为了全体人民共同富裕。全体人民包括全国所有地区的人民，只有全部地区都实现高质量发展，共同富裕才能真正落地。党的十八大以来，以习近平同志为核心的党中央高度重视区域协调发展，西部大开发、东北振兴、中部崛起、东部率先，与京津冀协同发展、长江经济带发展、粤港澳大湾区建设、长三角一体化发展、黄河流域生态保护和高质量发展、成渝地区双城经济圈建设共同推进、协同发展，区域相对差距逐步缩小。推动高质量发展，不能简单要求各地区在经济社会发展上达到同一水平，而是要承认客观差异，通过健全区域战略统筹、市场一体化发展、区域合作互助、区际利益补偿等机制，更好促进发达地区和欠发达地区、东中西部和东北地区共同发展。同时，各地区要结合实际情况，因地制宜、扬长补短，走出适合本地区实际的高质量发展之路。

推动高质量发展必须长期坚持。高质量发展绝不是应时之举、权宜之计，而是立足社会主义现代化建设全局的战略选择，必须长期坚持、持续推动、久久为功。当今世界正经历百年未有之大变局，国际环境日趋复杂，不稳定性不确定性明显增加，新冠肺炎疫情全球大流行使这一大变局加速演变，必须做好随时应对各种复杂困难局面的准备。我国仍处于并将长期处于社会主义初级阶段，仍然是世界上最大的发展中国家，发展不平衡不充分问题依然突出，创新能力还不适应高质量发展要求，农业基础还不稳固，城乡区域发展和收入分配差距较大，生态环保任重道远，民生保障存在短板，社会治理还有弱项，破解这些问题，绝非旦夕之功。高质量发展作为经济社会发展新的更高要求，不是轻轻松松、敲锣打鼓就能实现的，必须准备付出更为艰巨、更为艰苦的努力。我们必须保持战略定力，不能有任何喘口气、歇歇脚的念头，要以钉钉子的精神锲而不舍、一抓到底。

坚持深化供给侧结构性改革

推动经济发展质量变革、效率变革、动力变革，必须深化供给侧结构性改革。经济的高质量发展需要供给与需求两侧同步发力，推动经济发展由需求收缩带来供给收缩的低水平动态均衡转向以新需求牵引新供给、以新供给创造新需求的更高水平动态均衡。

一、坚持供给侧结构性改革，实现供需的动态匹配

实现经济高质量发展，我国经济运行面临的突出矛盾和问题，虽然有周期性、总量性因素影响，但根源是重大结构性失衡，导致经济循环不畅，必须从供给侧结构性改革上想办法，努力实现供求关系的动态均衡。

加快供给侧结构性改革能增强发展新动力。我国经济发展到现阶段，依靠扩大投资拉动经济增长的空间明显收窄，如果再像过去那样，主要采取扩大投资拉动经济增长的办法，不仅投资效率会继续下降，债务杠杆会继续攀升，还将增大金融风险发生的概率，也难以从根本上扭转经济短暂回升后继续下行的态势。因此，必须将经济工作的重心从需求侧转向供给侧，从结构性改革上找出路、想办法。要聚焦基础性和具有重大牵引作用的改革举措，在政策取向上相互配合、在实施过程中相互促进、在改革成效上相得益彰，推动各方面制度更加成熟更加定型。要在改革

系统集成协同高效上率先试、出经验，探索开展综合性改革试点，统筹推进重要领域和关键环节改革，从事物发展的全过程、产业发展的全链条、企业发展的全生命周期出发来谋划设计改革，加强重大制度创新充分联动和衔接配套，放大改革综合效应，打造市场化、法治化、国际化的一流营商环境。

加快供给侧结构性改革能推动经济发展实现新平衡。当前我国经济运行中存在的各种问题和矛盾，表现形式虽各有不同，但根源都是重大结构性失衡。针对经济重大结构性失衡，供给侧改革要不断拓展新领域。要大力振兴实体经济，切实解决结构性供需失衡。我国拥有全球门类最齐全的产业体系和配套网络，其中 220 多种工业品产量居世界第一。但许多产品处在价值链的中低端，部分关键技术环节仍然受制于人。这就需要推动实体经济适应市场需求变化，加快产品更新换代，提高产品质量和工艺水平，增强企业创新能力和核心竞争力。要更加注重内涵式发展，用有限的资源创造更多的财富，扭转实体经济投资回报率逐年下降的态势，实现成本最小化和产出最大化。在人口红利逐步消退的同时，要通过教育培训提升人力资本，发挥大国人力资源红利，提高劳动生产率，提高土地、矿产、能源资源的集约利用程度，增强发展的可持续性。要充分发挥市场配置资源的决定性作用，从根本上扭转大量资源和要素被锁定在低效率部门的现象，扩大部分基础领域和服务领域的开放力度，完善产权制度，理顺价格机制，减少配置扭曲，打破资源由低效部门向高效部门配置的障碍，提高资源配置效率。

二、深化金融供给侧结构性改革，服务实体经济

深化金融供给侧结构性改革，必须贯彻落实新发展理念，强化金融

服务功能，找准金融服务重点，以服务实体经济、服务人民生活为本。要以金融体系结构调整优化为重点，优化融资结构和金融机构体系、市场体系、产品体系，为实体经济发展提供更高质量、更有效率的金融服务。近年来，我国金融业快速发展，但也应看到，在国内外各种复杂因素综合影响下，金融风险集聚的压力也在增大。过去几年，我国股市、汇市、房市、债市都出现过波动，各类风险的传导性也在增强，增大了风险管控的难度。要不断加强和改善金融监管，抑制宏观杠杆率上升过快，补齐制度短板，努力扭转金融业脱实向虚的态势。

深化金融供给侧结构性改革，要重构金融监管框架。按照权力有效制衡、提高监管效率的原则，完善金融监管体系。加强对系统重要性金融机构和跨行业经营活动的监管，规范市场行为，强化金融消费者保护。明确地方金融监管机构负责监管地方批准的金融机构和类金融机构，真正实现金融监管全覆盖。要完善金融基础设施建设，完善人民银行征信系统，适度扩大征信体系的收集和使用范围，建立分层次、多维度的征

时代新声

服务实体经济　深化金融改革　防控金融风险

2021年8月，江苏省政府印发《江苏省"十四五"金融发展规划》（以下简称《规划》），提出要"落实服务实体经济、深化金融改革、防控金融风险三大任务"，推动江苏金融高质量发展。《规划》提出，"十四五"时期江苏金融工作要努力实现金融服务支撑强、金融协调发展好、金融改革势能足、金融生态环境优的目标。围绕服务实体经济，《规划》提出加大制造业信贷政策倾斜、充分利用多元化融资渠道、支持各地创新产业链金融模式。鼓励苏州、无锡、常州等国家级产融合作试点城市，在产业链供应链金融创新方面先行先试。

信数据，提高对征信数据的再加工水平。要加快金融机构公司的治理改革，优化金融机构股权结构，综合考虑国家金融安全和经济效率的需要，调整国有控股的范围和比例。强化对股东特别是主要股东行为的监管，引导股东建立长期投资意识。

深化金融供给侧结构性改革，要从根本上解决房地产与实体经济失衡的矛盾，规范地方政府举债行为。营造防范化解金融风险的宏观环境，打破债券市场刚性兑付预期，通过市场行为提升经营主体和个人的风险意识。在保持宏观经济稳定的前提下，密切监控流动性，营造适度的货币环境，满足去杠杆、去产能以及风险处置中金融机构正常的流动性需要。

三、把需求侧管理与供给侧结构性改革相结合

继续深化供给侧结构性改革，就要推动实现高质量的经济循环。要切实处理好实体与金融、投入与产出、政府与市场、公平与效率、国际与国内等关系问题，着力推动并实现高质量的供给、需求、配置、投入与产出、收入与分配和经济循环。

在供给侧，将深化供给侧结构性改革作为发展主线，提升供给质量。通过创新驱动推动经济发展转型升级，推动经济发展方式由外延式扩张向内涵式增长转变。要持续推进产业结构、要素投入结构、价值链结构、不同阶层分配结构、实体虚拟经济结构、线下与数字经济结构、城乡区域结构等重大结构性战略调整，提升供给体系质量。要推动高质量的供给，就要提高商品和服务的供给质量，更好地满足人民群众日益提升、日益丰富的需求，跟上居民消费升级的步伐。

在需求侧，将扩大内需作为发展的战略基点，以强大的中国市场拉

动高质量发展。目前我国已形成4亿多人的中等收入人群，随着城市化水平进一步提高，内需市场十分广阔。但是养老、医疗、教育等公共服务供给不足，一方面无法满足人民群众日益提升的需求，另一方面又给人民群众带来比较重的负担，人民群众缺乏稳定预期，消费能力和意愿受到明显抑制。因此，要通过发挥社会主义优势来解决有效需求不足的问题，将基础设施建设作为加大公共投资的抓手，并以此引领带动民间投资。推进新基建，围绕第四次工业革命的前沿技术超前建设新型基础设施，包括构建各种类型智能终端，构建5G（第五代移动通信技术）等通信基础设施，构建城市大脑、行业大脑、国家大脑、数据存储中心、超级计算设施等智能中枢设施。推进软基建，重点加大对环保、公共卫生、养老健康、教育、防灾减灾等方面的投资建设。推进硬基建升级，包括城市交通基础设施的升级，智慧城市、海绵城市建设。

把扩大内需与深化供给侧结构性改革有机结合，以创新驱动、高质量供给引领和创造新需求。要充分发挥我国经济体量大、产业门类齐全、消费市场潜力足等优势，把满足国内需求作为发展的出发点和落脚点，深化供给侧结构性改革，以完善制度和治理体系、提升创新能力为驱动，大力推进科技创新及其他方面创新。通过新型举国体制全面解决重大"卡脖子"技术和产品问题，加快推进数字经济、智能制造、生命健康、新材料等战略性新兴产业，形成更多的增长点、增长极。要畅通国内大循环，着力打通生产、分配、流通、消费各个环节，加快构建以内需为主的国民经济循环，完善内需主导、内生增长发展模式。要全面促进消费和拓展投资空间。消费是最终需求，是培育完整内需体系的重要基础，要通过顺应居民消费升级趋势，补足消费短板，激发消费潜力，增强消费对经济发展的基础性作用。投资对优化供给结构具有关键作用，要通过拓展投资空间，优化投资结构，保持投资合理增长，实施和推进一批强基础、增功能、利长远的重大项目建设，加快补短板、强优势，形成高质量内需供给体系。

坚持实施重大战略任务

我国经济从高速增长阶段转向高质量发展阶段，将会遇到高速增长阶段未遇到的新挑战新矛盾。推动经济高质量发展，必须有效应对新挑战，解决新问题，要在坚持新发展理念的思想指引下，以供给侧结构性改革为主线，实施六大战略任务，在高质量发展中促进经济持续健康增长。

一、实施科技自立自强的创新驱动战略

高质量的经济发展开启了由"要素驱动"转向"创新驱动"的新阶段。随着近年来劳动年龄人口逐年减少，人口数量红利快速消失，土地、资源供需形势发生变化，生态环境硬约束强化，支撑经济发展的主要驱动力已由生产要素高强度投入转向提高生产率。提高创新能力，实施创新驱动战略，已成为解决经济发展瓶颈的第一动力，必须依靠创新推动经济发展的质量变革、效率变革、动力变革，不断增强我国经济创新能力和竞争力。

习近平总书记指出："以科技创新催生新发展动能。实现高质量发展，必须实现依靠创新驱动的内涵型增长。我们更要大力提升自主创新能力，

尽快突破关键核心技术。"① 要充分发挥我国社会主义制度能够集中力量办大事的显著优势，打好关键核心技术攻坚战。要依托我国超大规模市场和完备产业体系，创造有利于新技术快速大规模应用和迭代升级的独特优势，加速科技成果向现实生产力转化。要发挥企业在技术创新中的主体作用，使企业成为创新要素集成、科技成果转化的生力军。引导创新资源向企业集聚，完善科研院所和高校的技术成果向企业转移机制，加大对中小微企业创新的扶持力度，促使企业摆脱对资源和要素消耗较多的加工制造环节的过度依赖，更多地依靠研发、设计、标准、供应链管理、品牌建设和无形资产投资，满足差异化和个性化需求，推进传统制造业转变为以研发为基础的新型制造业。要通过科技创新推动产业转型升级，推动集成电路、第五代移动通信、飞机发动机、新能源汽车、新材料等产业发展，发展工业互联网平台，推动高新技术产业由加工组装为主向自主研发制造为主转变。加快传统重化工业现代化改造，增加高附加值环节的比重。推动劳动密集型产业向劳动、知识、技能密集相结合的方向发展，提高产品的知识、技术和人力资源含量。

营造有利于创新的制度环境，加强基础研究。一方面，要遵循科学发现自身规律，以探索世界奥秘的好奇心来驱动、鼓励自由探索和充分的交流辩论；另一方面，要通过重大科技问题带动，在重大应用研究中抽象出理论问题，进而探索科学规律，使基础研究和应用研究相互促进。要明确我国基础研究领域方向和发展目标，久久为功，持续不断坚持下去。要加大基础研究投入，首先是国家财政要加大投入力度，同时要引导企业和金融机构以适当形式加大支持，鼓励社会以捐赠和建立基金等

---

① 习近平：《在经济社会领域专家座谈会上的讲话》，人民出版社 2020 年版，第 6 页。

方式多渠道投入，扩大资金来源，形成持续稳定投入机制。对开展基础研究有成效的科研单位和企业，要在财政、金融、税收等方面给予必要政策支持，落实和完善企业研发费用加计扣除、高新技术企业扶持等普惠政策，鼓励企业增加研发投入。要创造有利于基础研究的良好科研生态，建立健全科学评价体系、激励机制，建立科技成果的产权激励机制，加快科技成果使用处置和收益管理改革，扩大股权和分红激励政策实施范围，鼓励广大科研人员解放思想、大胆创新，让科学家潜心搞研究。要办好一流学术期刊和各类学术平台，加强国内国际学术交流。

二、构建高质量发展的区域空间新格局

经济社会活动都要落实到空间，经济高质量发展必然要求空间布局迈向高质量。优化区域空间布局，提高空间资源配置效率，促进形成网络化区域经济发展格局，是推动实现中国经济高质量发展的有效途径。

实施区域协调发展战略。我国幅员辽阔，人口众多，各地自然条件和发展基础差异较大，推动区域协调发展面临不少困难和问题。不平衡是普遍的，要在发展中促进相对平衡。一方面需要支持发达地区和中心城市进一步强化国际竞争优势，提高创新能力和水平，加快迈向全球产业链中高端，引领产业发展方向，成为我国参与国际竞争的主体区域；另一方面需要帮助欠发达地区补短板强弱项，进一步集聚高质量发展要素，逐步融入全球产业分工体系，释放发展潜力，获得发展空间。推动西部大开发形成新格局，推进成渝地区双城经济圈建设，加快建设西部陆海新通道，形成西部高质量发展的重要增长极。采取新战略举措，推动东北振兴取得新突破，加快转变政府职能，着力优化营商环境，深化国有企业改革，打造对外开放新前沿。健全政策体系，促进中部地区加

快崛起，积极承接产业转移、优化产业布局，推动制造业高质量发展。强化创新引领，鼓励东部地区加快推进现代化，率先建立全方位开放型经济体系，加强与国际规则对接，更高层次参与国际经济合作。支持革命老区、民族地区加快发展，加强边疆地区建设，推进兴边定民、稳边固边。

优化国土空间开发保护格局。立足我国资源环境承受能力，通过发挥各地比较优势，逐步形成城市化地区、农产品主产区、生态功能区三大空间格局，优化重大基础设施、重大生产力和公共资源布局，推动形成主体功能明显、优势互补、高质量发展的国土开发保护新格局。城市化地区的主体功能是提供工业品和服务产品，要实行开发与保护并重的方针。开发主要是工业化城市化开发，保护主要是保护区域内生态环境和基本农田。要加快转变发展方式、优化经济结构、转换增长动力，优化空间结构、城镇布局、人口分布，加强基础设施互通互联，加快公共服务均等化，强化生态保护和环境治理，使之成为我国经济、人口以及创新资源高效集聚的地区，成为体现我国国家竞争力的主要区域，成为以国内大循环为主体、国内国际双循环相互促进新发展格局的主体。农产品主产区的主体功能是提供农产品，要实行保护为主、开发为辅的方针。保护主要是保护耕地，禁止开发基本农田，开发主要是以增强农产品生产能力为目标的开发，而不是大规模高强度的工业化城市化开发。要保护并提高农产品特别是粮食综合生产能力，加强高标准农田建设，优化农业生产结构，加快农业科技进步和创新，提高农业物质技术装备水平，创新发展新型农业经营主体，有序开展农产品深加工，实施好乡村振兴战略，完善乡村基础设施和公共服务体系，改善村庄人居环境，使之成为保障国家农产品安全的主体区域，农村居民安居乐业的美好家园。生态功能区的主体功能是提供生态产品，要实行保护为主、限制开发的方针。

保护主要是保护自然生态系统，限制或禁止开发主要是限制或禁止大规模高强度的工业化城市化开发，在某些生态功能区甚至要限制或禁止农牧业开发。要把保护修复自然生态系统、提供生态产品作为发展的首要任务，提供更多优质生态产品以满足人民日益增长的优美生态环境需要。

提升中心城市和城市群的承载能力。产业和人口向优势地区集中是客观经济规律，中心城市和城市群已经成为承载发展要素的重要空间形式，因此，要进一步提升中心城市和城市群等主体形态的资源要素承载能力。要促进形成以上海、北京、广州等一批国际大都市为核心的开放国际化城市体系，加快建设国家中心城市、区域性中心城市，发挥龙头带动作用，驱动区域经济增长。以京津冀协调发展、粤港澳大湾区建设、长三角一体化发展三大战略为依托，着力打造一批世界级城市群。积极培育长江中游、成渝地区、中原地区、关中地区、北部湾等一批基础条件较好、发展潜力较大的新兴城市群。以高速铁路、高速公路为骨干，以综合交通枢纽为支点，建设连接主要中心城市的综合立体快速通道，强化城市群内部和城市群之间的快速高效连接。

三、构建以制造业高质量发展为重点的现代产业体系

制造业高质量发展是我国经济高质量发展的重中之重，建设社会主义现代化强国、发展壮大实体经济，都离不开制造业，因此，要在推动产业优化升级上继续下功夫，构建以制造业高质量发展为重点的现代产业体系，从中观产业层面推动中国经济高质量发展。

加快发展先进制造业。发展先进制造业是我国补齐产业基础能力短板、抢占未来产业制高点的重要途径，也是参与国际竞争的先导力量。在实现新型工业化的征程中，应在现有产业基础上厘清前进方向，努力

扩大高新技术或高端制造业投资，优化供给结构，培育新的增长动能。积极发展新一代信息技术、生物技术、新能源、新材料、高端设备、新能源汽车、绿色环保以及航空航天、海洋装备等新科技驱动的战略性新兴产业，推动先进技术、前沿技术的工程化转化和规模化生产，在抢占新兴产业发展先机的同时，力争形成一批不可替代的拳头产品。推动互联网、大数据、人工智能等新技术同实体经济深度融合，构建一批具有独特优势与核心竞争力的战略性新兴产业集群。加速培育应用数字技术的智能制造业，着力提升企业系统集成能力、智能装备开发能力和关键部件研发生产能力，以机器人及其关键零部件、高速高精加工装备和智能成套装备为重点，大力发展智能制造装备和产品。

更大力度推进传统产业转型升级。传统产业是我国工业体系的重要组成部分，不仅在规模上，也在效率上对整个工业部门的增长产生了深远影响。要以供给侧结构性改革为主线，通过强化创新驱动、提升质量和品牌、提高劳动生产率和全要素生产率，加快向产业价值链中高端升级。要以智能制造为主攻方向，用新一代信息技术对制造业进行全要素、全流程、全产业链改造，加快发展智能管理、智能生产和智能服务，推动制造业高端化、智能化、绿色化，发展服务型制造。要以技术改造和设备更新为主要抓手和突破口，加速新技术、新工艺、新材料、新设备、新业态、新模式的融合应用，尤其是以信息化、自动化、供应链管理为重点，着力提升企业在核心基础零部件（元器件）、关键基础材料、先进基础工艺等方面的技术水平和创新能力，实现流程创新、产业创新和模式转变。

培育一批富有活力的优质企业。要增强市场主体活力与发展能力，培育一批世界领先的优质企业。要支持企业以市场为导向，通过兼并收购等方式扩大经营规模，通过聚焦主业、加强技术改造和创新完善产品链、创新链，并进一步做优做强。要在市场准入、审批许可、经营运行、招投标等方面创造公平竞争环境，加大对初创企业的财税、金融等政策扶持，支持创业服务平台进一步完善产业链，鼓励企业向专精特优发展，培育一批创新能力强的小巨人企业和单项冠军企业。

四、构建高质量的人才要素支撑体系

人才是发展的第一资源，要通过深化教育体制改革，加大人力资本投资，提升人力资源水平，释放人才红利，这是推动经济高质量发展的战略保障。

建立现代教育体系。教育是国之大计、党之大计。要从党和国家事业发展全局的高度，坚守为党育人、为国育才，把立德树人融入思想道德教育、文化知识教育、社会实践教育各环节，贯穿基础教育、职业教育、高等教育各领域，体现到学科体系、教学体系、教材体系、管理体系建设各方面，培根铸魂、启智润心。要从我国改革发展实践中提出新观点、构建新理论，努力构建具有中国特色、中国风格、中国气派的学科体系、学术体系、话语体系。要围绕建设高质量教育体系，以教育评价改革为牵引，统筹推进育人方式、办学模式、管理体制、保障机制改革。要增强教育服务创新发展能力，培养更多适应高质量发展、高水平自立自强的各类人才。对群众反映强烈的突出问题，对打着教育旗号侵害群众利益的行为，要紧盯不放，坚决改到位、改彻底。要强化基础教育的普惠性和公平性，提高义务教育巩固水平，加快普及学前教育和高中段教育，提升基础教育质量，缩小城乡教育差距。要推动高等教育内涵式发展，以创新人才培养为中心，增强高等学校的创新能力建设。加快发展现代职业教育，把部分地方本科院校转型为职业技术高校和职业教育学院，加大劳动力职业技术培训，培养大批专业技能人才。要健全技能人才培养、使用、评价、激励制度，大力发展技工教育，大规模开展职业技能培训，加快培养大批高素质劳动者和技术技能人才。要在全社会弘扬精益求精的工匠精神，激励广大青年走技能成才、技能报国之路。

积极探索创新型人才培养和成长机制。完善人才评价、流动和配置机制，发现、培养和用好人才，使各类人才的创新智慧和潜能竞相迸发。培养和造就一大批具有国际水平的战略科技人才、科技领军人才、青年科技人才和高水平的创新团队。习近平总书记在 2021 年 9 月召开的中央人才工作会议上明确指出了我国人才培养工作的奋斗目标："加快建设世界重要人才中心和创新高地，必须把握战略主动，做好顶层设计和战略谋划。我们的目标是：到 2025 年，全社会研发经费投入大幅增长，科技创新主力军队伍建设取得重要进展，顶尖科学家集聚水平明显提高，人才自主培养能力不断增强，在关键核心技术领域拥有一大批战略科技人才、一流科技领军人才和创新团队；到 2030 年，适应高质量发展的人才制度体系基本形成，创新人才自主培养能力显著提升，对世界优秀人才的吸引力明显增强，在主要科技领域有一批领跑者，在新兴前沿交叉领域有一批开拓者；到 2035 年，形成我国在诸多领域人才竞争比较优势，国家战略科技力量和高水平人才队伍位居世界前列。"[1]

激发人力资本潜能。加快推进农民工特别是第二代农民工市民化，让进城农民工变成无差别的城市人，激发其投入经济建设和创业的激情。要激发和弘扬企业家精神，健全完善企业家成长的制度和政策环境，针对不同层级的民营企业家、企业管理人员开展培训，帮助其提升爱国

---

[1] 《深入实施新时代人才强国战略，加快建设世界重要人才中心和创新高地》，《人民日报》2021 年 9 月 29 日。

意识、拓展世界眼光、提升战略思维、增强创新精神。改革开放以来，一大批有胆识、勇创新的企业家茁壮成长，形成了具有鲜明时代特征、民族特色、世界水准的中国企业家队伍。企业家要带领企业战胜当前的困难，走向更辉煌的未来，就要在爱国、创新、诚信、社会责任和国际视野等方面不断提升自己，努力成为新时代构建新发展格局、建设现代化经济体系、推动高质量发展的生力军。

五、建立高质量的收入分配制度安排

经济高质量发展的根本目的是增进民生福祉。人民群众期盼更稳定的工作，更满意的收入，更好的教育，更高水平的医疗卫生服务，更可靠的社会保障。在高质量发展做大做好"蛋糕"的同时，要通过优化收入分配制度，切好分好"蛋糕"。

要以共享发展理念引领共同富裕，不断深化分配制度改革，调整收入分配结构，缩小贫富差距，让所有人都能更公平、更平等地共享发展成果，不断迈向共同富裕。收入分配既是经济运行的结果，也是经济发展的动力。要推动形成合理的初次分配和公平的再分配秩序。初次分配环节要逐步解决土地、资金等要素定价不合理的问题，促进各种要素按照市场价值参与分配，促进人民群众收入持续增长。再分配环节，要发挥好税收的调节作用、精准扶贫等措施的兜底作用，注意调节存量财富差距过大的问题，形成高收入有调节、中等收入有提升、低收入有保障的局面。要坚持按劳分配为主体，多种分配方式并存，通过健全完善三次分配机制，改善收入和财富分配格局，努力实现居民收入增长与经济增长同步、劳动报酬提高和劳动生产率提高同步，提高人民收入水平，促进经济行稳致远和社会安定和谐。经济循环是生产、分配、流通和消费，虚拟与实体，国内和国外互动与周转的总过程，只有通过推进共同富裕，才能不断提高人民群众的消费能力，我国经济才能实现高质量的良性循环。

要坚持实现全体人民共同富裕的总方向，多措并举拓展居民收入增长渠道：既要提高劳动报酬在初次分配中的比重，健全工资合理增长机制，着力提高低收入人群收入，扩大中等收入群体；又要健全各类生产要素由市场决定报酬的机制，探索通过土地、资本等要素使用权、收益权增加中低收入人群的要素收入，多渠道增加城乡居民财产性收入；还要不断完善再分配机制，加大税收、社保、转移支付等调节力度和精准性，改善收入和财富分配格局。

实现更加充分更高质量的就业是迈向共同富裕的基本保障。解决好就业问题，始终是经济社会发展的一项重大任务。坚持经济发展就业导向，就要在宏观政策上坚持就业优先。坚持实施以稳定和扩大就业为基准的宏观调控，切实把就业指标作为宏观调控取向调整的依据，推动财政、金融、投资、消费、产业等政策聚力支持就业。扩大就业容量，提升就业质量，就要突出就业带动效应，推动实现更充分更高质量就业。在以畅通国民经济循环为主构建新发展格局过程中，优先发展吸纳就业能力强的行业产业；在实现创新驱动的内涵型增长过程中，培育就业新增长极，推动劳动者实现体面劳动；在深化改革、推进高水平对外开放过程中，激发市场主体活力，稳定岗位、扩大就业。健全就业公共服务体系，就要在已有基础上，针对新形势、新任务、新要求，持续打造覆盖全民、贯穿全程、辐射全域、便捷高效的全方位就业公共服务体系，满足社会求职招聘创业等多方面的需求。注重缓解结构性就业矛盾，就要以提升劳动者技能水平、能力素质为核心，紧贴社会、产业、企业、个人发展需求，加快推进技能人才发展。完善重点群体就业支持体系，就要采取更加有效的举措、更加有力的工作，分类帮扶，因人施策，全力以赴抓好重点就业群体就业工作。要着力做好高校毕业生等青年就业工作，积极促进农民工就业，扎实做好退役军人就业工作，健全困难群体就业援助制度。

六、建设更高水平开放型经济新体制

对外开放是我国的基本国策。党的十八大以来，习近平总书记对开放问题高度重视，在不同的重要场合一再强调："我国经济持续快速发展的一个重要动力就是对外开放。"[1] "开放带来进步，封闭必然落后。中国开放的大门不会关闭，只会越开越大。"[2] 进入新时代，我国开放格局已经从商品、要素流动型开放转向规则、规制、管理、标准等制度型开放，推动高水平对外开放要积极参与全球治理，坚定支持多边贸易体制，推动共建"一带一路"高质量发展。

要推动共建"一带一路"高质量发展。共建"一带一路"是我国扩大对外开放的重大举措，是推动构建人类命运共同体的重要实践平台。要坚持共商共建共享原则，秉持绿色、开放、廉洁理念，深化务实合作，加强安全保障，促进共同发展。推进基础设施互联互通，拓展第三方市场合作。构筑互利共赢的产业链供应链合作体系，深化国际产能合作，扩大双向贸易和投资。坚持以企业为主体，以市场为导向，遵循国际惯例和债务可持续原则，健全多元化投融资体系。推进战略、规则、机制对接，加强政策、规则、标准联通。深化公共卫生、数字经济、绿色发展、

---

① 习近平：《在经济社会领域专家座谈会上的讲话》，人民出版社 2020 年版，第 8 页。

② 《中国共产党第十九次全国代表大会文件汇编》，人民出版社 2017 年版，第 28 页。

科技教育合作，促进人文交流。

要建设更高水平开放型经济新体制。必须围绕建设更高水平开放型经济新体制，不断提高对外开放水平，加快贸易强国建设，促进贸易和投资自由化、便利化，旗帜鲜明反对贸易保护主义和反全球化，推动经济全球化朝着更加开放、包容、普惠、平衡、共赢的方向发展。完善外商投资准入前国民待遇加负面清单管理模式，继续大幅度缩减负面清单，推动现代服务业、制造业、农业全方位对外开放，健全促进和保障境外投资的法律、政策和服务体系。

要推动自由贸易试验区高质量发展。要围绕实行高水平对外开放，充分运用国际国内两个市场、两种资源，对标高标准国际经贸规则，积极推动制度创新，以更大力度谋划和推进自由贸易试验区高质量发展。商务部 2019 年统计数据显示，中国已成为全球第一大货物贸易国、第二大商品消费国、第二大外资流入国，是全球 130 多个国家和地区的主要贸易伙伴。目前我国已与 26 个国家和地区达成了 19 个自由贸易协定，正在同相关国家进行自由贸易协定谈判或升级谈判，同一些国家进行自由贸易协定联合可行性研究或升级联合可行性研究。要不断完善自由贸易试验区布局，赋予其更大改革自主权，稳步推进海南自由贸易港建设。在维护多边贸易体制主渠道地位的同时，要奉行开放的区域合作政策，在新的一轮规则博弈中抢占先机、赢得主动。通过加快自由贸易区全球战略布局，以"一带一路"相关国家为重点，以推动形成亚太大市场和亚欧大市场为关键目标，构建东西互济、海陆统筹、覆盖周边、辐射全球的自由贸易区布局，提高我国双边贸易自由化便利化水平。要主动谋划公正合理的规则体系，适时同美欧等发达经济体开展谈判，与高水平对手同台竞技，深入参与 21 世纪新议题讨论，争取在国际规则中注入更多的中国元素。

总而言之，高质量发展是"十四五"乃至更长时期我国经济社会发展的主题，关系我国社会主义现代化建设全局。高质量发展不只是一个经济要求，而是对经济社会发展方方面面的总要求；不是只对经济发达地区的要求，而是所有地区发展都必须贯彻的要求；不是一时一事的要求，而是必须长期坚持的要求。只有始终把最广大人民根本利益放在心上，坚定不移增进民生福祉，把高质量发展同满足人民美好生活需要紧密结合起来，推动坚持生态优先、推动高质量发展、创造高品质生活有机结合、相得益彰，才能有效推动实现共同富裕。

要点回看

◎　努力推动经济实现高质量发展，这是党中央立足现实条件、发展特征变化，作出的重大战略决策，是对我国发展阶段的一个重大判断，深刻揭示了新时代中国经济发展的历史方位和基本特征。

◎　五大发展理念既内在统一也各有侧重，创新注重的是解决发展动力问题，协调注重的是解决发展内外联动问题，绿色注重的是解决人与自然和谐问题，开放注重的是解决发展不平衡问题，共享注重的是解决社会公平正义问题。

◎　高质量发展作为经济社会发展新的更高要求，不是轻轻松松、敲锣打鼓就能实现的，必须准备付出更为艰巨、更为艰苦的努力。我们必须保持战略定力，不能有任何喘口气、歇歇脚的念头，要以钉钉子的精神锲而不舍、一抓到底。

◎　经济的高质量发展需要供给与需求两侧同步发力，推动经济发展由需求收缩带来供给收缩的低水平动态均衡转向以新需求牵引新供给、以新供给创造新需求的更高水平动态均衡。

◎　提高创新能力，实施创新驱动战略，已成为解决经济发展瓶颈的第一动力，必须依靠创新推动经济发展的质量变革、效率变革、动力变革，不断增强我国经济创新能力和竞争力。

推荐阅读

---

1. 《习近平关于社会主义经济建设论述摘编》，中央文献出版社 2017 年版。

2. 习近平：《国家中长期经济社会发展战略若干重大问题》，《求是》2020 年第 21 期。

3. 习近平：《论把握新发展阶段、贯彻新发展理念、构建新发展格局》，中央文献出版社 2021 年版。

4. 《中共中央国务院关于完整准确全面贯彻新发展理念做好碳达峰碳中和工作的意见》，人民出版社 2021 年版。

5. 《中共中央国务院关于加快建设全国统一大市场的意见》，人民出版社 2022 年版。

战略考量：提高发展的平衡性协调性包容性

我们追求的发展是造福人民的发展，我们追求的富裕是全体人民共同富裕。

——习近平《在党外人士座谈会上的讲话》（2015 年）

我们正面临全球发展方式的深刻转变。随着时代进步，发展的内涵正在发生深刻变化。创新、协调、绿色、开放、共享的发展理念日益深入人心。

——习近平《在亚太经合组织工商领导人峰会上的主旨演讲》

为了人民而发展，发展才有意义；依靠人民而发展，发展才有动力。世界各国应该坚持以人民为中心，努力实现更高质量、更有效率、更加公平、更可持续、更为安全的发展。要破解发展不平衡不充分问题，提高发展的平衡性、协调性、包容性。要增强人民发展能力，形成人人参与、人人享有的发展环境，创造发展成果更多更公平惠及每一个国家每一个人的发展局面。

——习近平《在中华人民共和国恢复联合国合法席位50 周年纪念会议上的讲话》

提高发展的平衡性、协调性、包容性，是我国立足新发展阶段、贯彻新发展理念、构建新发展格局的内在要求，也是习近平总书记提出的实现共同富裕目标的六大举措之一。准确理解并不断提高发展的平衡性、协调性、包容性是我国下一阶段的重要任务，也是实现共同富裕目标的必然前提。

第八章　战略考量：提高发展的平衡性协调性包容性

共同富裕对发展的内在要求

提高发展的平衡性与协调性是实现高质量发展的前提，也是实现共同富裕的充分条件
提高发展的包容性是实现共同富裕的必要条件

提高发展方式的平衡性

取得的成就
☆发展格局已经由相对封闭转变为高度开放
☆消费、投资、进出口三大增长动力日趋平衡
☆发展模式的绿色程度和对生态环境的友好程度日益提高

面临的问题
☆仍然面临关键核心技术不足的短板
☆仍然面临内需不足的挑战
☆生态环境仍然面临巨大的保护压力

政策举措
☆要聚焦科技自立自强，加快攻克"卡脖子"技术
☆坚定实施扩大内需战略
☆加快推动发展模式绿色转型

增进发展结构的协调性

取得的成就
☆区域发展差距趋于缩小，区域协调发展程度提高
☆以人为本的新型城镇化稳步推进，城镇化质量明显提高，城乡结构进一步优化，城乡居民收入差距逐渐缩小
☆实现了由单一的农业国转变为农业、工业与服务业齐头并进发展的产业大国

面临的问题
☆地区之间发展水平的差距仍然较大
☆仍然面临城镇发展不平衡和农民工市民化任务繁重等问题
☆面临实体经济尤其是制造业比重过早过快下滑的难题

政策举措
☆要按照客观经济规律调整完善区域政策体系
☆要加快完善城乡融合发展体制机制
☆要高度重视制造业比重过早过快下降趋势

促进发展模式的包容性

取得的成就
☆不同群体之间的收入差距总体呈缩小趋势
☆2020年我国农村贫困人口已经全部脱贫，为实现全面建成小康社会目标任务做出了关键性贡献
☆基本公共服务均等化加快推进

面临的问题
☆居民收入的增速开始放缓
☆以房价为代表的生活成本过快上涨对发展的包容性带来较大伤害
☆居民的就业压力逐渐增大

政策举措
☆加快实施居民收入倍增计划
☆坚持"房住不炒"方针，推动房地产行业良性循环
☆将居民的高质量就业作为未来发展模式的重点任务

共同富裕对发展的内在要求

共同富裕是中国特色社会主义制度的本质要求，党的十九届五中全会明确提出要推动全体人民共同富裕取得更为明显的实质性进展，这是党中央提出的又一个重要阶段性发展目标，意味着扎实推动共同富裕已经提上日程。作为发展过程与发展模式的直接结果，共同富裕程度与发展模式的质量和效率直接相关，而提高发展平衡性、协调性、包容性恰恰是提高发展模式质量和效率的根本前提。

发展平衡性、协调性、包容性的内涵。发展的平衡性、协调性、包容性是高质量发展的必然要求，三者各有内涵且密切相关，共同组成了高质量发展模式的三大支柱。发展的平衡性是从整体视角对发展模式提出的要求，强调发展格局的平衡、发展动力的平衡以及发展过程与生态环境的平衡。发展的协调性是从结构视角对发展模式提出的要求，强调不同区域之间、城乡之间、不同产业之间的协调。发展的包容性是从个体层面对发展模式提出的要求，强调发展成果能够公平地被个体所分享。从具体关系看，发展的平衡性、协调性、包容性都是对发展模式提出的明确要求，但是三者的功能并不完全一致，发展的平衡性与协调性既是对发展模式提出的要求，也是发展模式实现高质量转型的方向和方法，可以认为提高发展的平衡性与协调性是实现高质量发展的前提，也是实现共同富裕的充分条件。而发展的包容性则更多体现了共同富裕目标对发展模式的约束，只有真正实现了包容性发展，发展的成果被所有居民个体充分分享，高质量发展模式和共同富裕目标才能真正完成，这就意味着提高发展的包容性是实现共同富裕的必要条件。

共同富裕与发展的平衡性。发展的平衡是从系统层面对发展模式提出的要求，经济发展模式的持续健康运行必然要求实现发展的平衡，这就意味着提高发展的平衡性实际上就是要完整准确全面贯彻新发展理念。从全面和完整的要求看，新发展理念对发展内涵的认识超越了单一学科的局限，从经济、社会、生态、政治等多个角度对发展的本质进行了全面分析和揭示。同时，这种认识的全面性也蕴含了关于发展概念内在逻辑的完整性，具体表现为新发展理念以系统观念回答了发展的目的、动力、方式、路径等一系列理论和实践问题。比如它既从创新发展和开放发展两个维度研究了发展动力问题，又从协调发展和绿色发展两个方面探讨了发展方式问题，还从共享发展角度明确了发展目标；既保证现代化建设不会出现"偏科"现象，又完整把握不同维度下发展的内在联系，能够从规律层面指引现代化建设的顺利进行。[1] 因此，只有全面贯彻落实新发展理念，发展模式的系统性才能得到有效保障，最终发展的平衡性才能实现。

共同富裕与发展的协调性。发展的协调性就是新发展理念中协调发展理念在推动共同富裕中的具体体现，就是要通过协调不同类型的产业、区域、城乡来形成发展合力，在协调发展过程中不断提高发展的规模效应。协调发展是缩小发达区域与后发区域收入差距的关键。在所有收入差距

---

① 蔡之兵：《指导我国现代化建设的认识论、方法论和实践论——新发展理念的本质属性及其与现代化建设的关系》，《光明日报》2021 年 4 月 14 日。

类型中，区域之间的发展差距是最基本的，也是导致出现其他类型收入差距的重要原因。因此，必须坚持协调发展理念，大力实施区域协调发展战略，实现基本公共服务均等化、基础设施通达程度比较均衡，为后发区域提供更多发展空间和机会，不断缩小区域发展差距，这是实现共同富裕的必然要求。在此基础上，缩小城乡之间、产业之间的发展差距也是提高发展协调性的重要目标。

共同富裕与发展的包容性。发展的包容性就是新发展理念中共享发展理念在推动共同富裕中的具体体现，就是要通过共建共享，激发多元主体共建美好家园的积极性和主动性，实现全体人民共享美好生活的历史梦想。提高发展的包容性，要更加注重补短板强弱项，尤其是在推进多元主体共建美好家园的进程中，要支持中小企业发展，发挥中小企业吸纳就业主力军的作用，为广大居民勤劳致富创造更多机会，构建大中小企业相互依存、相互促进的企业发展生态，为做大社会财富"蛋糕"提供坚实的支撑。同时在共享美好生活的时候，更加向低收入群体和低收入地区倾斜，更加公平合理地分好社会财富"蛋糕"，通过包容共济确保共同富裕道路上一个人也不能少，一个人也不掉队，进一步促进社会和谐稳定。[①]

---

① 贾若祥：《如何理解提高发展的包容性？》，《学习时报》2021 年 11 月 22 日。

提高发展方式的平衡性

由于我国的经济体制形成于经济转轨，在经济发展体制转变过程中涉及一系列重要关系的重新转变，这些重要关系转变的稳定程度直接决定了发展模式的平衡程度。从具体领域看，提高发展的平衡性主要指的是发展格局的平衡、发展动力的平衡以及发展过程与生态环境的平衡。

一、取得的成就

过去几十年，我国经济发展的平衡性不断提高，主要体现在发展格局的平衡、发展动力的平衡以及发展方式的平衡。

从发展格局看，我国已经由一个相对封闭的发展格局转变为一个高度开放的发展格局。改革开放前，我国经济总体上处于相对封闭状态，进出口贸易始终在较低水平上徘徊。1977 年货物进出口总额为 148 亿美元，新中国成立后 28 年间累计为 1487 亿美元，年均增长不足 10%。改革开放以来，随着外贸管理体制改革和对外开放水平提升，我国对外贸易迅速发展。1978 年至 2020 年，我国货物进出口增长超过 220 倍，年均增速接近 14%，高出同期全球货物贸易平均增速 7.5 个百分点。2001 年我国加入世界贸易组织后，贸易规模不断取得新突破。2004 年货物进出口规模突破 1 万亿美元，2007 年和 2011 年分别突破 2 万亿美元和 3 万亿美元，

2013年，我国超越美国成为全球货物贸易第一大国并保持这一地位至今。即使2020年新冠肺炎疫情暴发，我国外向型经济格局并未受影响，进出口贸易反而出现了更快速的增长。因此，可以认为过去几十年，我国已经由封闭的发展格局转变为高度开放的发展格局，内外平衡性大幅提高。

从发展动力看，消费、投资、进出口三大增长动力的格局也日趋平衡。长期以来，我国经济增长的主要动力由固定资产投资提供，消费提供的经济增长动力较弱，比如2003年固定资产投资对经济增长的贡献率达到68.8%，而同年消费对经济增长的贡献率仅为36.1%。此后，为了进一步发挥消费对经济增长的促进作用，我国先后采取了一系列包括改善交通物流基础设施、鼓励发展互联网经济、增加居民收入等措施来提振消费，国内消费对经济增长的拉动作用显著增强，2011年消费对经济增长的贡献率就已经超过固定资产投资对经济增长的贡献率，成为经济增长的第一驱动力。2021年最终消费支出对国内生产总值增长的贡献率达到65.4%，已经成为保持经济平稳运行的"稳定器"和"压舱石"。

从发展成果看，发展模式的绿色程度和对生态环境的友好程度日益提高。"先污染、后治理"曾经是我国发展模式的典型特征，为了实现高速增长目标，环境保护在很长一段时间内是被忽视的，这直接导致我国生态环境曾经遭到比较严重的破坏，如在2002年七大水系741个重点监测断面中，四类及以下类别的水质断面占比超过70%，可见污染之严重。随着环境保护理念的深化，国家不断加大自然生态系统和环境保护力度，特别是党的十八大以来，以习近平同志为核心的党中央，以高度的理论自觉和实践自觉，把生态文明建设纳入中国特色社会主义事业"五位一体"总体布局中，形成了习近平生态文明思想。习近平生态文明思想的学习、宣传和贯彻有力推动了我国生态文明事业发展实现历史性、转折性、全局性变化,污染治理力度之大、制度出台频度之密、监管执法尺度之严、环境质量改善速度之快前所未有,开启了生态文明建设新篇章,发展模式的绿色程度大幅提高,人类活动与生态环境达到了新的平衡。

二、面临的问题

通过多年努力,我国经济发展的平衡性得到显著提高,但也要注意,目前的发展模式并没有完全实现平衡,还存在一些亟待克服的难题。

发展格局上,仍然面临关键核心技术不足的短板。虽然我国进出口贸易规模已经成为全球第一,外向型经济发展程度较高,但从发展格局的安全角度看,目前关键核心技术的短板与不足仍然困扰着我国经济社会发展。比如我国是全球最大的电子产品制造国,但"缺芯少魂"局面依旧,每年进口芯片(集成电路)的金额为数万亿元。又比如我国是医药大国,但仿制药占比仍然很高,多数高端医疗设备依赖进口,自身硬实力不强。即便应用走在前列的人工智能产业,在底层算法、开源框架上基础仍比较薄弱,"地基"仍然不牢。因此,提高发展的平衡性必须攻克这些"卡脖子"技术,加快构建以国内大循环为主体、国内国际双循环相互促进的新发展格局,确保经济循环的持续稳定运行。

发展动力上,仍然面临内需不足的挑战。虽然消费对经济增长的贡献率逐步提高,已经成为"三驾马车"中的最大动力来源,但从消费增速看,2011 年以后,我国社会消费品零售总额的增速出现了大幅下降,2011 年社会消费品零售总额为 179803.8 亿元,同比增长 18.2%,2013 年同比增速已经下降至 13.0%,2015 年进一步下降至 10.4%,2018 年和 2019 年社会消费品零售总额同比增速已经跌破 10%,分别为 8.8% 和 8.0%。2020 年新冠肺炎疫情暴发后，社会消费品零售总额的复苏进程明显滞后于外贸指标，说明我国的内需仍然有较大的提升空间。

发展方式上，生态环境仍然面临巨大的保护压力。党的十八大以来，我国生态环境持续改善，生态环境质量持续提高。但整体看，当前的生态环境质量和生态环保治理态势与老百姓对美好生活的期盼、建设美丽中国的目标还有很大差距。具体而言，我国发展模式面临的生态环保形势仍然是"三个没有根本改变"。第一个"没有根本改变"指的是我国以重化工为主的产业结构、以煤为主的能源结构、以公路货运为主的运输结构没有根本改变，如我国仍然是世界上最大的能源消费国、煤炭消费国以及金属矿产消费国，约占全球能源消费量的 24%，约占全球煤炭消费量的 50%。第二个"没有根本改变"指的是我国环境污染和生态保护面临的严峻形势没有根本改变，如《2019 年全国生态环境质量简况》显示，全国地级及以上城市细颗粒物浓度尚未达标，我国环境空气质量达标城市数量仍不足一半。第三个"没有根本改变"指的是我国生态环境事件多发频发的高风险态势没有根本改变。基于这三个"没有根本改变"，下一阶段我国生态环境保护面临的形势和任务仍然是非常严峻和艰巨的。

三、政策举措

针对上述三个领域的问题，提高发展的平衡性要立足于聚焦科技自立自强，立足于实施扩大内需战略，立足于推动发展模式绿色转型。

要聚焦科技自立自强，加快攻克"卡脖子"技术。首先，要发挥国立科研机构和相关高校的重要牵引作用。识别"卡脖子"技术背后的一系列科技难题，明确核心平台的战略定位和突破关键共性技术的战略任务，拓展包括产业基金在内的各类科技创新投资渠道体系，充分考虑不同创新参与单元的利益诉求，完善对相关知识产权成果的科学化管理机制，形成强大的协同创新凝聚力。其次，必须将关键技术突破、样品规模商用和产业生态培育紧密结合，三者需要深度的协同合作，才能克服战略性领域创新生态"系统失灵"种种表现。最后，要推进对外开放创新合作，坚持和优化与国际上下游产业伙伴的灵活合作方式，依托超大国内市场，多维度、多路径提高对全球科技创新网络的嵌入度与贡献度，积极开展以共创价值为导向的深度研发合作，使我国成为全球科技前沿开放合作的核心舞台。[①]

坚定实施扩大内需战略，重在把扩大内需的各项政策举措抓实抓细抓落地。首先，要积极扩大有效投资，实施老旧小区改造，加强传统基础设施和新型基础设施投资，促进传统产业改造升级，扩大战略性新兴产业投资。与此同时，要调动民间投资积极性，加大对民间资本参与重点领域项目的支持力度。其次，要着力帮扶中小企业渡过难关，加快落实各项政策，推进减税降费，降低融资成本和房屋租金，提高中小企业生存和发展能力，保持我国产业链供应链的稳定性和竞争力。最后，要切实做好民生保障工作，抓好重点行业、重点人群就业工作，把高校毕业生就业作为重中之重，完善社会保障，做好低保工作，及时发放价格临时补贴，确保群众基本生活。

加快推动发展模式绿色转型。首先，要落实领导干部生态文明建设责任制，严格实行党政同责、一岗双责。地方各级党委和政府必须坚决扛起生态文明建设和生态环境保护的政治责任，对本行政区域的生态环

---

① 余江、管开轩、刘瑞:《攻克关键核心技术，变"痛"为"通"》，《科技日报》2021年2月1日。

境保护工作及生态环境质量负总责，各地要制定责任清单，把任务分解落实到有关部门。其次，要促进经济绿色低碳循环发展，对重点区域、重点流域、重点行业和产业布局开展规划环评，调整优化不符合生态环境功能定位的产业布局、规模和结构，严格控制重点流域、重点区域环境风险项目。最后，要推进能源资源全面节约，强化能源和水资源消耗、建设用地等总量和强度双控行动，实行最严格的耕地保护、节约用地和水资源管理制度，健全节能、节水、节地、节材、节矿标准体系，大幅降低重点行业和企业能耗、物耗，推行生产者责任延伸制度，实现生产系统和生活系统循环链接。①

---

① 《中共中央国务院关于全面加强生态环境保护坚决打好污染防治攻坚战的意见》，人民出版社2018年版，第6—13页。

增进发展结构的协调性

发展的协调性是从结构视角对发展模式提出的要求，强调不同区域之间、城乡之间、不同产业之间的协调，因此提高发展的协调性要从提高区域协调、城乡协调以及产业协调等三个领域同时着手。

一、取得的成就

我国长期重视协调发展，早在 2003 年，党的十六届三中全会就提出"五个统筹"，即"统筹城乡发展、统筹区域发展、统筹经济社会发展、统筹人与自然和谐发展、统筹国内发展和对外开放"[①]。党的十八大以后，协调发展理念更是成为新发展理念之一，我国的区域协调、城乡协调、产业协调发展程度得到显著提高。

从区域协调发展程度看，区域发展差距趋于缩小，区域协调发展程度提高。从区域发展总体战略到区域协调发展战略，我国区域发展差距在不同阶段呈现不同特征，总的来看，当前区域发展差距不仅明显小于新中国成立初期，也比世纪之交明显缩小。2020 年，全国各省（区、市）中，人均地区生产总值最高地区与最低地区的比值为 4.6，而 2000 年为

---

① 《十六大以来重要文献选编》上册，中央文献出版社 2005 年版，第 465 页。

11.0；2020 年，全国各省（区、市）人均地区生产总值变异系数为 0.443，而 2000 年为 0.710。党的十八大以来，随着京津冀协同发展、长江经济带发展、粤港澳大湾区建设、长三角一体化发展、黄河流域生态保护与高质量发展等一系列发展战略的提出，地区之间居民收入差距继续缩小，2011—2020 年，居民人均可支配收入最高省份与最低省份的相对差距逐年下降，收入之比由 2011 年的 4.62（上海与西藏居民收入之比）降低到 2020 年的 3.55（上海与甘肃居民收入之比），是进入 21 世纪以来的最低水平。2020 年，东部与西部、中部与西部、东北与西部地区的收入之比分别为 1.78、1.09、1.11，分别比 2013 年下降 0.11、0.04 和 0.18。

从城乡协调发展程度看，作为典型的乡土社会，我国城乡差距很大，城镇化发展缓慢，城乡长期处于分割状态。改革开放后，户籍束缚逐渐松绑，城镇化开始加速，城乡之间劳动力、土地、资金等要素市场界限被打破，带动城乡差距大幅度缩小，一些地区率先实现了城乡一体化。党的十八大以来，以人为本的新型城镇化稳步推进，城镇化质量明显提高，城乡结构进一步优化。城乡居民收入差距逐渐缩小，2020 年城乡居民收入之比已经下降至 2.56，比 2007 年缩小 0.58，个别省份比如浙江省的城乡居民收入之比已经缩小到 2 以内。与此同时，要素在城乡之间的自由流动，不仅有力促进了城镇经济的发展，也有效扩展了农村居民的收入来源，减轻了农村和农业的人口压力。农业转移人口市民化提速，2012—2020 年，户籍人口城镇化率由 35.33% 提高到 45.4%，与常住人口城镇化率的差距逐渐缩小。更重要的是，随着我国整体经济实力的增强，"三农"投入力度逐渐加大，以工促农、以城带乡机制逐步形成。2020 年末农村公路总里程达 438 万公里，是 1978 年的 7.5 倍，全国行政村通宽带比例达到 98%。因此，城乡差距的缩小是农村高速发展的结果，也是我国乡村振兴战略逐渐发挥效果的表现。

从产业协调发展程度看，我国已经实现了由单一的农业国转变为农业、工业与服务业齐头并进发展的产业大国。1952年，我国农业增加值占GDP比重为50.5%，农业吸纳了83.5%的就业人口；1978年，农业增加值比重降至27.7%，就业比重降至70.5%；2011年，第三产业就业比重提高到35.7%，首次超过第一产业，成为就业最多的产业；2012年，第三产业增加值比重提高至45.5%，首次超过第二产业，成为增加值最大的产业。党的十八大以来，我国经济发展步入新阶段，经济结构战略性调整和转型升级加快推进，三次产业发展协调性显著增强。2020年，第一、二、三产业增加值比重分别为7.7%、37.8%、54.5%，就业比重分别为23.6%、28.7%、47.7%，第三产业增加值比重和就业比重的第一地位已经牢不可破。

从实体产业看，我国是世界上唯一拥有联合国产业分类目录中所有工业门类的国家，制造业规模全球第一，全门类的产业配套为工业升级奠定了坚实基础，航空航天、电子通信、医疗仪器、新能源、新材料等高技术产业蓬勃发展，高铁、核电等重大装备竞争力居世界前列，工业体系更加健全，工业生产由低端向中高端迈进。从虚拟经济看，我国服务业蓬勃发展，新业态新模式方兴未艾。从改革开放前的一般生活服务业、批发零售和交通运输业，到21世纪初的金融业和房地产业，再到党的十八大以来的电子商务、数据消费、现代供应链、互联网金融等产业，服务业早已成为我国创新创业的热点。

二、面临的问题

从区域协调发展看，我国地区之间发展水平的差距仍然较大。虽然在区域协调发展战略的持续作用下，区域之间的总体发展差距有所缓和，但是与其他国家内部的区域发展差距相比，我国区域之间的发展差距仍然比较明显。以人均GDP最高和最低的行政区的人均GDP比值来衡量，美国、日本、德国、印度的比值都位于2至4之间，而我国的比值仍然超过4，区域发展差距还需要进一步缩小。与此同时，即使在局部区域，我国区域之间的发展差距也面临巨大的缩小压力。以京津冀地区为例，在京津冀协同发展战略提出的2014年，京津冀三地的人均GDP分别是10.75万元、7.12万元、3.43万元，北京市的人均GDP分别是天津市和河北省的1.51倍和3.13倍。2020年，京津冀三地的人均GDP分别是16.49万元、10.16万元、4.86万元，北京市的人均GDP分别是天津市和河北省的1.62倍和3.39倍。可见，京津冀协同发展战略实施七年来，京津冀三地的发展差距并没有缩小，反而有所扩大。因此，继续缩小小区域差距仍然是未来深入实施区域协调发展战略的重要抓手。

从城乡协调发展看，目前仍然面临城镇发展不平衡和农民工市民化任务依然繁重等问题。从城镇发展格局看，目前大城市因承担功能过多，产业高度集聚，导致城市规模快速扩张，房价偏高、交通拥堵、环境污染等"城市病"凸显，而一些中小城市和小城镇因基础设施和公共服务发展滞后，产业支撑不足，就业岗位较少，经济社会发展后劲不足。从农民工市民化进程看，由于人地挂钩、人钱挂钩等政策尚未完全落地，多元化成本分担机制不完善，市、区级地方政府推进农民工市民化的积极性还有待提高。2015年以来，我国户籍人口城镇化率与常住人口城镇化率的差距连续多年维持在16个百分点左右，已在城镇就业的农业转移人口落户进程仍然有待加快。此外，由于城乡一体化的土地市场尚未形成，农村资源变资本、变财富的渠道还不畅通。同时，城乡社会保障制度尚未完全并轨，实现城乡基本公共服务均等化任务还十分艰巨，进城落户农民承包地经营权、宅基地使用权和集体收益分配权"三权"退出机制不畅，缺乏自主退出的制度安排，也不利于农业人口有序转移。[①]

从产业协调发展看，我国目前也面临实体经济尤其是制造业比重过早过快下滑的难题。正常情况下，制造业比重与国家发展阶段密切相关，只有当一个国家进入后工业化时代以及人均 GDP 达到较高水平后，制造业比重才会开始下降。美国制造业比重在 1953 年开始下降，该年美国人均 GDP 为 1.7 万美元（2012 年不变价）；日本和德国制造业比重都是 1970 年达到顶点后开始下滑，该年两国人均 GDP 分别是 1.4 万美元和 1.8 万美元（2010 年不变价）。而我国制造业比重在 2011 年就开始下降，该年我国人均 GDP 仅为 6152 美元（2010 年不变价）。更严峻的是，我国制造业比重下滑速度过快，我国制造业比重在 2006 年达到 32.5% 的高点，2011 年为 32.1%，2020 年已经快速下降至 26.2%，9 年里下降 5.9 个百分点，年均下降幅度超过 0.65 个百分点。相比之下，美国制造业比重 1953 年达到巅峰水平 27.6%，1966 年仍超过 25%，此后开始下降，但直到 2019 年仍超过 11%，下降周期较为平缓，53 年下降 14 个百分点，年均下降 0.26 个百分点。日本 1970 年制造业比重 34.7%，1985 年仍接近 30%，直到 2019 年仍超过 20%，34 年下降 10 个百分点，年均下降 0.29 个百分点。

三、政策举措

进一步提高发展的协调性是提高发展质量进而实现共同富裕的必然要求，针对区域协调发展、城乡协调发展、产业协调发展面临的问题，也应及时采取实质性的有效举措予以解决。

[①] 魏后凯：《以提高质量为导向》，《人民日报》2019 年 4 月 19 日。

从区域协调发展看，要按照客观经济规律调整完善区域政策体系，发挥各地区比较优势，要破除资源流动障碍，使市场在资源配置中起决定性作用，促进各类生产要素自由流动并向优势地区集中，促进各类要素合理流动和高效集聚。同时，要加快构建高质量发展的动力系统，增强中心城市和城市群等经济发展优势区域的经济和人口承载能力，增强其他地区在保障粮食安全、生态安全、边疆安全等方面的功能，形成优势互补、高质量发展的区域经济布局。

从城乡协调发展看，要加快完善城乡融合发展体制机制。实行新型城镇化与乡村振兴联动，加快农村承包土地和宅基地"三权分置"改革，完善进城落户农民农村"三权"自愿有偿退出机制和资本化途径，构建城乡统一的户籍登记、土地管理、就业管理、社会保障制度等公共服务和社会治理体系，促进城乡要素、产业、居民、社会和生态全面融合，使城市与乡村成为一个相互依存、相互融合、互促共荣的共同体。

"科创飞地"助力产业协同发展

　　"飞地经济"是区域产业合作的一种重要形式。2017 年国家发改委等 8 部委印发《关于支持"飞地经济"发展的指导意见》，标志着"飞地经济"由地方多元探索实践，上升为国家推动区域协同发展的重大举措。长三角"飞地"合作实践走在全国前列，尤其是在长三角区域一体化战略与创新驱动战略推动下，近年来形成的"科创飞地"模式，构建了产业要素流通的"双向"通道，点燃了长三角产业协同发展的"新引擎"。温州（嘉定）科技创新园就是"科创飞地"模式的典型案例之一。2018 年以来，上海市嘉定区和温州市依托"科创飞地"以项目化扎实推进两地对接交流，在园区招商引资、功能打造和服务保障等方面，探索建立跨区域发展合作机制和利益共享机制，创设了许多有效举措，实现了两地产业协同发展。

从产业协调发展看，要高度重视制造业比重过早过快下降态势。一方面，面对制造业比重下滑态势，要在制造业集聚程度较高地区实施链长制，对地区内部的优势产业门类实施保护性分工，每位地方主要领导负责对接一个产业门类，在产业、企业与政府之间直接构建沟通反馈渠道，用最大力量和最快速度解决产业和企业发展遇到的问题。另一方面，面对劳动密集型产业向外迁移态势，要加快加大重大区域发展战略的实施速度和力度，提升区域一体化合作发展程度，鼓励劳动密集型产业集聚地区主动与其他地区合作，构建合理的区域利益共享机制，实现产业在内部转移和黏性布局。

促进发展模式的包容性

发展的包容性是从个体层面对发展模式提出的要求，强调发展成果能够公平地被个体所分享。某种程度上，促进发展模式的包容性既是中国特色社会主义本质要求的主要体现，也是实现共同富裕的必然路径。

一、取得的成就

总体来看，中国特色社会主义市场经济既重视发展效率的提高，也重视发展成果的共享，整个国家和社会的包容性与分享性逐步提高。

从整体收入差距看，我国不同群体之间的收入差距总体呈缩小趋势。基尼系数是衡量居民收入差距的常用指标，通常用居民收入来计算，也可用消费支出来计算，世界银行对这两种指标都进行了计算。按居民收入计算，近十几年我国基尼系数总体呈波动下降趋势。全国居民人均可支配收入基尼系数在 2008 年达到最高点 0.491 后，2009 年至今波动下降，2020 年降至 0.468，累计下降 0.023。在世界银行数据库中，2016 年中国消费基尼系数为 0.385，比当年收入基尼系数 0.465 低 0.080，而消费支出数据更直接地反映了居民实际生活水平。

从贫困群体生活水平看，2020 年我国农村贫困人口已经全部脱贫，为实现全面建成小康社会目标任务做出了关键性贡献。党的十八大以来，平均每年 1000 多万人脱贫，相当于一个中等国家的人口脱贫。贫困人口收入水平显著提高，全部实现"两不愁三保障"，脱贫群众不愁吃、不愁穿，义务教育、基本医疗、住房安全有保障，饮水安全也都有了保障。2000 多万贫困患者得到分类救治，曾经被病魔困扰的家庭挺起了生活的脊梁。近 2000 万贫困群众享受低保和特困救助供养，2400 多万困难和重度残疾人拿到了生活和护理补贴。[1] 同时，针对病残、年老体弱、丧失劳动能力以及生存条件恶劣等原因造成生活困难的农村居民，国家建立农村最低生活保障制度。2007 年农村低保年平均标准为 840 元 / 人，农村低保对象 1609 万户、3566 万人。2018 年农村低保年平均标准增加到 4833 元 / 人，比 2007 年增长 4.8 倍，年均增长 17.2%，农村低保对象 1903 万户、3520 万人。此外，还全面建立农村留守儿童关爱保护制度，帮助无人监护的农村留守儿童落实受委托监护责任人，让失学辍学的农村留守儿童返校复学，农村居民基本生活的兜底保障网越织越牢。

从基本公共服务均等化看，我国的基本公共服务均等化加快推进。看居民收入，不仅要看家庭可支配收入，还要看政府为改善民生所提供的公共服务。在全面建成小康社会进程中，各地区各部门积极推进基本公共服务均等化。完善多层次社会保障体系成效明显，目前我国已经建成世界上最大的社会保障网，基本医疗保险覆盖超 13.5 亿人，基本养老保险覆盖超 10 亿人。住房保障和供应体系建设稳步推进，全国已累计建设各类保障性住房和棚改安置住房 8000 多万套，帮助 2 亿多困难群众改善住房条件。教育公平和质量不断提升，2020 年九年义务教育巩固率为 95.2%。基本医疗和公共卫生服务改善，2020 年一般公共预算卫生健康支

---

[1] 习近平：《在全国脱贫攻坚总结表彰大会上的讲话》，人民出版社 2021 年版，第 5 页。

出 1.92 万亿元。

二、面临的问题

我国发展包容性的提高是全方位的，广大居民也享受到了巨大的发展红利。然而，受发展阶段的限制，我国发展包容性的进一步提高也面临较大挑战。

居民收入的增速开始放缓。由于发展规模的壮大，我国经济已经由高速增长阶段转向中高速增长阶段，居民收入增速也随之放缓。2014—2020 年，全体居民人均可支配收入、城镇居民人均可支配收入、农村居民人均可支配收入的同比增速都出现了大幅下滑。其中，2014 年我国居民人均可支配收入的名义增速为 10.1%，2019 年已经下降至 8.9%[①]；2014 年城镇居民人均可支配收入的名义增速为 9.0%，2019 年已经下降至 7.9%；2014 年农村居民人均可支配收入的名义增速为 11.2%，2019 年已经下降至 9.6%。可见，我国居民收入增速已经开始下滑，如果再扣除我国的物价指数增长部分，居民收入增速下降的趋势更为明显。考虑到我国人均 GDP 刚刚跃过 1 万美元大关，距离发达国家的发展水平还有很大距离，如何使我国居民收入增速保持稳定水平是未来实现共同富裕目标的关键。

以房价为代表的生活成本过快上涨对发展的包容性带来较大伤害。2020 年，我国常住人口城镇化率已经超过 60%，然而，同年户籍人口城镇化率仅为 45% 左右。换言之，仍然有 2 亿生活在城市却没有获得城市户口的居民。在导致常住人口和户籍人口城镇化率呈现巨大差距的各种原因中，以房价为代表的生活成本过快上涨已是关键因素。根据国家统

---

① 考虑到 2020 年暴发新冠肺炎疫情，当年收入增速数据没有可比价值。

计局的数据，我国大量城市的房价在过去十年内出现了快速上涨。如深圳 2009—2019 年的住宅商品房平均销售价格上涨 3.88 倍、厦门上涨 3.79 倍、合肥上涨 3.44 倍、昆明上涨 3.38 倍、西安上涨 3.10 倍、海口上涨 2.94 倍、北京上涨 2.91 倍、南京上涨 2.82 倍、上海和武汉上涨 2.66 倍。上述涨幅的衡量基准是整个城市住宅商品房的平均值，还不足以真实地反映整个城市的房价走势，如果具体观察这些城市的核心区域，房价上涨幅度超过 5 倍甚至更高的地区比比皆是。过高的房价不仅影响我国经济产业的可持续发展，比如造成制造业比重过早和过快下滑，同时还对我国整个社会氛围都产生了消极影响，比如导致结婚率和生育率逐渐下降、青年人失去奋斗的勇气和欲望等，极大降低了发展模式的包容性，这些问题对一个国家和民族的可持续发展都会产生巨大的负面影响。除此之外，教育、医疗等行业的过度市场化也极大增加了城市居民的生活负担，大大降低了居民的生活幸福感和社会和谐程度。

居民的就业压力逐渐增大。由于人口众多以及新冠肺炎疫情的冲击，我国整体就业压力和结构性就业压力逐渐增大。在外有科技封锁和贸易摩擦，内有疫情冲击、政策调整、产业转型升级的多重压力下，我国就业市场上能够提供的高薪岗位数量逐渐减少，如外资企业和港澳台资企业的就业人数急速下滑。一般而言，外资企业和港澳台资企业能够提供的岗位质量要优于一般的民营企业。以工资水平为例，2019 年外资企业和港澳台资企业就业人员平均工资为 10.7 万元和 9.1 万元，在 9 种不同登记类型的企业中分别位居第一和第四位。然而，从 2013 年开始，我国港澳台资企业与外资企业的就业人数就开始出现下滑。前者的就业人数从 2013 年的 1397 万人下降到 2019 年的 1157 万人，年均减少 40 万人；后者的就业人数从 2013 年的 1566 万人下降到 2019 年的 1203 万人，年均减少 60.5 万人。两者每年减少的就业人数之和已经超过 100 万人，这就意味着过去几年，我们平均每年都减少了 100 万个在平均工资水平以上甚至是行业头部薪酬的就业岗位。此外，高科技企业、互联网企业等优质岗位提供主体近两年开始压缩招聘人数。这两年在国外科技封锁、发展阶段转变、行业政策调整等因素的共同作用下，这两类主体提供优质岗位的能力逐渐降低。从高科技企业看，2020 年多家高科技企业都压缩了校招人数，部分企业压缩比例甚至超过 40%。在市场主体能够提供的优质岗位数量逐渐降低的背景下，大量高校毕业生开始选择进入体制。2022 年国家公务员考试报名人数首次突破 200 万，通过资格审查人数达212.3 万，较 2021 年多出 54.7 万，岗位平均竞争比约为 68：1，全部创国家公务员考试指标历史新高，也从侧面证明市场能够提供的让接受过高等教育的劳动力满意的优质岗位越来越少。这对提高我国发展模式的包容性也会带来巨大挑战。

三、政策举措

加快实施居民收入倍增计划。首先，要尽快制定居民收入"倍增"计划的总体目标、阶段性目标以及路线图。其次，要通过完善市场机制、产业政策和科技政策等，提高国民经济各部门生产力和经济效益，有效增加居民的工资性、经营性、财产性收入。最后，要调整和完善收入分配机制，显著而普遍地提高居民收入水平。在此进程中，需注意处理好政府、企业、居民的利益关系。实现国民收入倍增，有赖于企业提高效率和效益，有赖于政府科学合理地协调财富分配并加强医疗、住房、教育、养老等社会保障建设，也有赖于职工及其组织提高收入谈判能力。

坚持"房住不炒"方针，推动房地产行业良性循环。要坚持房子是用来住的、不是用来炒的定位，加强预期引导，探索新的发展模式，坚持租购并举，加快发展长租房市场，推进保障性住房建设，支持商品房市场更好地满足购房者的合理住房需求，因城施策，促进房地产业良性循环、健康发展。一方面，要通过改进和完善土地出让方式，以稳地价为宗旨，把房屋建筑的品质、配套建设和房屋定价作为招投标的核心，有效抑制土地市场的无序竞争，扭转土地市场需求信号失真状况。另一方面，要加快房地产税立法，关键是遵循税收基本原则、税收设立的基本目的和用途，顺应建设共同富裕社会方向，科学合理地设计房地产税的征收对象、纳税人、税基、税率及税收优惠等制度。

将居民的高质量就业作为未来发展模式的重点任务。首先，要从降低成本与增加融资等角度加大对中小微企业的支持力度，通过强化短期结构性调控举措，出台专门针对中小微企业的融资政策。其次，要对高科技企业进行精准扶持，选择有基础、有情怀、有潜力的高科技企业为"链头"，主动培育国内的供应商产业链。事实证明，类似于苹果、华为这样的高科技企业的绝大部分供应商企业都属于行业内部的优秀企业，能够提供的岗位也多是优质岗位。因此，在国外科技封锁我国产品体系的背景下，要继续加大对华为、大疆等具有全球竞争力企业的支持力度，专门制定以这些企业为"链头"的产业链、供应链发展规划，通过税收优惠、融资支持、成果奖励等措施鼓励这些"链头"企业主动培育和挖掘国内的供应商企业，不断增加我国能够提供优质岗位的企业主体数量。最后，要扩大城乡义务教育阶段教师和中西部地区公务员的招聘规模。与发达国家相比，我国义务教育阶段的师生比还明显偏低，未来需要进一步加大对义务教育的财政投入规模，加快中小学的建设速度，扩大教师的招聘规模。除此之外，考虑到双循环发展战略对中西部地区开发提出的较高要求，可以在公务员招录指标上向中西部地区予以较大幅度的倾斜，鼓励中西部地区根据自身情况和发展需要，招录更多特定专业的高校毕业生。

要点回看

◎ 作为发展过程与发展模式的直接结果，共同富裕程度与发展模式的质量和效率直接相关，而提高发展平衡性、协调性、包容性恰恰是提高发展模式质量和效率的根本前提。

◎ 发展的平衡性、协调性、包容性是高质量发展的必然要求，三者各有内涵且密切相关，共同组成了高质量发展模式的三大支柱。

◎ 由于我国的经济体制形成于经济转轨，在经济发展体制转变过程中涉及一系列重要关系的重新转变，这些重要关系转变的稳定程度直接决定了发展模式的平衡程度。

◎ 党的十八大以来，以习近平同志为核心的党中央，以高度的理论自觉和实践自觉，把生态文明建设纳入中国特色社会主义事业"五位一体"总体布局中，形成了习近平生态文明思想。

◎ 进一步提高发展的协调性是提高发展质量进而实现共同富裕的必然要求，针对区域协调发展、城乡协调发展、产业协调发展面临的问题，也应及时采取实质性的有效举措予以解决。

◎ 发展的包容性是从个体层面对发展模式提出的要求，强调发展成果能够公平地被个体所分享。某种程度上，促进发展模式的包容性既是中国特色社会主义本质要求的主要体现，也是实现共同富裕的必然路径。

推荐阅读

1.《中共中央国务院关于打赢脱贫攻坚战的决定》，人民出版社 2015 年版。

2. 习近平：《在深度贫困地区脱贫攻坚座谈会上的讲话》，人民出版社 2017 年版。

3. 习近平：《在决战决胜脱贫攻坚座谈会上的讲话》，人民出版社 2020 年版。

4. 习近平：《在全国抗击新冠肺炎疫情表彰大会上的讲话》，人民出版社 2020 年版。

5.《习近平关于社会主义生态文明建设论述摘编》，中央文献出版社 2017 年版。

6.《中共中央国务院关于全面加强生态环境保护坚决打好污染防治攻坚战的意见》，人民出版社 2018 年版。

固本强基：
促进基本公共服务
均等化

政府要从宏观层次和全局发展上配置重要资源，以保障基本公共服务为重点，组织提供社会和市民需要的公共产品和公共服务，弥补市场缺陷。

——习近平《在中央城市工作会议上的讲话》

生活过得好不好，人民群众最有发言权。要从人民群众普遍关注、反映强烈、反复出现的问题出发，拿出更多改革创新举措，把就业、教育、医疗、社保、住房、养老、食品安全、生态环境、社会治安等问题一个一个解决好，努力让人民群众的获得感成色更足、幸福感更可持续、安全感更有保障。

——习近平《在深圳经济特区建立40周年庆祝大会上的讲话》

要着力补齐民生短板，破解民生难题，兜牢民生底线，办好就业、教育、社保、医疗、养老、托幼、住房等民生实事，提高公共服务可及性和均等化水平。

——习近平《在参加十三届全国人大四次会议青海代表团审议时的讲话》

共同富裕是社会主义的本质要求，是中国式现代化的重要特征。中国式共同富裕是全体人民共同富裕，是一个不能少的共同富裕。必须清醒认识到，我国发展不平衡不充分问题仍然突出，城乡区域发展差距较大，突出表现在基本公共服务总量不足、质量偏低，均等化程度较差，难以满足人民群众日益增长的公共需求。全体人民奔向共同富裕，必须固本强基，加快提升基本公共服务均等化水平。

第九章 固本强基：促进基本公共服务均等化

新时代的基本公共服务均等化

科学内涵
☆强调的是机会均等
☆关注的是结果相对均等
☆是一种动态的、发展型的均等化
☆不是简单的平均化
☆并不排斥自由选择
☆是中国国情与国际原则有机融合的均等化

理论逻辑
☆贯彻新发展理念的题中应有之义
☆市场失灵的有效干预
☆公共财政的内在要求

战略意蕴
☆是对公民基本权利的保障
☆是矫正中国发展失衡的需要
☆是巩固脱贫成果的重要举措

促进基本公共服务均等化的路径

以基本公共服务理念引领政府职能转型
☆"缺位"的职能必须"到位"
☆"错位"的职能必须"正位"
☆"越位"的职能必须"退位"

建立科学严格的绩效考核制度
☆建立结果导向的评估体系
☆明确公共服务的对象
☆解决评估的主体问题
☆使用科学合理的评估方法

创新基本公共服务供给制度
☆构建多元化的供给体系
☆改革供给决策制度
☆防止过度市场化

建立促进基本公共服务的法律法规体系
☆研究制定基本公共服务均等化法
☆明确实施主体
☆保障资金来源
☆强化过程管理
☆规范决策参与机制
☆清理整合不利法律法规

政府间财权关系优化
☆健全地方税体系
☆优化中央和地方收入划分格局
☆提高财权治理法治水平
☆适度扩大地方税权

财税改革与基本公共服务均等化

政府间事权关系优化
☆科学划分不同层级政府间事权
☆强化中央财政事权履行责任
☆科学合理厘清省以下财政事权
☆动态调整中央与地方共同财政事权

转移支付优化
☆建立一般性转移支付稳定增长机制
☆规范压缩专项转移支付
☆建立健全"兄弟型"横向转移支付
☆完善转移支付监督机制

新时代的
基本公共服务均等化

　　基本公共服务是对公共经济学领域中公共产品理论的拓展和延伸，是指建立在一定社会共识基础上，由政府主导提供的，与经济社会发展水平和阶段相适应，旨在保障全体公民生存和发展基本需求的公共服务。[①]中国特色社会主义已进入新时代，提供均等化的基本公共服务是满足人民日益增长的美好生活需要、实现共同富裕的题中应有之义。

一、科学内涵

　　基本公共服务均等化，指全体公民都能公平可及地获得大致均等的基本公共服务，其核心是机会均等，而不是简单的平均化和无差异化。

　　基本公共服务均等化强调的是机会均等。机会均等是指全体社会成员作为社会契约的签订方，在接受（或拒绝）政府提供的某种服务上具有大致均等的机会。该原则保证所有社会成员在基本公共服务的分配上

[①] 　基本公共服务实际上解决的是在特定阶段应提供何种公共服务的问题。衡量公共服务是否属于基本公共服务可将以下几项指标作为判断依据：可获得性，即无论何时何地，无论哪个群体都能得到同质的服务；基础性，即这些服务是人类生存和发展的基础，和人类的基本人权密切相关；非歧视性，即所有国民都有资格享受同质的服务；普惠性，即提供服务的价格要使大多数人能够接受，公民不因所处的地理位置差异、所处的社会阶层不同、所拥有的财富多少而得到不同的服务。

起点公正，无人被排除在外，即保证社会的最大多数成员能够享受到政府提供的基本公共服务。对于一国国民而言，尽管每个人的天赋能力不同，所占有的资源也不尽相同，但在享受基本公共服务的机会方面应该是均等的。应当看到，无论是城乡之间，还是地区之间，我国都存在着一定程度的机会不均等，这种机会不均等正导致社会流动性逐步变差，社会阶层日益固化，极不利于共同富裕目标的实现。

基本公共服务均等化关注的是结果相对均等。基本公共服务实际上强调的是一种"底线服务"或"生存服务"，原则上保证"底线完全平等"，即"上不封顶，下要保底"，基本公共服务均等化最终体现为结果相对公正。一个国家的公民无论居住在哪个地区，都有平等享受国家最低标准基本公共服务的权利。换言之，每个公民，无论是失业还是就业，无论是身体健康还是身有疾患，无论是城市居民还是农村居民，无论是老人还是儿童，都应该享受最基本的生活保障、最基本的医疗保障和义务教育。基本公共服务的最低供给水平应该均等，所有地区和所有个人都应享受这一水平以上的公共服务。当然，强调基本公共服务均等化并不排除某一特殊群体享受更多的基本公共服务。

基本公共服务均等化是一种动态的、发展型的均等化。基本公共服务均等化理念是在中国经济社会大转折、大发展、大变迁的背景下提出的，是动态发展的，而不是一成不变的，必须充分考虑到基本公共服务的供给对于社会成员发展能力的培养和对于社会可持续发展的影响。随着中国特色社会主义进入新时代，经济社会发展水平提高，更多的公共服务将被纳入"基本"的范畴。这就要求设计出一套符合中国国情变化的基本公共服务体制，保证每个人都能享受到符合中国不同发展阶段的、动态的基本公共服务。

基本公共服务均等化不是简单的平均化。平均化是对公共资源进行单纯的份额等同的分配，是从实证角度出发的，既不讲效率也体现不了真正的公平。均等化并不是强调所有居民都享有完全一致、没有任何差异的基本公共服务，而是从基本人权角度出发，关注机会的均等和结果的相对均等。这种均等，不是绝对平均，而是确保全体人民公平分享经济社会发展成果。比如，城乡居民对基本公共服务的需求偏好是存在一定差异的，城市居民偏重于有利于发展的基本公共服务，而农村居民则更关心满足基本生产生活需要的公共服务。从这个角度看，城乡之间的公共服务供给存在差异是正常的，但这种差异要能为广大民众所接受。简而言之，这里的"均等化"是在承认地区、城乡、群体差别的前提下，保障所有居民都享有一定标准的基本公共服务。

基本公共服务均等化并不排斥自由选择。在提供大体均等的基本公共服务的过程中，尊重某些社会成员的自由选择权。当今社会是多元化社会，社会成员的需求千差万别，某些社会成员可能不愿意享受社会为之提供的公共服务，这是完全允许的，也是可以理解的，应该尊重这些社会成员的选择权。必须指出的是，尊重人民的自由选择权，与尊重人民享有基本公共服务均等化的权利并不矛盾。即使在"基本公共服务"的框架内，也应想方设法让老百姓有自由选择的空间，不能一讲基本公共服务均等化就否定人民的自由选择权。①

基本公共服务均等化是中国国情与国际原则有机融合的均等化。2021年，中国人均 GDP 突破 8 万元，按年平均汇率折算超过 12000 美元，接近高收入国家门槛，既面临诸多机遇，也遇到需求收缩、供给冲击、

① 常修泽：《中国现阶段基本公共服务均等化研究》，《中共天津市委党校学报》2007 年第 2 期。

预期转弱三重挑战。从国际经验来看，如果一个国家只重视"黄金式的发展"而不重视应对"凸显的矛盾"，这个国家的发展将很难持续长久。中国提供的基本公共服务不能脱离中国实际，在目前来讲只能是低水平的，保障人民基本权利，解决人民最关心、最迫切的生存和发展问题。而中国的基本公共服务均等化战略设计必须有世界眼光，应善于吸取他国成功经验，借鉴人类文明一切有益的成果来补充、完善中国的基本公共服务体系，两者是并行不悖的。

二、理论逻辑

基本公共服务联系着民心、民意，事关国家长治久安，是社会和谐的基础。基本公共服务均等化是人类文明发展的产物，是人类 20 世纪所建立的最重要的制度文明之一。从理论逻辑来看，实现基本公共服务均等化主要基于以下理由。

贯彻新发展理念的题中应有之义。新发展理念是以共享为根本目的的发展，是以人为本的发展，发展成效的好坏应以人的福利改善与否进行评判。如果国家发展的成果，只能由某些利益集团和社会精英分享，而不是全体人民共享，如果国家经济实力在提升，可是人民幸福感却在下降，这种发展显然不是我们所追求的发展。政治经济学理论中，社会主义生产的目的就是最大限度地满足人民群众日益增长的物质文化需要，尤其是与发展相关的公共服务需要。二战结束后，西方国家和亚洲新崛起的一些国家与地区，纷纷建立不同类型的公共服务体系，对实现均衡持续的发展起到了促进作用。作为社会主义国家，中国不可能实行西方"从摇篮到坟墓"的高福利模式，但完全有可能建立适合中国国情的发展型基本公共服务体系。通过发挥政府的主导作用，加大对社会公共服务的财政支持力度，逐步从补缺型福利走向普惠型福利，通过多种形式为社会成员提供适当的生活保障和福利服务，实现民众福利的最大化。这是中国共产党代表人民群众根本利益的重要体现，也是深化改革、稳定社会、安邦兴国的根本性战略。

市场失灵的有效干预。市场失灵的表现之一就是无法解决外部性问题。无论是教育、医疗还是社会保障都具有较强的外部性。社会福利体系是对市场失灵的有效干预，政府提供公共服务必须以维护社会公平、增进社会福利为唯一目标。以教育为例，对于个体而言，获得良好的教育不仅本人受益终身，整个家庭及国家也会随之受益。但囿于短视或其他原因，家庭对子女教育经常投入不足。如果全由市场配置教育资源，必然导致资源配置的不合理，效率低下，很难达到预期目标。可以说，现代政府的主要职责都应围绕满足民众的公共需求这一目标而展开。政府通过补贴等手段提供各种福利服务，为社会成员提供一个有效抵御市场风险的机制，既有助于促进社会公平与社会和谐，又能实现国民经济与国民福利的同步发展。基本的、均等化的公共服务对中国而言绝不是单纯的负担，而是长期有效的投资。

公共财政的内在要求。在市场经济条件下，政府的职能是弥补市场的缺陷，财政作为政府职能实现的物质保证，其存在和发展主要在于满足社会公共需要，因而市场经济条件下的财政称为公共财政。现代意义上的公共财政始于17世纪末的英国，直到1998年才进入国人视野，并成为中国财政改革转型的目标，其基本特征是公共性、公益性、法治性、非营利性。纵览世界各国，凡是实行公共财政体制的国家，其公共支出自然向公共服务领域倾斜，而非投向一般性经济建设项目，主要是为国民提供相应的社会福利。中国的公共财政在具体实践中仍具有较强的"中国特色"，财政支出中用于为民众提供公共福利的比重偏低，更多的财政支出是服务于政府短期目标而非民众的长期福祉。因而，基于公共财政要求，应突出政府提供教育、医疗卫生、社会保障等与民生直接相关的公共服务的职责，满足民众的发展型公共需求。

三、战略意蕴

为本国居民提供均等化的基本公共服务，是政府义不容辞的责任与义务。党的十九大报告提出，到 2035 年基本公共服务均等化基本实现，全体人民共同富裕迈出坚实步伐。"十四五"规划纲要进一步强调，提高基本公共服务均等化水平。

基本公共服务均等化是对公民基本权利的保障。基本公共服务均等化强调要满足全国人民最低水平的公共服务需求，保障人民基本权利的实现。世界组织对这些必须予以保障的基本权利有明确的规定。1976 年，联合国人权公约之一《经济、社会及文化权利国际公约》中规定的人权包括享受社会保障权、受教育权等。《世界人权宣言》指出，人人有权享受为维持本人和家属的健康和福利所需的生活水准，包括食物、衣着、住房、医疗和必要的社会服务；在遭到失业、疾病、残废、守寡、衰老或在其他不能控制的情形下丧失谋生能力时，有权享受保障。《2000 年人类发展报告》也提出，体面的生活水平、足够的营养、医疗以及其他社会和经济进步，不仅仅是发展的目标，也是与人的自由和尊严紧密相连的人权。这些基本权利，是不可或缺的，政府必须均等提供。

实现基本公共服务均等化是矫正中国发展失衡的需要。中国基本公共服务的非均等化主要表现为城乡之间的非均等化及区域之间的非均等化。城乡之间的基本公共服务非均等化已为公众所熟知，比如社会保障的城乡二元分割，在医疗服务方面，大量优质的医疗资源集中在城市尤其是大城市，农村居民面临的看病难、看病贵等问题虽然有所缓解，但与城市的差距依然较大。必须指出的是，中国区域之间的基本公共服务非均等化也比较严重。改革开放以后，中国经济发展格局发生重大变化，原有发展格局被打破，东部指向的非均衡梯度区域发展战略取代均衡发展的战略，形成优先发展的东部外向型经济区域、承东启西的中部过渡型经济区域和以开发资源为主的西部资源型经济区域三大经济地带。客观评价，这种发展战略对于中国综合国力的提升起到了不可低估的作用，但区域间发展的不平衡由此开始显现并逐步加大，进而导致在基本公共服务领域的差距同样十分明显。从不同群体来看，由于实行效率优先的发展战略，群体间收入差距仍在不断拉大，呈一种"非正态化"分布。不同收入群体对基本公共服务的需求是不同的，收入越低，对基本公共服务的需求越高。但基本公共服务短缺，使这部分中低收入群体的实际收入水平受到很大影响。因而，为城镇困难群体提供义务教育、医疗卫生和社会保障等基本公共服务，不仅可以直接缓解并缩小贫富差距，还可以通过提高他们的自身素质，提升其获取收入的能力，进而夯实共同富裕的物质基础。

基本公共服务均等化是巩固脱贫成果的重要举措。研究表明，在没有外部力量的干预下，贫困和不平等很容易在代际之间复制转移。提供均等化的基本公共服务，有助于避免贫困和不平等代际传递。联合国开发计划署提出，摆脱贫困陷阱要求相关国家在卫生保健、技术、教育和基础设施和良好的治理等方面跨过关键的门槛，从而实现可持续经济增长的起飞。更好的健康与教育状况既是人类发展的目标，也是可持续增长的前提，在人均收入取得实质性提高之前，卫生保健和教育能够而且应该取得巨大进步。① 通过提供均等化的基本公共服务，保证脱贫家庭享有基本医疗卫生和生活保障，子女接受必要的教育，有助于这些家庭实现永久性的脱贫，进一步缩小相对贫困差距。

---

① 联合国开发计划署：《2003 年人类发展报告》，《2003 年人类发展报告》翻译组译，中国财政经济出版社 2003 年版，第 18—19 页。

促进基本公共服务均等化的路径

基本公共服务均等化既是一个经济问题，也是一个政治问题，还是一个民生问题。进入新发展阶段，走中国式现代化新道路，实现共同富裕的目标倒逼中国促进基本公共服务均等化。实现基本公共服务均等化需要进行顶层设计，统筹考虑，"十四五"时期应重点在以下几个方面有所突破。

一、以基本公共服务理念引领政府职能转型

在公共服务供给中，政府发挥着关键性作用，这与其公共职能定位高度相关。政府如果不能充分体现民意，顺利进行职能转变，则公共服务体制很难建立和完善。毋庸置疑，中国政府的职能转变至今尚未完成，中国政府依然具有较强的"企业化""公司化"色彩，在公共服务领域的绩效并不令民众完全满意。

从世界范围看，政府在提供公共服务方面的作用越来越大。世界银行 1997 年的报告将政府的作用界定在两个方面：一是提供公共产品，弥补市场失灵、信息不对称的缺陷；二是保护穷人、提供社会保障、进行

再分配，以促进社会公平。^①关注民生，更好地为民生服务，促进基本公共服务均等化都离不开政府作用的发挥。作为促进基本公共服务均等化的主要承担者，传统"为增长而竞争"的政府模式显然已不适应要求，必须尽快进行转型。换句话说，公共服务型政府是促进基本公共服务均等化的关键所在。建设公共服务型政府，并不意味着扩大行政权力，强化公共服务职能，并不意味着集中资源，强化行政控制，而是要将无所不包的"万能政府"转变成有所为有所不为的"有限政府、有为政府"，其工作重点是创造良好发展环境、提供优质公共服务、维护社会公平正义。首先，"缺位"的职能必须"到位"。毋庸讳言，在公共服务领域，政府职能在许多方面是缺位的，目前的公共服务供给已不能满足全体居民的需要，离均等化的目标差距尚大，务必在下一步改革中"到位"，以均等化为导向，逐步建立起惠及全民、公平公正、水平适度、具有持续性的基本公共服务体系。其次，"错位"的职能必须"正位"。有些基层政府在事权无法转移的前提下，通过权力敛取不合理的收入以应对不合理的事权，使辖区居民承受与政府提供的公共服务不相称的负担，基层矛盾也因此频发。^②要按照权责一致原则，合理界定政府职能，理顺各层级政府之间的职责关系，解决好政府间的非对称性分权问题。再次，"越位"的职能必须"退位"。要管好政府"闲不住的手"，将不应由政府承担的事务转移出去，做到"政府的归政府，市场的归市场"，更好地发挥市场在资源配置中的决定性作用，更好地发挥政府在提供公共服务方面的主导作用。当前尤其需要加大对基本公共服务领域的财政投入力度，让公共财政阳光普照民众。

---

① 世界银行：《1997年世界发展报告：变革世界中的政府》，蔡秋生等译，中国财政经济出版社1997年版。

② 也可将政府的这种行为概括为"掠夺之手"或"攫取之手"。

二、创新基本公共服务供给制度

政府在提供基本公共服务方面应承担主要责任，但这并不意味着政府必须直接负责生产所有的公共产品。可以通过构建多元化的参与机制，让企业或第三方参与公共服务的生产，构建多元化的基本公共服务供给体系。

将市场机制引入基本公共服务供给领域，也就是在政府等公共组织承担供给责任的前提下，把市场激励机制和企业管理手段引入基本公共服务供给之中，构建政府引导与市场竞争相结合的新模式。从市场需求机制看，只要市场有获利机会存在，基本公共服务的市场供给就成为可能。从市场供给机制看，只要政府对私人提供基本公共服务给予必要的补贴及税收等方面的优惠政策，基本公共服务的市场供给也成为可能。这就要求：凡有赢利能力、市场能解决的基本公共服务供给，就要取消对私人资本进入的限制，通过市场的办法去解决；凡赢利能力太低、市场不能完全解决，但政府提供优惠政策后市场可以解决的农村基本公共服务供给，就要吸引、激励私人资本进入，尽量通过市场的办法去解决；凡不能赢利、市场不能解决的基本公共服务供给，也要引入市场机制，实行企业化管理，以降低成本、提高效率。

实践证明，群众的主体作用及其有效参与是推进经济社会发展，确保基本公共服务满足群众需求的重要保证。应尊重群众意愿，探索"自下而上"的基本公共服务供给模式。改革基本公共服务供给决策制度，建立"自下而上"的能够有效反映民众需求真实偏好的表达机制，鼓励民众参与基本公共服务供给决策过程，形成政府与民众共同决策和管理的模式，防止提供的公共服务偏离民众的需求。

以基本公共服务均等化推进城乡一体化发展

作为浙江省基本公共服务均等化改革唯一试点县，海盐县近年来以"城乡一体化"为载体，致力推进城乡均衡发展，积极在基本民生性服务、公共事业性服务等领域开展探索实践，构建了覆盖城乡、可持续发展的基本公共服务体系，城乡之间、群体之间、区域之间的差距显著缩小，有效助推了经济社会协调发展，率先在浙江省实现"七个率先""九个全覆盖"。即：率先实施城乡一体化失业保险制度，率先探索发展农村劳务合作社，率先建立基层首诊、分级诊疗和双向转诊制度，率先出台《关于在社会救助领域开展社会工作的实施办法》，率先实现文化"两员"全覆盖，率先研发和应用"县镇村"三级公共文化服务绩效评估系统，率先实现文化礼堂全覆盖；村级劳务合作社全覆盖，镇（街道）级特殊教育资源教室全覆盖，村（社区）级居家养老服务照料中心全覆盖，镇（街道）级食用农产品安全快速检测室全覆盖，公共交通站点服务半径 500 米全覆盖，街道公共自行车全覆盖，镇（街道）级环保站所全覆盖，村级生活污水入网排放全覆盖，行政村广播数字电视全覆盖。

当然，必须指出的是，目前在我国公共服务相关领域，无论是义务教育还是医疗卫生乃至社会保障都引入了市场机制，用价格进行配置。由此带来的好处是效率的提高，但同时也出现了民众获得公共服务不均等的情况。所以，在构建多元化基本公共服务供给体系的同时，要防止基本公共服务过度市场化，政府在此过程中必须独立公正，不能被市场所"俘虏"。

三、建立科学严格的绩效考核制度

考核指标体系的设置直接关系到政府行为的绩效，同时也决定政府行为的偏好。发展是硬道理被许多官员理解成 GDP 增长是硬道理，进而更延伸为了经济增长，其他因素如公共事业发展、生态环境保护等都可以为此让路。在这种导向下，基本公共服务均等化的目标又怎能实现？建立科学的绩效考核制度，要将传统的只问结果不管过程，转为评价政府官员所承担职能的实现程度以及所在地居民的满意程度。同时，将考核结果与政府官员的奖惩、职务升降密切结合起来，促使政府官员彻底将提供公共服务作为自身的首要工作。

从某种意义上说，中国改革开放的历史就是一部经济制度的创新史，因此，破解基本公共服务均等化这一世纪难题，同样需要进行制度创新与改进。在政府目标多元的情况下，过多地关注经济增长必然弱化政府提供公共服务的能力。之所以出现这种情况，则是与长期以来形成的干部考核机制密切相关。所以，建立促进基本公共服务均等化的绩效评估体系，并将基本公共服务指标细化纳入政府考核范围，变软约束为硬指标，是促进城乡基本公共服务均等化不可或缺的重要一环。

建立促进基本公共服务均等化的评估体系，最理想的模式是结果导向型的，即根据政府提供公共服务的结果，而不是根据预研究或政府行政的过程来判断政府公共服务的绩效。它能有机地根据政府行为的结果来反馈、回应政府行为本身，进而保证政府做正确的事情、按正确的流程做事和把事情做正确。也就是说，以结果为导向的公共服务评估体系引导政府提供的公共服务要以民生为本，以满足最大多数人民的利益为本，以促进城乡之间、地区之间的基本公共服务均等化为本。建立结果导向的公共服务评估体系，必须重点处理好以下几个问题：

第一，明确公共服务的对象，即解决到底为谁服务的问题。著名学者戴维·奥斯本指出，"大多数美国政府都是顾客盲"，不知自己的行政顾客是谁，这并非美国特有的现象，其他国家都有不同程度的表现。

在中国的行政部门中，长期以来奉行的是一种"对上负责"的观念，这说明政府工作人员并不十分清楚自己的服务对象。试想，提供服务的人如果对自己的服务对象都不了解，又怎能提供高质量、高效率的服务呢？发达国家强调公共服务必须努力使公民满意，务必用较少的资金和其他资源提供更多、更好的服务，使公民得到更多的利益和实惠。针对传统政府"投入导向"产生的弊端，引入"结果导向"，关注政府提供的最终产品，评估政府的行为是否符合"三E"原则，即经济（Economy）、效率（Efficiency）、效益（Effectiveness）是否符合并实现了政府既定的管理目标。结合中国实际，建立结果导向的公共服务评估体系，首要的是政府人员要转变观念，增强使命感，将为最大多数人民提供公共服务、公共产品作为最大的政绩，时刻为人民群众的利益着想，并将这种观念上升到组织文化的层面上来，成为每一个工作人员的价值取向和自觉行动。

第二，解决评估的主体问题，即由谁来做出评估。以往中国政府的绩效考核评估归属组织部门，这些考核实际上是对干部的考核，而不是对政府职能的考核，这种考核对于促进政府提高公共服务能力的作用非常有限。以结果为导向进行公共服务评估，应建立一种由政府、研究部门和媒体（公众）组成的三元评估机制。政府是公共服务的主要提供者，是主要的信息来源；研究机构和媒体则相对中立，研究机构负责提供评估的方法和出具评估的结果；媒体则代表公众，成为公众、政府部门和研究机构的沟通渠道，当然它们也有自己独立的判断标准。在目前情况下，由这三方共同完成对公共服务的评估是一种较为可行的选择。

第三，使用科学合理的评估方法，建立高效的沟通反馈机制。为实现以结果为导向的公共服务评估体系的效果，应专门设立一套评估公共服务的模型，合理设计评估的指标和权重，注重评估的可操作性。坚持定量分析和定性分析相结合的评估方法，单纯的定性分析容易产生偏差，而单纯的定量分析无法为改进公共服务提供有效的评估意见。英国所实行的公共服务评估体系既包括对中央政府各部门的评估，也包括对地方政府和具体项目的评估。在对项目的具体评估方面，则设立了对公共服务项目的技术方案、经济性、有效性、社会影响等一系列指标的评估。比如，在评估政府提供公共服务的社会效益方面，要考虑到政府活动的阶段性社会矛盾调解功效、政府活动的长远效应、政府部门行政活动的互补性效应等因素。与此同时，要建立一套有效的信息沟通和反馈机制，对评估体系进行定期检查和修改。没有通畅的信息沟通与交流，评估的结果也就没有任何意义，结果导向的评估体系的最终目的是改善政府的公共服务，通过沟通与交流，不断审视评估体系，不断对其进行修正，从而充分发挥评估体系的真正作用。

四、建立促进基本公共服务的法律法规体系

基本公共服务投入不足、结构失衡及效益不高不仅与社会经济发展水平相关，也与缺乏可靠的法律法规体系以及财政投入及其管理体制不健全直接相关。因此，必须建立促进基本公共服务均等化的政策法规体系，形成统一的政策平台并互动发展。从理论上讲，法律法规是一种应由政府提供的"公共产品"，也是一种政府应为民众提供的"公共服务"。

作为公共机构的政府，促进基本公共服务均等化不仅是其道义性义务，而且是其法定性义务。中国基本公共服务供给不足且不均衡的一个重要原因是缺乏可靠稳定的制度保障。为此，应加快基本公共服务均等化的法治体系建设，推进符合中国国情的基本公共服务相关立法，研究

281

制定基本公共服务均等化法，从法律上规范基本公共服务提供主体，建立相关主体的责任追究机制，以便使每一个环节切实落实均等化措施，确保广大人民群众在享有基本公共服务方面权利平等。基本公共服务均等化法至少应包含以下几个方面的内容：

一是基本公共服务实施主体问题。即基本公共服务应当采取市场竞争的方式来提供还是完全由政府提供，如果允许市场主体进入基本公共服务领域，应当采取什么措施保障市场主体在基本公共服务提供上的平等性，从资源配置上确保广大人民群众在享有基本公共服务方面效果均等。

二是政府提供基本公共服务的资金来源问题。规范基本公共服务均等化的财政投入体制，从财政投入上确保广大人民群众在享有基本公共服务方面资源均等。应着眼统筹城乡、区域发展，缩小不同群体之间享受基本公共服务的差距，采取转移支付等方式，同时相应调整政府间的财力与事权配置，提高落后地区及基层政府提供基本公共服务的能力，以保障全国不同地区的政府提供基本公共服务的能力大体相等。

三是强化促进基本公共服务均等化的过程管理。重点解决政府等主体提供基本公共服务后，如何保障全体社会成员都能享受到这一服务的问题。在具体实施过程中，不同领域的公共服务运营方式存在巨大差异，比如社会保障资金的管理和使用办法、基本义务教育的实施办法、公共交通的管理办法等存在很大的差异，在基本法中只能作出一些原则性规定，具体措施还须留待各个领域的专门立法中作出规定，以便保障全体人民能够均等地享受基本公共服务。

四是规范基本公共服务均等化的决策参与机制。对于这一问题应当着重考虑如何保障社会公众对基本公共服务的知情权，如何设计一定的程序来保障公众参与基本公共服务建设的决策和监督，从决策参与上确保广大人民群众在享有基本公共服务方面机会均等。

五是清理整合不利于基本公共服务均等化的法律法规。出台具有权威性、强制性的基本公共服务法律法规体系，加强对现有法律法规的清理，及时调整不合时宜的法律法规内容。规范立法行为，避免形成新的部门利益或者固化现有非均等化格局。借鉴国际经验，不断提高立法质量，适应社会动态发展需要，适度增加法律法规的供给量，为促进基本公共服务均等化提供动力支持。

财税改革与基本公共服务均等化

习近平总书记在党的十八届三中全会上指出："加快形成有利于转变经济发展方式、有利于建立公平统一市场、有利于推进基本公共服务均等化的现代财政制度，形成中央和地方财力与事权相匹配的财税体制，更好发挥中央和地方两个积极性。"[①] "十四五"时期，应以基本公共服务均等化为导向改革公共财政体制，实现财力与事权相匹配，从"激励型"财政体制转向"均等化型"财政体制。

一、政府间事权关系优化

科学划分不同层级政府间事权。理论上，事权划分是理顺政府间财政关系的前提和基础，也是促进基本公共服务均等化的逻辑起点和前置条件。从大部分国家的实践看，世界上多层级大国多按照外部性、信息复杂性及激励相容性划分政府间财政事权。其一，外部性。政府提供的公共产品具有外部性，这种外部性存在受益或影响范围的差异，从而可能存在最适度的事权分布。体现一国主权、受益范围覆盖全国的公共产品如国防、外交等由中央政府承担成本最优，以特定区域民众为服务对

象的公共服务如消防、治安等则由地方政府负责效果最佳，横跨多个区域的公共服务如生态环境保护等一般由中央政府和地方政府共同负责。其二，信息复杂性。有些公共服务获取基本信息相对容易，有些公共服务的信息获取则复杂得多，因此，信息获取难度大、处理越复杂的公共服务事项赋权地方政府来单独提供效果更好。其三，激励相容性。科学合理的事权划分应体现权责匹配，应有助于调动各级政府主动履责的积极性，避免地方政府为追求辖区局部利益而损害其他地区利益或国家利益的行为，总的目标是力求总体利益的最大化。

强化中央财政事权履行责任。作为世界上人口最多的单一制国家，发展不平衡不充分仍是我国社会主要矛盾，在促进基本公共服务均等化、实现共同富裕方面，中央理应承担更多责任。"十四五"时期应坚持以人民为中心，国防、外交、国家安全、出入境管理、全国性重大传染病防治、反垄断和知识产权保护、全国性战略性自然资源使用和保护等，应上划为中央财政事权或中央财政承担更多支出责任。

科学合理厘清省以下财政事权。省级政府处于中央与地方关系承上启下的重要关节点。省域财政事权划分应在国家统一制度框架内，有针对性地加强辖区内事务管理和统筹协调，把该管的事情真正承担起来。省级政府应紧扣省域实际，可比照中央政府的做法，按照外部性、信息复杂程度及激励相容原则，合理划分省以下地市及县、乡镇之间的财政事权和支出责任。总的原则是，厘清省级政府在促进辖区经济发展、保持辖区社会稳定、推进辖区基本公共服务均等化等方面的职责，更高一级政府承担绩效更好的基本公共服务职能应上移，体现效率和公平导向。赋予地方政府充分自主权，将那些直接面向基层、与当地居民工作生活密切相关、地方提供更便捷有效的基本公共服务，如社会治安、社会救助、城乡社区事务、市政交通等，确定为地方的财政事权，确保基本公共服务受益范围与地方政府管辖区域保持一致，充分发挥出基层政府贴近民众、在获取信息方面的优势，更好地满足辖区民众日益增长的基本公共服务和高品质生活需求。

动态调整中央与地方共同财政事权。"十四五"时期应完善财政事权划分动态调整机制，将对其他区域影响较大的公共服务，如创新研发、高等教育、公共文化、基本养老保险、基本医疗和公共卫生、城乡居民基本医疗保险、跨省（区、市）重大基础设施项目建设等体现国家中长期发展战略意图、跨省（区、市）且具有地域管理信息优势的基本公共服务，确定为中央与地方共同财政事权。等各方面条件成熟时，可将全国范围内环境质量监测和对全国生态具有基础性、战略性作用的生态环境保护等基本公共服务，也上划为中央承担的财政事权。随着经济社会的发展，对新增及尚未明确划分的基本公共服务，应综合权衡考虑，根据经济社会发展需求及改革进展，按照外部性、信息复杂程度及激励相容原则予以合理划分。

二、政府间财权关系优化

"财者为国之命，而万事之本。国之所以存亡，事之所以成败，常必由之。"[1] 意即任何一个国家，如果财源丰茂，则国家兴旺昌盛；如果财源枯竭，必将国不成国。说明任何社会只有在一定的财政支撑之下才能生存和发展。当各级政府的事权责任与支出范围合理划分之后，政府间的税收划分就成为保证基本公共服务均等化的重要因素。

---

[1] 苏辙：《苏辙散文全集》，今日中国出版社1996年版，第120页。

健全地方税体系。按照党的十九届五中全会精神要求，健全优化地方税体系。在已实施的城镇土地使用税、车船税、耕地占用税、契税、烟叶税、土地增值税等归属地方税的基础上，继续扩大地方税税种。配合实现基本公共服务均等化、全体人民奔向共同富裕的新发展要求，在"十四五"时期抓紧培育地方支柱性财源，可在试点的基础上全面开征房地产税。鉴于房地产税税基的不可移动性，应将其培育成为地方税收收入的主体税种，基于"蒂伯特模型"，从长远看，房地产税将激励地方政府改善辖区环境，为辖区居民提供更好的基本公共服务。

优化中央和地方收入划分格局。总的原则是，在保持中央和地方财力格局总体稳定的前提下，将税基流动性强、税基分布不均衡、收入波动较大、具有较强再分配作用的税种划为中央税，或中央占更高的分成比例；将税基相对稳定、具有明显受益性、地方掌握信息比较充分且对全国宏观经济运行不产生直接重大影响的税种，划为地方税，或地方占更高的分成比例。许多县乡政府有责无权，有责无财，无法提供必要的公共服务。应以缓解基层政府财力困境，保障基层政府稳定运转为导向，合理划分省以下收入，力争到"十四五"末期形成具有中国特色的共享税为主、专享税为辅，共享税分成合理、专享税划分科学的中央和地方收入划分体系。

提高财权治理法治化水平。按照《贯彻落实税收法定原则的实施意见》要求，"十四五"时期应将税收法定原则落实到位，所有新开征税种，一律由法律进行规范。抓紧将现行由国务院行政法规规范的税种上升为由法律规范，同时废止有关税收条例。

适度扩大地方税权。地方税收管理权限主要集中在省级，可在中央统一立法和税种开征权的前提下，根据税种属性，通过立法授权，适度扩大省级税收管理权限，调动地方政府工作的积极性。

三、转移支付优化

从国外实践和国内经验来看，财政转移支付将是实现基本公共服务均等化不可或缺的重要手段。国际通行的转移支付方式有两种，一般性转移支付与专项转移支付。一般性转移支付的目的在于缩小地区间财力差距，增强其提供公共服务的能力；专项转移支付的目的则在于实现中央政府的某些特殊政策意图。

建立一般性转移支付稳定增长机制。针对纵向间财力不平衡，必须增加地方政府可自主支配的财力，更好发挥地方政府贴近基层、就近管理的优势，从而有利于基本公共服务均等化目标的实现。中央应按照新发展阶段各地区实际的财政困难变化情况，动态调整相应的转移支付系数，提高转移支付资金分配的科学性、精准性与公平性，将更多均衡性转移支付资金向财政压力较大的革命老区、民族地区、边疆地区、脱贫地区等倾斜。切实增强财政困难地区兜底能力，支持逐步缩小这些地区人均财力与全国平均水平的差距，制定地方基本公共服务均等化支出标准及财政保障能力指标体系，稳步提升不同区域之间的基本公共服务均等化水平。尤其要注重提升县乡政府提供基本公共服务的能力，引导"财力下沉"，加大省对下转移支付力度，促进省内基本公共服务均等化。

规范压缩专项转移支付。根据经济社会发展变化情况，清理、整合、归并专项转移支付，严控新增专项转移支付项目。逐步清理直接面向市场主体、竞争性领域的项目，将应属于中央事权范围内的专项财政转移支付调整至中央政府本级支出，对公益性较强的关系到国家长远竞争力的基础性、前沿性创新研究专项，逐步将支出责任上收至中央。"十四五"

时期要改进专项转移支付分配办法，合理制定基本公共服务保障基础标准、分配程序，提升转移支付促进基本公共服务均等化的效果。取消对地方政府专项转移支付配套资金的要求，除按规定应由中央和地方共同承担的事项外，中央在安排专项转移支付时，不应再要求地方相应配套资金。

建立健全"兄弟型"横向转移支付。20世纪90年代东西德统一后，为缩小东西德经济社会发展差距，德国建立了横向转移支付制度。在对全国各州事权和财力进行科学测算的基础上，经济发达州（主要在原西德地区）向原东德地区欠发达州进行横向的转移支付，这一举措有效缩小了各州巨大的发展鸿沟，促进了基本公共服务均等化，对增强德国的民族凝聚力功不可没。作为单一制社会主义国家，我国在横向转移支付方面可借鉴德国经验，结合我国已有的对口帮扶西藏、新疆等地实践成果，在测算各省（区、市）事权财力差距的基础上，从发达地区适当汲取部分财力直接帮扶欠发达地区，形成符合我国国情的横向转移支付制度，增强欠发达地区的基本公共服务保障能力。

完善转移支付监督机制。为提高转移支付管理的科学性、规范性及有效性，高质量的绩效考核和监督不可或缺。应通过对地方政府预决算的审查和预算执行的监督来实现对一般性转移支付的监督。加强专项转移支付项目库建设，建立从项目立项审查、项目跟踪督办到项目评估、验收考核的全过程监督管理，杜绝转移支付实施过程中出现的"跑部钱进"和"撒胡椒面"现象。从长远看，应研究制定政府间财政关系基本法，通过法律法规明确转移支付的规则，保障转移支付的实施效果。

要点回看

◎　基本公共服务均等化理念是在中国经济社会大转折、大发展、大变迁的背景下提出的，是动态发展的，而不是一成不变的，必须充分考虑到基本公共服务的供给对于社会成员发展能力的培养和对于社会可持续发展的影响。

◎　如果国家发展的成果，只能由某些利益集团和社会精英分享，而不是全体人民共享，如果国家经济实力在提升，可是人民幸福感却在下降，这种发展显然不是我们所追求的发展。

◎　建设公共服务型政府，并不意味着扩大行政权力，强化公共服务职能，并不意味着集中资源，强化行政控制，而是要将无所不包的"万能政府"转变成有所为有所不为的"有限政府、有为政府"。

◎　建立促进基本公共服务均等化的评估体系，最理想的模式是结果导向型的，即根据政府提供公共服务的结果，而不是根据预研究或政府行政的过程来判断政府公共服务的绩效。它能有机地根据政府行为的结果来反馈、回应政府行为本身，进而保证政府做正确的事情、按正确的流程做事和把事情做正确。

◎　随着经济社会的发展，对新增及尚未明确划分的基本公共服务，应综合权衡考虑，根据经济社会发展需求及改革进展，按照外部性、信息复杂程度及激励相容原则予以合理划分。

推荐阅读

---

1. 习近平：《摆脱贫困》，福建人民出版社1992年版。

2. 《习近平关于社会主义社会建设论述摘编》，中央文献出版社2017年版。

3. 习近平：《关于全面建成小康社会补短板问题》，《求是》2020年第11期。

4. 习近平：《在教育文化卫生体育领域专家代表座谈会上的讲话》，人民出版社2020年版。

积极扩群：扩大中等收入群体规模

中等收入群体作为经济发展的稳定受益者，他们对社会秩序和主流价值观认同感较强，比较理性务实，一般不希望看到既定社会秩序受到破坏，对社会能起到稳定器作用。维护社会和谐稳定、国家长治久安，必须逐步减少低收入群体比重、扩大中等收入群体比重，必须坚持先富帮后富、逐步实现全体人民共同富裕。

——习近平《在中央财经领导小组第十三次会议上的讲话》

要把扩大中等收入群体规模作为重要政策目标，优化收入分配结构，健全知识、技术、管理、数据等生产要素由市场评价贡献、按贡献决定报酬的机制。要扩大人力资本投入，使更多普通劳动者通过自身努力进入中等收入群体。

——习近平《在中央财经委员会第七次会议上的讲话》

中国有 14 亿多人口和 4 亿以上中等收入群体，每年进口商品和服务约 2.5 万亿美元，市场规模巨大。

——习近平《在第四届中国国际进口博览会开幕式上的主旨演讲》

习近平总书记指出："扩大中等收入群体，关系全面建成小康社会目标的实现，是转方式调结构的必然要求，是维护社会和谐稳定、国家长治久安的必然要求。"① 扩大中等收入群体对于一国经济社会持续稳定发展和缩小收入差距有着重要意义。只有在一部分人先富起来的基础上，扩大中等收入群体规模，让大部分人进入中等收入行列，才能实现全社会共同富裕的目标。

---

① 《习近平谈治国理政》第 2 卷，外文出版社 2017 年版，第 369 页。

第十章 积极扩群：扩大中等收入群体规模

中等收入群体的内涵和特征

内涵

☆一个地域在一定时期内收入水平处于中等区间范围内的所有人员组成的集体

☆我国中等收入群体规模较大，但比重偏低，尚未形成橄榄型社会分配格局

特征

☆具有较为稳定的收入、较强的消费能力，受过良好的教育，多从事专业性较强的工作，是经济社会发展的主要依托力量

☆我国中等收入群体总体上属于第三产业的职业，其次为第二产业的生产及运输工人，再次为农林牧渔业劳动者

☆我国中等收入群体有三个特征：一是中等收入群体的比重滞后于经济发展水平；二是东部沿海地区中等收入群体规模攀升，西部地区则出现比例缩小现象；三是中等收入群体主要集中在城市

扩大中等收入群体规模事关实现共同富裕

☆是扎实推动共同富裕的重要内容

☆是实现经济循环发展的需要

☆是跨越"中等收入陷阱"的需要

☆是推动国民经济持续增长的需要

☆是实现经济社会稳定发展的需要

☆是实现现代化发展的必然趋势

精准推动更多人群迈入中等收入行列

精准识别潜在能够迈入中等收入行列的人群

☆新毕业的大学毕业生

☆城镇产业工人

☆初创小微企业主

☆自由职业者

☆进城务工人员

☆城镇失业人员

☆基层公务员和基层企事业单位职工

着力解决影响低收入人群迈入中等收入行列的问题

☆住房　☆收入

☆就业　☆社保

☆培训

扩大中等收入群体规模的政策保障

☆坚定不移落实党中央精神

☆在做大"蛋糕"基础上分好"蛋糕"

☆加大力度保护公民财产权

☆加快推进收入分配制度改革

☆努力让更多群众拥有财产性收入

☆严厉打击各种非法攫取财产的犯罪行为

中等收入群体的
内涵和特征

一、中等收入群体的内涵

中等收入群体是一个地域在一定时期内收入水平处于中等区间范围内的所有人员组成的集体。一般而言，人们习惯将社会收入分层结构划分为低收入群体、中等收入群体和高收入群体。三个群体的比重，决定了社会分配结构。橄榄型社会分配结构的典型特征，是中等收入群体比重较大，这种社会分配结构，对于经济社会高质量发展具有重要支撑作用。判断社会分配格局的关键依据，是中等收入群体比重，只有明确界定中等收入群体的标准，才能准确刻画社会分配格局。然而，国内外关于中等收入群体并没有权威的界定标准，在收入标准确定的情况下，基于不同标准估算出的中等收入群体规模和比重会有很大差别。

中等收入群体的界定标准可以分为两类：一类是基于"绝对标准"界定，即通过确定收入水平或消费水平的上下阈值来界定中等收入群体；另一类是基于"相对标准"界定，即通过设定收入中位数的上下浮动比例确定中等收入群体。

使用绝对标准界定中等收入群体，比较有影响力的研究包括：世界银行经济学家米兰诺维克和伊扎基 2002 年将人均每天收入 10—50 美元作为中等收入群体的划分标准；美国皮尤研究中心 2015 年基于购买力平价换算，将人均每天收入 10—20 美元的人群界定为中等收入群体；国家发改委课题组以家庭人均年收入 2.2 万元至 6.5 万元作为中等收入区间，估算出我国 2010 年城镇居民中等收入群体比例为 37%；一些学者以家庭人均年收入在 3.5 万元到 12 万元作为中等收入区间，估算出 2012 年全国中等收入群体比重为 17.9%；国家统计局把家庭年收入在 10 万元到 50 万元之间的群体定义为中等收入家庭，据此估算出 2018 年我国中等收入群体约占总人口的 28%，这也是目前经常提及的我国拥有 4 亿中等收入人口的数据来源。使用绝对标准界定中等收入群体，不同标准下的临界值差异较大，即使用同一标准，高收入国家的中等收入群体比重也会远高于中低收入国家。更重要的是，随着居民收入增长，即便收入分配状况恶化，也可能导致中等收入群体比重提高，即绝对标准难以评价收入分配状况。

使用相对标准界定中等收入群体，比较有影响力的研究包括：格拉姆等以人均收入中位数的 125% 和 75% 作为划分中等收入群体的上下限；一些学者采用收入中位数的 67% 至 200% 作为中等收入群体划分标准，据此标准，2018 年我国中等收入群体比重约为 29.4%；也有些学者使用收入中位数的 75%—200% 定义中等收入群体，那么近年来我国中等收入群体比重维持在 40% 左右。使用相对标准界定中等收入群体，克服了绝对标准不能度量收入差距的缺陷，也是在中等收入群体国际比较时常用的界定标准。即便一个国家收入处于增长，如果该国收入分配状况恶化，也可能导致中等收入群体比重降低。

从国际比较来看，我国中等收入群体规模较大，但比重偏低，尚未形成橄榄型社会分配格局。基于相对标准，以欧盟成员国居民收入中位数的 60%—200% 作为中等收入群体划分标准，2018 年我国中等收入群体人数为 3.44 亿，比重为 24.7%。在规模上，我国中等收入群体规模巨大，约为美国的 2 倍；但在比重上，我国中等收入群体比重偏低，英国、德国、法国、挪威、加拿大等国家约为 70%，韩国、日本等国家约为 60%，美国约为 56%。

二、我国中等收入群体的特征

中等收入群体规模反映了一个国家和地区社会结构的健康程度。中等收入群体比重高的国家或地区，大多数是稳定的、积极的、向上的。一个以中等收入群体为主体的橄榄型社会结构，是一个摆脱贫困、免于贫穷、实现了小康生活、生活不断宽裕的社会；是一个收入增长稳定、基本公共服务得到保障，不同地区、不同个体间生活质量总体相似，居民间、城乡间和地区间差距不大的社会；是一个免于恐惧、诚信友善、公平正义、享有尊严、精神富有的社会。显然，这样的社会结构有赖于中等收入群体的相对规模占了社会主体的大多数，这样的结构一旦形成，不仅经济的稳定性较好，社会和谐程度也将大大提高。[1]

中等收入群体有哪些特征呢？一般可以归纳为以下几个方面：教育背景通常比较好；有基本的经济基础和创业知识；比较富有，愿意在相对约束但不是完全约束下发展；对经济发展具有拉动效应，可以带动贫困人口就业；易于形成专家、职业群体；有部分固定资产。根据这些特征，可以基本得出判断，中等收入群体首先是一个生活质量的概念，其次才是一个收入分配的概念；它不仅是一个反映城乡结构的概念，还是

---

[1] 潘毅刚：《中等收入群体是个什么群体？》，《浙江经济》2021 年第 9 期。

一个反映社会职业结构的概念，同时还是一个具有国别的概念。总的来看，中等收入群体通常是指一个经济体中收入达到中等水平、生活较为宽裕的群体。这个群体具有较为稳定的收入、较强的消费能力，受过良好的教育，多从事专业性较强的工作，是经济社会发展的主要依托力量。可见，中等收入群体不再是一个根据"收入"的单一指标可以准确定义、说明和描述的概念，而是一个包括收入水平、生活质量、职业、国民素质、收入分配制度和社会结构特征的综合指标的概念。

我国中等收入群体还有一些国别特征。从职业类型看，我国中等收入群体总体上属于第三产业的职业，包括机构单位负责人、专业技术人员、办事人员、商业服务业人员，约占就业人口的 50%。其次为第二产业的生产及运输工人（约占 28.1%），再次为农林牧渔业劳动者（约占 21.3%）。从结构看，我国中等收入群体有三个特征。一是中等收入群体的比重滞后于经济发展水平。我国 GDP 总量已居世界第二，但人均 GDP 的绝对值仅达到美、英、德、法等发达国家 20 世纪 70 年代末的水平，按照 1975 年美国劳工统计局计算中等收入群体的测量标准，当时美国中等收入群体比例为 70% 以上，远高于我国目前水平。二是东部沿海地区中等收入群体规模攀升，西部地区则出现比例缩小现象。中国人民大学的调研显示，2005—2013 年，按照收入衡量的东部中等收入群体占比从 53.30% 上升到 66.65%，同期西部则从 21.23% 下降到 14.37%。三是中等收入群体主要集中在城市。2012 年我国的职业中产阶层在城市中占比为 35.74%，在农村占比仅为 3.93%，前者为后者的 9 倍以上。户籍制度阻碍着中等收入群体的扩大，成为阻碍劳动力和人才流动的重大障碍。农民工仍然是循环于城乡之间的流动群体，难以融入城市居民群体。

扩大中等收入群体规模
事关实现共同富裕

在扎实推动共同富裕的道路上，"迈出坚实步伐""取得实质进展"的一个显著的数量化标志是"扩大中等收入群体比重"。扩大中等收入群体对维护社会稳定和谐和国家长治久安、构建新发展格局都具有重要战略意义，对推进共同富裕也意义非凡。

扩大中等收入群体是扎实推动共同富裕的重要内容。改革开放后，我们党深刻总结正反两方面历史经验，认识到贫穷不是社会主义，打破传统体制束缚，允许一部分人、一部分地区先富起来，推动解放和发展社会生产力。党的十八大以来，党中央把逐步实现全体人民共同富裕摆在更加重要的位置上，采取有力措施保障和改善民生，打赢脱贫攻坚战，全面建成小康社会，为促进共同富裕创造了良好条件。党的十九大对第二个百年奋斗目标作出"两个阶段"战略安排，第一阶段实现"人民生活更为宽裕，中等收入群体比例明显提高，城乡区域发展差距和居民生活水平差距显著缩小，基本公共服务均等化基本实现，全体人民共同富裕迈出坚实步伐"，第二阶段"全体人民共同富裕基本实现"。[1] 党的

---

[1] 《中国共产党第十九次全国代表大会文件汇编》，人民出版社 2017 年版，第 23 页。

十九届五中全会决议首次将"人的全面发展、全体人民共同富裕取得更为明显的实质性进展"的表述作为到 2035 年基本实现社会主义现代化远景目标的重要内容，同时提出"中等收入群体显著扩大"的目标要求。[①]中央财经委员会第十次会议就扎实促进共同富裕的现实基础、重大意义、基本原则、要求条件等作出重要部署，强调要"扩大中等收入群体比重，增加低收入群体收入，合理调节高收入，取缔非法收入，形成中间大、两头小的橄榄型分配结构"[②]。由此可见，"扩大中等收入群体"是扎实推动共同富裕的必要条件。

扩大中等收入群体是实现经济循环发展的需要。扩大中等收入群体规模成为战略任务是因为其契合了经济运行的内在逻辑。经济运行的逻辑主要是"循环"，循环的要义是供给与需求相匹配，有人愿意生产，有人能够消费。中等收入群体恰恰是连接生产与消费、供给与需求的关键环节、关键主体。如果一个经济体运行过程中，生产出来的产品，总是有那么一个庞大的群体能够消费，这个庞大的群体又恰恰是生产中的参与主体，能从中获得可支撑消费的收入，有效的供需循环就自然顺畅起来了。当前，在我国着力构建以国内大循环为主体、国内国际双循环相互促进的新发展格局背景下，扩大中等收入群体恰恰是实现这一战略循环的关键所在。只要有了足够规模、消费力强的中等收入群体，国内循环就必然成为经济循环的主循环，国际循环中也就不容易受制于人，并因为有规模庞大且有质量的消费市场，在国际竞争中将处于话语权主导的一方。同时，以中等收入群体为主体的国家，总体而言在教育水平、生活状况、创新能力上都是较强的，这也会进一步改变国家经济发展的

---

① 《中国共产党第十九届中央委员会第五次全体会议文件汇编》，人民出版社 2020 年版，第 23 页。

② 习近平：《扎实推动共同富裕》，《求是》2021 年第 20 期。

要素禀赋和竞争优势。

扩大中等收入群体是跨越"中等收入陷阱"的需要。当前，我国中等收入群体超过4亿人，"十四五"时期是我国迈向高收入国家的关键时期。能否跨越"中等收入陷阱"，是摆在实现共同富裕目标面前的重要考题。"中等收入陷阱"的概念出自世界银行2006年发布的《东亚经济发展报告》。这一概念有理论性定义和量化定义两种，其理论性定义的基本表述是：鲜有中等收入的经济体成功地跻身高收入国家，这些国家往往陷入了经济增长的停滞期，既无法在人力成本方面与低收入国家竞争，又无法在尖端技术研制方面与富裕国家竞争。量化定义认为，中等收入国家是个动态性的概念，在不同时期有不同评价标准。2021年世界银行的标准显示，人均国民总收入超过12695美元为高收入国家，在4096—12695美元之间为中高收入国家。2021年我国人均国民总收入为12441美元，已处于中高收入国家前列。从历史数据看，人均收入在1.2万美元左右徘徊，却很难突破这个水平，是一些国家陷入"中等收入陷阱"的典型表现。从国际社会看，"中等收入陷阱"并不是一个新奇的经济社会现象。世界银行和国务院发展研究中心在题为《2030年的中国：建设现代、和谐、有创造力的社会》的报告中指出，在1960年的101个中等收入经济体中，到2008年只有13个成为高收入经济体，87%的中等收入经济体在将近50年的时间里，都无法成功跨越"中等收入陷阱"而进入高收入阶段。"中等收入陷阱"主要存在于经济领域，涉及经济政策，但也属于社会问题，涉及社会保障政策。陷入"中等收入陷阱"的一个重要变量就是收入差距过大，没有形成足够规模且稳定的中等收入群体。当前，我国正处于从中高收入国家迈向高收入国家的关键期，只有让大部分人进入中等收入行列，才能消除贫富不均，真正藏富于民，跨越"中等收入陷阱"，让广大民众真正享受到经济增长的成果，从而对中国经济社会发展形成持续稳定的有力支持。如果我们按照目标持续保持中高速增长和高质量发展，推动中等收入群体持续扩大，推动全体人民共享改革发展成果，推动共同富裕取得实质进展，就能为成功跨越"中等收入陷阱"奠定坚实的基础。有了这个基础，就为迈入高收入国家打开了前进的通道，也为长期稳定走共同富裕道路提供了保障，这将是人类历史上的一大创举。

扩大中等收入群体是推动国民经济持续增长的需要。中等收入群体不仅是投资需求扩张的生力军，而且是消费需求扩张的主力军。从投资需求来看，中等收入群体具有扩张投资的内在动力和外在压力，他们是扩大投资需求的最大群体，他们的投资活动是国民经济持续发展的活力源泉。从消费需求来看，中等收入群体是社会消费的最大群体，他们有不断提高生活质量的强烈欲望和不断提高生活质量的基本条件，他们稳定增长的收入水平和较高的消费倾向，支撑着消费水平的稳步上升和消费结构的稳步升级。他们消费需求的不断扩大是带动产业结构不断优化升级，进而带动整个国民经济持续增长的主要力量。发达国家经济发展实践证明，中等收入群体是一国经济持续发展的中坚力量。

扩大中等收入群体是实现经济社会稳定发展的需要。中等收入群体是经济社会稳定的物质基础和重要力量。实证分析证明，不同群体的收入占社会总收入的比重与社会稳定呈正相关关系。一般来说，低收入群体的比重越低，社会越稳定；低收入群体的比重越高，社会越不稳定。如果一国社会结构中中等收入群体占主体，可以有效地分散经济风险，缓解外部冲击，增强社会承受能力，维护社会稳定。反过来说，如果一国出现两极分化，贫富悬殊，则脆弱的社会结构较为容易导致社会的不稳定。不同收入群体对社会的认同感也不同。从绝对收入来看，收入越低，对社会的认同感也越低；收入越高，对社会的认同感也越高。从相对收入来看，收入分配越趋于均等化，人们对社会的认同感也越高；相反，收入分配差距越大，人们对社会的认同感越低，甚至产生对社会的抵触情绪，成为社会不稳定的隐患。因此，中等收入群体不断扩大的过程，就是社会不断趋于稳定的过程。中等收入群体扩大的"橄榄型"或"枣核型"的收入分配结构是社会稳定的重要经济基础。中等收入群体的不断扩大过程，也是经济社会持续稳定发展的过程。

扩大中等收入群体是实现现代化发展的必然趋势。从世界各国普遍发展的趋势来看，在一个现代化的社会中，都有一个人数众多的中等收入群体。目前西方发达国家中等收入阶层一般都占到在业人数半数以上。中国中等收入群体比重虽然还不够高，但随着中国现代化建设的不断推进，中等收入群体比重会相应提高，到基本实现现代化之时，其至少要占在业人口的一半以上，这是中国现代化发展的必然趋势。让大部分人进入中等收入行列不是劫富济贫，不是要降低高收入者阶层合法的税后收入，把高收入者拉回到中等收入者的行列，而是要提高大多数低收入者的收入水平，使更多的低收入者进入中等收入者的行列，让更多的贫困人口走上富裕之路，实现共同富裕。中国全面建成小康社会的过程，正是中等收入群体不断扩大的过程。从让一部分人先富起来到让大部分人进入中等收入行列，将是中国经济社会发展实现共同富裕目标的一个新阶段。

精准推动更多人群迈入
中等收入行列

一、精准识别潜在能够迈入中等收入行列的人群

习近平总书记指出："要抓住重点、精准施策，推动更多低收入人群迈入中等收入行列。高校毕业生是有望进入中等收入群体的重要方面，要提高高等教育质量，做到学有专长、学有所用，帮助他们尽快适应社会发展需要。技术工人也是中等收入群体的重要组成部分，要加大技能人才培养力度，提高技术工人工资待遇，吸引更多高素质人才加入技术工人队伍。中小企业主和个体工商户是创业致富的重要群体，要改善营商环境，减轻税费负担，提供更多市场化的金融服务，帮助他们稳定经营、持续增收。进城农民工是中等收入群体的重要来源，要深化户籍制度改革，解决好农业转移人口随迁子女教育等问题，让他们安心进城，稳定就业。要适当提高公务员特别是基层一线公务员及国有企事业单位基层职工工资待遇。要增加城乡居民住房、农村土地、金融资产等各类财产性收入。"[①] 可见，借鉴"精准扶贫"的方法，科学界定"潜在中等收

---

① 习近平：《扎实推动共同富裕》，《求是》2021 年第 20 期。

入群体"，分类设计扩大中等收入群体的措施，是加快实现共同富裕目标的重要举措。

具体来看，具有一定劳动能力但存在收入较低或收入不稳定情况的群体，主要包括以下几类：一是新毕业的大学毕业生。他们有比较专业的知识和技术，多数也有比较稳定理想的工作，主要困难是从小城镇或农村进入大中城市买不起住房，原生家庭能给予的帮助有限。通过免首付、灵活购房、共有产权房等方式，能减轻他们的家庭负担，早日使他们进入中等收入群体行列。二是城镇产业工人。他们多数在企业有一定的专业技术和稳定的工作，在城镇有住房和固定财产，部分已经成为或接近成为中等收入者。他们需要在保持企业良好效益的同时，在分配中向个人倾斜，提高收入水平。三是初创小微企业主。小微企业主有一定知识、能力和家庭经济基础，但是创业面临很大失败风险，因为社会对市场主体的容量是有限的。他们最需要的是降低创业成本、经营成本和各种税费，加强职业辅导，降低失败风险。四是自由职业者。目前可分为两类，其一是传统自由职业者，如推销员、广告中介、律师、会计师等，这部分人已经形成了稳定的工作生活状态。其二是互联网业态下的新职业人员，如快递员、网约车司机、网络主播、网上代购者、网店经营者等，这类新职业人员发展非常迅速，但这些新产生的自由职业者却感到"收入不稳定""保障不稳定""不能形成长期规划"和"社会认同较低"，影响了从业积极性。因此，增强其收入和保障的稳定性，加强法律对新业态劳动关系的保护，提高其社会地位，有助于他们成为中等收入群体。五是进城务工人员。他们有较好的体力和技能，有致富的愿望和年龄优势，也是城市建设者、贡献者和城市发展需要的群体。他们的主要困难是工资偏低、买不起商品房。如果为他们创造凭体力、技术在城镇生存和发展的机会，他们会不断提高自己、创造财富，成为城镇中等收入群体的一员。六是城镇失业人员。他们一般在城镇有稳定的居所和家庭依托，多因企业破产或效益较差而失去工作。如果通过培训使他们掌握新技能，并且及时找到合适的工作，他们仍然会成为在城镇有一定技能、有稳定住房和稳定工作的中等收入者。七是基层公务员和基层企事业单位职工。公务员工作的成效事关党的执政能力的提高和执政地位的巩固，基层一线公务员是联系党和人民的纽带，是政策的"传话筒"，是群众的"贴心人"。基层企事业单位职工是建设社会主义事业的"主力军"。必须关心他们的冷暖，掌握基层干部的思想动态，注重基层人员的教育培训，切实将各项工资福利政策落实落细。

二、着力解决影响低收入人群迈入中等收入行列的问题

潜在能够迈入中等收入行列的人群虽然面临的问题不尽相同，但存在的困难却有一定的共性。如：收入不高；进城务工人员、新毕业大学生存在住房困难，且解决住房问题的难度较大；进城务工人员、城镇失业人员存在较大的就业压力；小微企业主群体需要通过教育培训提高职业转换能力和收入水平；一些群体还面临社会保障问题；等等。针对存在的共性问题，必须精准施策、精准解决。

努力解决住房问题。目前城市房价高位运行，与此相应的是大城市高校非当地生源毕业生、进城务工人员几年交不起购房首付。为早日满足他们的住房需求，应从两方面对住房制度进行探索：一是对保障性住房在租售同权基础上探索租购转化，扩大住房困难户保障范围，允许保障户把租金转化为购买资金，在缴纳租金达到购房额后能够转化为自有产权户，实际上相当于不交首付的购房户，只不过计算方式更为灵活。

这样还能够促进住房保障资金循环，减小政府负担。二是对部分群体购买住房实行担保政策，对购房能力暂时不足、通过努力能够还款的各类人群，采用政府在房地产企业担保的方式，在风险可控范围内，允许通过不交首付、延长还款期限、欠款还清后取得全部产权等方式购房，引导购房困难户自食其力，增加其获得感。

努力解决收入问题。潜在中等收入群体最需要的是增加收入。从国际经验看，1960年日本实施为期10年的"国民收入倍增计划"，居民收入得到显著提高，也成为日本经济起飞的转折点。从国内经验看，2011年贵州省实施"城乡居民收入倍增计划"，连续多年劳动者报酬增幅居全国第一。由于居民收入分为工资性收入、经营性收入、财产性收入、转移性收入，可按照查漏补缺的原则对潜在中等收入群体进行分类指导。一是增加工资性收入，重点针对进城务工人员所在的企业、自由职业者所在的平台，落实工资集体协商制度，让职工通过正常渠道表达诉求，增加劳动收入。二是增加经营净收入，通过支持大学生、复转军人、进城务工人员等群体创业，使更多人学会独立经营，增加个人收入。三是增加财产净收入，有计划、有组织研究推动增加财产性收入办法，通过普及理财知识，增加相关群体的利息、股息、租金、红利、专利收入、出让纯收益、财产增值收益等。四是增加转移净收入，提高政府对个人转移的医疗报销费、失业救济金、赔偿等标准；提升社会单位对个人转移的住房公积金、辞退金、保险索赔标准。通过多方面、多途径增加收入，奠定迈向中等收入群体的基础。

努力解决就业问题。一是做好转岗就业工作，面对机器替换一线产业工人的压力，及时做好企业职工转岗培训，满足企业技能劳动者和专业技术人员的需求，解决全社会招工难与就业难并存问题。二是完善

企业请您进城去

湘西妹子高英的生活，原本有点难。高英的老家在湖南省龙山县洗洛镇，父亲身患脑膜炎后遗症，小妹还在读书，全家只靠母亲勉力支撑。高英从学校毕业后留在老家，靠种百合补贴家用，收入并不稳定。

她没有想到，2020年3月，进城工作的机会敲响了她的门。"敲门"，不是比喻，而是事实，村干部找上门来告诉她，有政府的招工队来村里招工，问她想不想进城去务工。

高英抓住了这个机会。在家门口报了名，通过了面试，一辆大巴直接把她从老家接到了用工单位——位于长沙浏阳经开区（高新区）的蓝思科技有限公司。高英成功入职蓝思科技，担任质检工作。经过岗位专业培训，她从生疏走向熟练，如今每月可有5000余元的收入，不但可以补贴家用，休息日还能去城里走走逛逛。她说这样的生活以前"想都不敢想"。

招来高英的"招工小分队"，是长沙市着力加强的稳就业举措。针对疫情防控期间企业招工难、贫困劳动力务工难的问题，长沙组建61支招工小分队，深入湖南省各地，通过大数据分析群众务工需求，借助干部上门、短信推送等方式"点对点"招工，"家门口面试、包专车到岗"，服务一条龙。仅半个月时间，就直接向长沙各企业输送1.28万人，其中贫困劳动力2434人。

职业中介系统，政府有意识地培育和认定一批职业中介机构，提高职业中介的及时性、真实性和权威性，保证失业人员能够及时找到工作。三是降低创业风险和损失率，在鼓励更多人开展经营活动的同时，发展公益性的创业大学和企业咨询诊断组织，给创业者有针对性的培训和创业过程的具体指导，让创业者提高经营能力，成为稳定收入群体。四是开拓新职业，在部分职业消失的同时，还有大量新职业出现和待出现，如老人能力评估师、电竞顾问等，应引导社会不断开发新职业，在新职业中造就若干中等收入群体。

努力提高社保水平。针对目前进城务工人员社会保险参保率低、保险项目欠缺、保障水平低、与进城务工人员流动性强不相适应的状况，可采取一些措施：一是探索为进城务工人员建立实名制、终身制、多种保险于一体的社会保障卡，方便工作流动时异地使用；探索进城务工人员农村"新农合"与城镇医疗保险合并制度，提高医疗保障补助标准，除大病住院报销外，一般性看病吃药也能得到报销；探索进城务工人员农村养老保险与城镇养老保险合并机制，方便在城乡自主使用；对其在城镇企业工作时的住房公积金，除要求其所在企业按时缴纳外，可探索企业缴纳、政府按比例补贴的办法，通过调动企业积极性增加进城务工人员账户余额。二是探索进城务工人员子女义务教育和高中阶段教育随父母就学的机制，使工作比较稳定的进城务工人员子女就学不受限制，国家教育经费按就学所在地标准进行拨付，为进城务工家庭解除后顾之忧。三是探索自由职业者享受政府和社会保障的办法，增强其稳定感和获得感。

努力提供优质培训。应充分利用现有教育资源，按照开放办学、提高实用的原则，不拘一格开展各种形式的专业知识教育和技能培训，提高青少年和各类劳动者的创新能力和就业能力。一是推动高校高职慕课开放，探索全国重点高校向全社会开放慕课平台，引导各类人员通过高校慕课，学习自己需要的知识和技术。二是改革传统学历教育模式，对于普通高校在社会上有对应职业技能资格认证的专业，推行"学历证书＋技能证书"的"双证"教育模式；对于没有对应职业技能、就业较为困难院校的学生，普遍要求在就业稀缺职业院校开展一到两年技能学习并获得双学历和职业技能证书；提高职业院校学历层次，同时扩大技能人才的上升通道，以吸引更多年轻人进入职业院校学习，促进全社会从知识型人力资本向知识与技能复合型人力资本转变。以活跃的教育为拓展未来技术产业空间、开辟新职业蓝海创造条件。

扩大中等收入群体规模的
政策保障

　　要让大部分人进入中等收入行列，逐步实现中等收入群体成为社会的多数，必须全面深化改革，解放和发展生产力，保持经济持续稳定较快发展，把保护公民的财产权放在重要位置，创造条件增加广大居民的财产性收入，注重社会发展和人民生活质量的提高，加快实现社会城乡结构、职业结构的转换，在实行市场公平的初次分配制度的同时，实行社会公正的再分配制度，坚决打击少数人侵吞和攫取公共财产的贪污腐败行为，鼓励广大民众创业致富。

　　坚定不移落实党中央精神。正如习近平总书记在中央财经领导小组第十三次会议上所说："扩大中等收入群体，必须坚持有质量有效益的发展，保持宏观经济稳定，为人民群众生活改善打下更为雄厚的基础；必须弘扬勤劳致富精神，激励人们通过劳动创造美好生活；必须完善收入分配制度，坚持按劳分配为主体、多种分配方式并存的制度，把按劳分配和按生产要素分配结合起来，处理好政府、企业、居民三者分配关系；必须强化人力资本，加大人力资本投入力度，着力把教育质量搞上去，建设现代职业教育体系；必须发挥好企业家作用，帮助企业解决困难、化解困惑，保障各种要素投入获得回报；必须加强产权保护，健全现代产权制度，加强对国有资产所有权、经营权、企业法人财产权保护，加强对非公有制经济产权保护，加强知识产权保护，增强人民群众财产安全感。"①

在做大"蛋糕"基础上分好"蛋糕"。做大"蛋糕"是分好"蛋糕"的前提，分好"蛋糕"反过来能凝聚多方力量，把财富的"蛋糕"继续做大，二者本是缺一不可的。扩大中等收入群体规模，走共同富裕道路，只有在生产力充分发展，同时分配政策更为公平的条件下，才能实现。改革开放以来，我们对外开放、对内"搞活"，充分利用国际国内两个市场，加入世贸组织，建立经济特区，发展民营经济。在农村实行家庭联产承包责任制，在城市逐步扩大企业自主权，建立现代企业制度。这一过程中，市场经济逐步建立和发展起来，发展经济的手段和方式日益丰富。但与此同时，我国居民劳动报酬占国内生产总值的比重持续下滑，资本报酬占比持续上升，城乡收入、地区收入、行业收入等差距持续扩大，使广大人民不能充分共享发展成果，社会主义的优越性未能充分体现。尽管这是发展和前进中出现的问题，但必须引起高度重视，并努力去克服。从宏观层面上看，主要是要处理好国内生产总值的收入分配结构问题。要处理好居民可支配收入和人均 GDP 之间的比例关系，从有利于尽快形成和扩大稳定的中等收入群体的角度研究收入分配问题。从微观层面看，主要是要缩小居民收入差距，平衡好效率和公平、经济增长和社会发展，提高劳动报酬在初次分配中的比重，把培育和扩大中等收入群体作为收入分配工作的重点。

加大力度保护公民财产权。只有保护公民财产权，才能促进整个经

---

① 《习近平谈治国理政》第 2 卷，外文出版社 2017 年版，第 369 页。

济社会的稳定发展。在中国坚持和完善以公有制为主体、多种所有制经济共同发展的基本经济制度，强调公有财产不可侵犯无疑是必要的、正确的，但是根据"法律面前人人平等"的原则，也应强调私有财产不可侵犯。公是公，私是私，才能公私分明。只保护公有财产而不保护私有财产，最终公有财产也难以保住。马克思预测的未来社会要"重建个人所有制"，实际上是要在社会主义社会使广大民众普遍拥有自己的财产。这是广大人民群众解放的经济基础，是建立"自由人联合体"的前提条件。因为，只有民有，才能民富；只有民富，才能国富；只有国富，才能国强。"有恒产者有恒心"，一个社会，有产者越多，他们所受的法律保护越充分，这个社会的基础就越稳定。只有保护各类财产权，才能真正促进经济社会的持续稳定发展。当广大民众将自己的利益牢牢掌握在自己手中之后，一个社会长久发展的动力机制也就形成了，随之而来的是广大人民群众昂首阔步迈向富裕、民主、文明、和谐的新生活。

加快推进收入分配制度改革。让大部分人进入中等收入行列，要加快推进收入分配制度改革，逐步形成公开透明、公正合理的收入分配秩序，坚决扭转收入差距扩大的趋势；要抓紧制定调整国民收入分配格局的政策措施，特别是要调整政府、企业和居民之间的收入分配比例，逐步提高居民收入在国民收入分配中的比重；要深化垄断行业收入分配制度改革，提高普通老百姓的收入水平；要增加城乡居民中低收入者的收入，逐步形成公开透明、公正合理的收入分配秩序，巩固夯实全面建成小康社会成果，加快推进扩大中等收入群体的进程。

努力让更多群众拥有财产性收入。财产性收入占居民总收入的比重，是衡量一个国家市场化和国民富裕程度的重要指标。让大部分人进入中等收入行列，就要从扩大就业、调整收入分配结构入手，创造条件大力提高居民财产性收入的比重，进一步提升财产性收入在城乡居民收入中的地位和作用。要切实保障居民特别是农民和城市低收入者的收入不断增长，保证有财可理；要提供更多的投资渠道，降低投资门槛，提高居民的股息、利息、红利等财产性收入；要提升居民的理财水平，培养居民多渠道投资意识，提高居民的投资理财和抗风险能力；要加强对资本市场的监管，维护资本市场的稳定发展，营造一个更加公开透明的投资市场环境。

严厉打击各种非法攫取财产的犯罪行为。让大部分人进入中等收入行列，绝不允许少数人非法攫取社会财富。必须加大对权钱交易、贪污受贿、无偿占有公共财产等腐败行为的打击和铲除力度，坚决打击取缔非法收入，规范灰色收入。严厉打击私营企业经营者偷税漏税、欺行霸市、高价斩客、制售假冒伪劣商品等不法行为，保护一切合法的劳动收入和合法的非劳动收入。严厉打击少数人各种非法攫取各类财产的犯罪行为与提倡鼓励全社会创造社会财富、保护广大民众合法得来的私有财产是并行不悖的。要充分尊重人民群众的首创精神，激发全社会的创业活力，形成与社会主义初级阶段基本经济制度相适应的思想观念和创业机制，营造鼓励人们干事业、支持人们干成事业的社会氛围，放手让一切劳动、知识、技术、管理和资本的活力竞相迸发，让一切创造社会财富的源泉充分涌流，加快推进大部分人进入中等收入行列的进程，达到实现共同富裕的目标。

要点回看

◎ 橄榄型社会分配结构的典型特征，是中等收入群体比重较大，这种社会分配结构，对于经济社会高质量发展具有重要支撑作用。

◎ 中等收入群体首先是一个生活质量的概念，其次才是一个收入分配的概念；它不仅是一个反映城乡结构的概念，还是一个反映社会职业结构的概念，同时还是一个具有国别的概念。

◎ 当前，我国正处于从中高收入国家迈向高收入国家的关键期，只有让大部分人进入中等收入行列，才能消除贫富不均，真正藏富于民，跨越"中等收入陷阱"，让广大民众真正享受到经济增长的成果，从而对中国经济社会发展形成持续稳定的有力支持。

◎ 中等收入群体是社会消费的最大群体，他们有不断提高生活质量的强烈欲望和不断提高生活质量的基本条件，他们稳定增长的收入水平和较高的消费倾向，支撑着消费水平的稳步上升和消费结构的稳步升级。

◎ 如果一国社会结构中中等收入群体占主体，可以有效地分散经济风险，缓解外部冲击，增强社会承受能力，维护社会稳定。

◎ "有恒产者有恒心"，一个社会，有产者越多，他们所受的法律保护越充分，这个社会的基础就越稳定。只有保护各类财产权，才能真正促进经济社会的持续稳定发展。

推荐阅读

1.《习近平关于协调推进"四个全面"战略布局论述摘编》，中央文献出版社 2015 年版。

2. 习近平：《在庆祝改革开放 40 周年大会上的讲话》，人民出版社 2018 年版。

3.《习近平谈治国理政》第 1 卷，外文出版社 2018 年版。

4.《习近平谈治国理政》第 2 卷，外文出版社 2017 年版。

5.《习近平谈治国理政》第 3 卷，外文出版社 2020 年版。

6. 刘世锦：《新倍增战略》，中信出版社 2021 年版。

调节收入：
三次分配协调联动

收入分配制度改革是一项十分艰巨复杂的系统工程，各地区各部门要充分认识深化收入分配制度改革的重大意义，把落实收入分配制度、增加城乡居民收入、缩小收入分配差距、规范收入分配秩序作为重要任务，着力解决人民群众反映突出的问题。

——习近平《在十八届二中全会第二次全体会议上的讲话》

要处理好政府、企业、居民三者分配关系，通过加大再分配调节力度，适当提高居民收入比重，合理降低政府和企业收入比重。要健全以税收、社会保障、转移支付等为主要手段的再分配调节机制。

——习近平《在中央财经领导小组第十三次会议上的讲话》

中国要实现共同富裕，但不是搞平均主义，而是要先把"蛋糕"做大，然后通过合理的制度安排把"蛋糕"分好，水涨船高、各得其所，让发展成果更多更公平惠及全体人民。

——习近平《在2022年世界经济论坛视频会议的演讲》

展望 2035 年，我国基本实现社会主义现代化，真正制约共同富裕的核心还是收入分配问题。总体来看，实现共同富裕目标的最大挑战是能否让大多数低收入居民迈向中高收入行列，收入差距能否持续显著缩小，其核心路径要瞄准收入分配方面。"收入分配是民生之源，是改善民生、实现发展成果由人民共享最重要最直接的方式。"①2021 年 8 月，习近平总书记在中央财经委员会第十次会议上进一步提出，"构建初次分配、再分配、三次分配协调配套的基础性制度安排，加大税收、社保、转移支付等调节力度并提高精准性，扩大中等收入群体比重，增加低收入群体收入，合理调节高收入，取缔非法收入，形成中间大、两头小的橄榄型分配结构"②，明确了扎实推动共同富裕的总思路。

---

① 《习近平新时代中国特色社会主义思想学习纲要》，学习出版社、人民出版社 2019 年版，第 160 页。
② 习近平：《扎实推动共同富裕》，《求是》2021 年第 20 期。

第十一章 调节收八：三次分配协调联动

完善初次分配机制

基本概况

☆我国劳动者报酬占比波动上升

☆不同行业劳动者报酬占比存在差异

☆我国劳动者报酬占比较为符合发展规律

举措

☆完善与经济发展速度相适应的收入增长机制

☆完善生产要素按贡献参与分配的机制

☆增加各类财产性收入

健全再分配调节机制

基本概况

☆税收是再分配的主要手段

☆转移支付和税收返还是再分配的重要方式

☆社会保障是再分配的有益补充

举措

☆深化税收改革

☆推进基本公共服务均等化

☆完善兜底性保障体系

构建第三次分配制度安排

基本概况

☆我国第三次分配实现了从无到有

☆我国第三次分配形式较为多样

☆我国第三次分配仍存在一些问题

举措

☆构建和完善第三次分配的政策体系

☆适时开征遗产税和赠与税

☆大力发展社会组织和队伍

完善初次分配机制

规范初次分配是实现共同富裕的关键环节，要加快初次分配制度改革，形成合理的初次分配格局。与再分配和第三次分配相比，初次分配是更为基础性的分配关系，不仅数额大，而且涉及面广，如果在初次分配中出现重大的社会不公正，在再分配和第三次分配中就很难加以扭转。

一、初次分配的基本概况

我国的基本分配制度是以按劳分配为主体、多种分配方式并存。可从两个方面来理解：一方面是按劳分配，即根据劳动计算劳动报酬；另一方面是多种分配方式并存，即考虑土地、资本、管理、技术、数据等生产要素的贡献进行分配。从现有数据的统计中，可以总结出我国初次分配的基本概况。[①]

一是我国劳动者报酬占比波动上升。从绝对数值看，我国劳动者报酬逐年增加。2002 年我国劳动者报酬为 5.9 万亿元，到 2017 年已达到 42.33 万亿元，增长了近 6.2 倍，年均增长 14%，可以说我国劳动者报酬的规模发生了翻天覆地的变化。从相对数值看，我国劳动者报酬占比有

---

① 目前初次分配可得数据依据国家统计局"投入产出基本流量表"的中间使用部分计算，该组数据包括了增加值的四项构成：固定资产折旧、劳动者报酬、生产税净额、营业盈余。

高有低。2002年我国劳动者报酬占比为48.4%，随着我国2001年加入世界贸易组织，经济发展步入快车道，经济增长速度远远超过劳动者报酬增长速度，使得2005年和2007年的劳动者报酬占比有所下降，这两个年份分别为41.7%、41.4%。2008年国际金融危机给全球经济带来巨大冲击，中国经济也迈入新常态，从高速增长转变为中高速增长，劳动者报酬增长速度相对快于经济增长速度，所以此后的劳动者报酬占比有所上升，2010年为47.3%，2012年上升至49.2%，2015年又升高至52.1%，尽管2017年（51.4%）略有下滑，但仍高于50%。

二是不同行业劳动者报酬占比存在差异。不同行业有着不同的生产特点，由于始终存在这些固有特点，不同行业的劳动者报酬占比存在差异。第一产业方面，劳动者报酬占比相对较高。农、林、牧、渔业主要依赖劳动投入进行生产，所以劳动者报酬占比可以高于80%，甚至达到100%。第二产业方面，劳动者报酬占比中等。纺织、服装及皮革产品制造业的劳动者报酬占比基本介于40%—60%，最低为2007年的41.8%，最高为2017年的60.1%；建筑业的劳动者报酬占比基本介于50%—60%，最低为2005年的51%，最高为2015年的62.5%。第三产业方面，劳动者报酬占比相对较低。运输仓储邮政、信息传输、计算机服务和软件业的劳动者报酬占比波动较大，最低为2005年的23.8%，最高为2015年的52.7%，不过基本低于农、林、牧、渔业，纺织、服装及皮革产品制造业，以及建筑业的劳动者报酬占比；批发零售贸易、住宿和餐饮业的劳动者报酬占比大致介于20%—50%，最低为2007年的25%，最高为2015年的46.5%，同样低于同时期的农、林、牧、渔业，纺织、服装及皮革产品制造业，以及建筑业的劳动者报酬占比；房地产业、租赁和商务服务业的劳动者报酬占比介于15%—30%，最低为2007年的16.5%，最高为2002

年的 29.4%，属于相对较低的行业；金融业的劳动者报酬占比介于 20%—40%，最低为 2002 年的 23.2%，最高为 2005 年的 39.6%，也属于相对较低的行业。

三是我国劳动者报酬占比较为符合发展规律。在不同的发展阶段，劳动者报酬有着不同的占比。与发达国家相比，我国真实的劳动者报酬占 GDP 比重相对较低，2010 年的数据显示，发达国家劳动者报酬占 GDP 比重大多超过 50%，而我国劳动者报酬占 GDP 比重约为 44%，我国大致落后发达国家 6—10 个百分点。[①] 出现这一现象的原因在于，在人均收入比较低的国家，公司化的水平往往相对较低，各个行业的个体经营所取得的混合收入比重较高，相对挤占了劳动报酬的比重。同时，不同发展阶段的三次产业结构也存在差异，一般而言产业结构优化意味着第三产业占比越来越高，而第三产业的劳动者报酬占比基本低于第一、第二产业，因而经济越是发展，第三产业占比越高，劳动者报酬占比却可能越低。劳动者报酬占 GDP 比重随着城镇化和工业化水平提高而逐步提升，但劳动者报酬占比并非越高越好，而是要与经济发展阶段、劳动生产率提高的状况相适应。

二、完善初次分配机制的举措

初次分配在收入分配制度中占据主体地位，要坚持按劳分配为主体、多种分配方式并存的分配制度，不断推出完善初次分配机制的举措。

第一，完善与经济发展速度相适应的收入增长机制。"十四五"规划和 2035 年远景目标纲要在设定"十四五"时期经济社会发展主要目标

---

① 华生：《劳动者报酬占 GDP 比重低被严重误读》，《中国证券报》2010 年 10 月 14 日。

时，明确将"居民人均可支配收入增长与国内生产总值增长基本同步"作为衡量民生福祉的指标之一，因此要不断完善与经济发展速度相适应的收入增长机制。一方面，提供更多高质量就业。高质量就业会带来更高的工资性收入，只有提供更多高质量就业，收入的提高才更具可行性。要在《"十四五"就业促进规划》的指引下，从就业的供给侧和需求侧同时发力，供给侧注重提升劳动者技能素质，需求侧强化创业带动作用。平衡劳动力市场的灵活性与安全性，借助新一轮科技革命，发挥新经济、新业态、新产业创造就业的重要作用，挖掘经济转型带来的就业潜力。深化改革激活就业发展内生动力，当前就业领域仍然存在城乡及区域分割、要素流动受限和分配不均等问题，要破除体制机制障碍，深化劳动力要素市场化配置改革。另一方面，实行中等收入群体倍增计划。我国有 4 亿多中等收入人口，占总人口比重为 30% 左右，要想实现共同富裕，形成中间大、两头小的橄榄型社会结构，中等收入群体占总人口比重至少需要翻番，达到 60% 甚至更高。中等收入群体十分广泛，涉及方方面面。从重点群体看，高校毕业生、技术工人、中小企业主和个体工商户、进城农民工、公务员特别是基层一线公务员及国有企事业单位基层职工等都属于中等收入群体，要精准施策，推动更多低收入人群迈入中等收入行列。

第二，完善生产要素按贡献参与分配的机制。党的十九届四中全会指出，要"健全劳动、资本、土地、知识、技术、管理、数据等生产要素由市场评价贡献、按贡献决定报酬的机制"[1]，深化了生产要素参与分配的认识和重要性。首先，要明确生产要素的权属。生产要素的权属关系，

---

① 《中国共产党第十九届中央委员会第四次全体会议文件汇编》，人民出版社 2019 年版，第 39 页。

决定了生产要素按贡献参与分配的程度，要明确界定各类生产要素属于哪些群体，具体有多少属于哪个群体，实行严格的产权保护措施。其次，要建立统一开放、自由流动的要素市场。生产要素必须按市场化方式自由流动，才可以更好地体现出价值，要从全局出发，建立一个有利于生产要素流动的统一大市场，推进要素价格市场化改革，使得生产要素可以根据效率高低自由流动，促进生产率提高。再者，要坚持问题导向完善要素参与分配的机制。[①]生产要素参与分配必须坚持多劳多得、少劳少得、不劳不得的基本原则，建立科学的评价机制，促进生产要素有序、有效、公平参与分配。

第三，增加各类财产性收入。可支配收入包括工资性收入、经营性收入、财产性收入和转移性收入。除了要不断提高工资性收入，还要根据2016年中共中央、国务院发布的《关于完善产权保护制度依法保护产权的意见》，健全增加城乡居民财产性收入的各项制度。其一，增加城乡居民住房类财产性收入。坚持"房子是用来住的、不是用来炒的"定位，租购并举、因城施策，促进房地产市场平稳健康发展。研究住宅建设用地等土地使用权到期后续期的法律安排，推动形成全社会对公民财产长久受保护的良好和稳定预期。不断推动住房租赁市场发展，2021年财政部、国家税务总局、住房和城乡建设部发布《关于完善住房租赁有关税收政策的公告》，进一步降低了住房租赁市场的税收，有助于鼓励城乡居民将闲置住房投放至住房租赁市场。其二，增加农村土地类财产性收入。深化农村土地制度改革，坚持土地公有制性质不改变、耕地红线不突破、粮食生产能力不减弱、农民利益不受损的底线，从实际出发，因地制宜，

---

① 陈启清：《健全和完善生产要素参与分配机制》，《经济日报》2020年3月5日。

落实承包地、宅基地、集体经营性建设用地的用益物权，赋予农民更多财产权利，增加农民财产收益。健全城乡统一的建设用地市场，积极探索实施农村集体经营性建设用地入市制度；建立土地征收公共利益用地认定机制，缩小土地征收范围；探索宅基地所有权、资格权、使用权分置实现形式；保障进城落户农民土地承包权、宅基地使用权、集体收益分配权，鼓励依法自愿有偿转让。其三，增加金融资产类财产性收入。深化金融改革，推动金融创新，鼓励创造更多支持实体经济发展、使民众分享增值收益的金融产品，增加民众投资渠道。目前银行储蓄、债券、保险和理财产品仍然是居民金融类财产性收入的主要来源，当然还有一些来源于股票、期货、黄金和外汇市场的收益。要增加金融产品供给，不断推出流动性、安全性、收益性相统一的金融产品；要规范资产市场发展，重视保护投资者特别是中小投资者的合法权益；要加强上市公司监管，规范可持续回报股东的分红制度。

健全再分配调节机制

再分配是实现共同富裕的重要环节，要完善再分配制度，提高再分配在收入分配中的比重和调节力度，积极发挥再分配的调节作用。"要深化收入分配制度改革……完善以税收、社会保障、转移支付为主要手段的再分配调节机制。"[①]完善再分配调节机制不仅有利于调节资源配置，提高福利资源的使用效率，更有利于降低居民基尼系数，推动实现共同富裕。

一、再分配的基本概况

再分配的方式有税收、社会保障、转移支付（政府对家庭和个人的补助）等，政府通过改善公共服务，也能促进再分配的公平。从我国的历年数据中，可以看出再分配的基本概况。

第一，税收是再分配的主要手段。从绝对数值看，根据国家统计局的数据，我国税收收入逐年增长，从 2000 年的 1.26 万亿元，增加至 2021 年的 17.27 万亿元，增加了 12.7 倍，年均增长约为 13.3%。从相对数值看，税收收入占财政收入的比重一直高于 80%，2000—2005 年甚至超过

---

① 《习近平总书记系列重要讲话读本（2016 年版）》，学习出版社、人民出版社 2016 年版，第 217 页。

90%，尽管少数年份这一占比略有下降，但税收收入一直占据重要地位。从结构看，国内增值税、企业所得税、国内消费税、个人所得税是重要税源，2020年税收收入总额为15.43万亿元，国内增值税、企业所得税、国内消费税、个人所得税分别为5.68万亿元、3.64万亿元、1.2万亿元、1.16万亿元，占税收收入比重分别为36.8%、23.6%、7.8%、7.5%。可以说，税收收入是我国财政收入的最重要来源，特别是企业所得税和个人所得税，在调节收入分配、充实国家财政方面，发挥着不可替代的作用。

第二，转移支付和税收返还是再分配的重要方式。1994年分税制改革后，引入了转移支付和税收返还制度，主要是中央对地方的转移支付和税收返还，这是再分配的重要方式。2009年起，将中央对地方的转移支付，简化为一般性转移支付、专项转移支付两类，其中一般性转移支付包括均衡性转移支付、民族地区转移支付等，专项转移支付重点用于教育、医疗卫生、社会保障、"三农"等公共服务领域。我国转移支付和税收返还规模逐年递增，2012年转移支付和税收返还规模为4.54万亿元，2020年这一规模达到8.32万亿元，几乎翻番。这与财政收入的增长趋势呈一致性，即财政收入增长，转移支付和税收返还也会相应增长。通过转移支付和税收返还，可以在城乡、区域、行业等不同层面进行调剂，调节过大的财力差距，以此推动形成相对平衡的分配方式。

第三，社会保障是再分配的有益补充。除了税收、中央对地方的转移支付和税收返还，再分配的方式还包括社会保障。通过社会保障的形式，可以很好地发挥再分配调节收入差距的作用，要根据不同的再分配对象和效益分别实施社会保障政策。社会救助方面，资金往往来源于一般性税收，主体往往是低收入群体，通过对这类群体进行社会救助，或者在一定程度上实行"兜底"，可以很好地调节低收入群体与富裕群体之间的收入差距。社会保险方面，主体是所有参与劳动的群体。养老保险充分考虑了不同收入群体的情况，即使收入存在较大差距，但未来养老金的差距不会很大；医疗、工伤、生育等保险，对于确实发生了风险的群体而言，可以减轻极大的负担，进而在发生风险和未发生风险的群体之间进行平衡。社会福利方面，主体主要包括老年人、儿童等特殊群体，这些群体获得收入的能力相对较弱，需要通过社会福利制度调剂有无、平衡多寡。

二、健全再分配调节机制的举措

再分配是在初次分配基础之上，调节收入分配差距、推动实现共同富裕的重要手段，要加快健全以税收、社会保障、转移支付为主要手段的再分配调节机制。

一是深化税收改革。税收是再分配的主要手段，因而也需要重点在税收改革上下功夫。其一，逐步降低增值税。2019年十三届全国人大二次会议决定，将制造业等行业增值税税率由16%降为13%，将交通运输、建筑、房地产等行业税率由10%降为9%，保持6%一档税率不变。新冠肺炎疫情暴发后，财政部和国家税务总局多次发布减税降费措施。未来，可以考虑按一定年限逐步降低增值税，比如每五年调整一次增值税税率、课税主体、课税范围等事项，推动结构性、制度性减税。其二，逐步降低企业所得税。根据美国税收基金会发布的《2021年全球企业所得税税率分析报告》，20世纪80年代以来，全球企业所得税平均税率持续下降，尤其是在2000—2010年间下降幅度最大。早在2017年，美国政府就宣布一系列减税措施，掀起新一轮减税浪潮，奥地利、法国、荷兰和英国也已宣布将在未来几年内对企业所得税税率进行调整。2021年，全球

180 个国家（地区）企业所得税平均税率为 23.54%，经济合作与发展组织（OECD）国家的企业所得税平均税率为 23.04%，中国企业所得税税率约为 25%，略高于全球平均水平和经济合作与发展组织国家，还有一定的下降空间，未来可考虑进一步降低企业所得税。其三，动态调整个人所得税。2011 年个人所得税起征点为每月 3500 元，2018 年个人所得税起征点调整为每月 5000 元，到 2022 年已设置了子女教育、继续教育、大病医疗、住房贷款利息、住房租金、赡养老人和 3 岁以下婴幼儿照护等七项专项附加扣除，未来可动态调整个人所得税起征点，并且增加专项附加扣除的金额和范围，在个人层面调节收入分配差距。

二是推进基本公共服务均等化。低收入群体是促进共同富裕的重点帮扶保障人群，要以这一群体为重点，推进基本公共服务均等化。一方面，加大教育投入。建设高质量的教育体系，是推进基本公共服务均等化的重要内容。要从总量上增加教育支出，根据世界银行的统计，2003—2018 年世界平均教育支出占 GDP 比重在 4% 以上，我国只与世界平均水平大体相当。2018 年欧盟平均教育支出占 GDP 比重高达 4.63%，此前有些年份甚至超过 5%，与发达国家相比，我国教育支出还有一定差距，要确保教育支出占 GDP 比重不低于 4%，并且分阶段、分地区提高教育支出占 GDP 比重。要从结构上加大普惠性人力资本投入，有效减轻困难家庭教育负担，提高低收入群众子女受教育水平，使人民群众能够共享加大财政教育投入和教育改革发展的成果，保障公民依法享有受教育的权利。另一方面，完善养老和医疗保障体系。国际上通常将 60 岁及以上人口占总人口比重达到 10%，或者 65 岁及以上人口占总人口比重达到 7%，作为一个国家或地区进入老龄化社会的标准。第七次全国人口普查数据显示，2020 年我国 60 岁及以上人口占总人口比重为 18.7%，65 岁及以上人口占总人口比重为 13.5%，"未富先老"的严峻形势给养老和医疗保障带来巨大的压力和挑战。我国目前仍然面临养老和医疗保险未全覆盖、农村养老和医疗保障存在短板的问题，要准确把握社会保障各个方面之间、社会保障领域和其他相关领域之间改革的联系，提高统筹谋划和协调推进能力，确保各项改革形成整体合力，加快发展多层次、多支柱养老保险体系，把农村社会救助纳入乡村振兴战略统筹谋划，健全农民工、灵活就业人员、新业态就业人员参加社会保险制度。

三是完善兜底性保障体系。社会救助体系是社会保障体系的重要组成部分，作为兜底性、基础性制度，社会救助在推进共同富裕中，发挥着调整资源配置、促进社会公平、维护社会稳定的作用。改革和完善兜底救助体系，是巩固脱贫攻坚成果、建立解决相对贫困长效机制的重大制度安排。中共中央办公厅、国务院办公厅 2020 年印发《关于改革完善社会救助制度的意见》，对完善兜底救助体系、加快缩小社会救助的城乡标准差异、逐步提高城乡最低生活保障水平、兜住基本生活底线等，作出了明确的规定。其一，构建政府主导、社会参与、制度健全、政策衔接、兜底有力的综合救助格局，以基本生活救助、专项生活救助、急难社会救助为主体，社会力量参与为补充，建立健全分层分类的救助制度体系。其二，完善基本生活救助制度，规范完善最低生活保障制度，分档或根据家庭成员人均收入与低保标准的实际差额发放低保金。其三，健全医疗救助、教育救助、住房救助、就业救助、受灾人员救助和其他救助帮扶等在内的专项社会救助体系。其四，完善急难社会救助体系，采取"一事一议"机制，对急难事项和人员实行一对一、点对点的定向救助。

构建第三次分配制度安排

第三次分配是实现共同富裕的重要手段，是初次分配和再分配的重要补充。党的十九届四中全会指出，"重视发挥第三次分配作用，发展慈善等社会公益事业"[①]，这是党中央首次明确将第三次分配作为收入分配制度体系的重要组成，确立了慈善等公益事业在我国经济社会发展与共同富裕中的重要地位。

一、第三次分配的基本概况

作为初次分配和再分配的有益补充，第三次分配在时间上并非排在初次分配和再分配之后，而是可以并行。我国第三次分配经历了从无到有的过程，具体可以从三个方面来看我国第三次分配的基本概况。

首先，我国第三次分配实现了从无到有。经济基础决定上层建筑，在不同的经济基础下，人民对于以慈善为代表的第三次分配的认识也存在差异。在我国大致可分为三个阶段[②]：第一个是否定阶段（1949—1978年），这一阶段我国经济基础较为薄弱，社会对慈善的认识局限于剥削阶级欺骗、麻痹人民的手段，可以说，在此阶段几乎不存在广泛意义上

[①] 《中国共产党第十九届中央委员会第四次全体会议文件汇编》，人民出版社 2019 年版，第 39 页。
[②] 邓国胜：《第三次分配的价值与政策选择》，《人民论坛》2021 年第 24 期。

的慈善事业。第二个是起步阶段（1978—2004 年），随着改革开放的不断推进，这一阶段我国经济基础发生了翻天覆地的变化，社会对慈善的态度也出现了转变，从否定转向模糊进而鼓励，陆续出现了一些基金会吸引社会捐赠，特别是 1994 年成立的中华慈善总会，从官方视角肯定了慈善的作用。第三个是发展阶段（2004 年以来），随着我国经济基础越来越雄厚，社会认识到慈善事业在经济发展中的作用，开始大力发展慈善事业。2004 年党的十六届四中全会明确提出"健全社会保险、社会救助、社会福利和慈善事业相衔接的社会保障体系"[1]，慈善事业成为社会保障体系的一个组成部分。2005 年发布的《中国慈善事业发展指导纲要（2006—2010 年）》，标志着慈善事业正式成为国家发展规划。2016 年出台慈善法，更是从法律层面确立了慈善事业的重要地位。纵览我国对慈善认识的转变，可以看出以慈善为代表的第三次分配，是调节收入分配、促进共同富裕的重要举措。

其次，我国第三次分配形式较为多样。尽管我国正式确立第三次分配的时间不长，但取得了较大的发展成就，形成了多种多样的第三次分配方式。从组织形式看，民政部数据显示，截至 2020 年底，全国社会组织总量为 89.44 万个，较 2019 年增长 3.21%，其中，社会团体 37.5 万个，社会服务机构 51.1 万个，基金会 8385 个，分别较 2019 年增长 0.81%、4.93% 和 10.62%。截至 2020 年 9 月底，全国共设立慈善信托 463 单，合同金额 32.42 亿元。截至 2020 年底，全国已有 554 家境外非政府组织代表机构依法登记，较 2019 年增长 8.41%，临时活动备案 3239 项，较 2019 年增长 32.64%。从资金规模看，2020 年全国社会公益资源总量预测为 4100 亿元，

---

① 《中共中央关于加强党的执政能力建设的决定》，人民出版社 2004 年版，第 25 页。

希望工程的实践经验

　　希望工程自 1989 年发起以来，已开展实施 30 余年，是对第三次分配的一个精准试验。希望工程创始人、南都公益基金理事长徐永光表示："2004 年全国'两会'的时候，我和当时的慈善总会会长共同提交了一份政协提案，呼吁大家关注第三次分配。"他们之所以关注到这个问题，是因为希望工程。在希望工程成立十周年之际，联合国的一家评估机构对希望工程的社会效益做了一次大规模的评估。评估报告显示，希望工程捐款每支出 100 元，就有 89.8 元从城市转移到农村，有 87.7 元从发达地区转移到贫困地区，有 88.2 元从高收入阶层、中高收入阶层转移到低收入阶层。从这一结果看，20 多年前我们就对第三次分配的财产转移效果有数据了。徐永光认为，希望工程实现的这样一种转移，是在中国整体经济还不是很发达、可以说还很穷的时候做到的，可以说是穷人帮更穷的人。在这样的情况下，仍然可以看到社会对公益事业的参与度非常广泛。今天中国的经济与当年不可同日而语，如果做得到位，今天的公益慈善事业大有可为。

较 2019 年增长 18.85%，其中社会捐赠总量为 1520 亿元，彩票公益金总量为 959.84 亿元，志愿者服务贡献价值折现为 1620 亿元，分别较 2019 年增长 10.14%、−15.80% 和 79.28%。2020 年"99 公益日"在慈善资源募集方面再创新高：互动人次高达 18.99 亿，5780 万人次爱心网友通过腾讯公益平台捐出善款 23.2 亿元，加上爱心企业 3.24 亿元配捐和腾讯基金会提供的 3.9999 亿元配捐，总共募得善款 30.44 亿元。从志愿服务看，我国实名注册志愿者总数达到 1.92 亿人，志愿团体 79 万个，累计志愿服务时间总数 37.19 亿小时，贡献人工成本价值 1620 亿元。注册志愿者总数较 2019 年增长 23.87%，累计志愿服务时间总数较 2019 年增长 63.98%。[1]

① 杨团、朱健刚：《慈善蓝皮书：中国慈善发展报告（2021）》，社会科学文献出版社 2022 年版，第 1—2 页。

再者，我国第三次分配仍存在一些问题。尽管取得了一些成就，但我国第三次分配仍然存在一些问题。一是慈善机构自主筹款能力不足。根据福布斯发布的数据，2019 年美国 100 多万家慈善机构的捐赠总额为 4500 亿美元，最大的 100 家慈善机构共计捐赠 495 亿美元，占比高达 11%，而我国 2020 年社会捐赠总量只有 1520 亿元，慈善机构自主筹款能力相对不足。二是个人对第三次分配的参与度不高。国际上，个人捐赠是慈善的主要组成部分，但我国将近 2/3 的捐赠来源于企业，个人对第三次分配的参与度仍然不高。三是第三次分配的领域不宽。目前我国第三次分配大多聚焦于高等院校、偏远贫困地区的爱心小学等领域，以及医疗健康、扶贫等领域，而对于公共事业、国际事务、环境和动物保护等领域，参与度不是很高。四是遗产税和赠与税缺失。许多国家都开征了遗产税与赠与税，这是第三次分配资金的重要来源，目前我国还未开征这两种税收，使得第三次分配缺少了一个稳定可靠的资金来源。

二、构建第三次分配制度安排的举措

第三次分配具有道德性、民间性、自愿性、公益性、社会性的特征[1]，"分配即正义"，分配本身包含着价值取向，通过第三次分配，可以很好地对初次分配和再分配进行补充，要多措并举推进第三次分配。

第一，构建和完善第三次分配的政策体系。[2]一方面，构建和完善法律法规体系。完善的法律法规，可以对慈善捐赠产生激励作用，同时也产生约束作用，通过构建和完善法律法规体系，能最大限度地激发各主体参与慈善捐赠的热情。2016 年慈善法实施以来，一系列相关法规陆续

① 白光昭：《第三次分配：背景、内涵及治理路径》，《中国行政管理》2020 年第 12 期。

② 杨斌：《第三次分配：内涵、特点及政策体系》，《学习时报》2020 年 1 月 1 日。

出台，参考发达国家"疏"的做法，完善慈善捐赠相关的免税待遇，特别是在民法典中完善了慈善捐赠相关规定。另一方面，构建和完善配套政策体系。除了法律法规，地方政府还可以制定和完善相关配套政策，比如支持慈善组织筹备、开展活动等，让慈善捐赠成为第三次分配的重要方式，对慈善捐赠作出更细致的制度性安排。

第二，适时开征遗产税和赠与税。开征遗产税和赠与税，可以为第三次分配提供更加充足、稳定的资金来源，这在许多国家都有实践。以遗产税为例，开征方式大致包括三种：一是总遗产税制，以美国、英国、韩国等国家为代表，采取"先税后分"的方式，即先就被继承人死亡时遗留的财产净值进行征税，然后再将税后财产分配给法定继承人和受遗赠人；二是分遗产税制，以法国、德国、日本等国家为代表，采取"先分后税"的方式，即允许法定继承人按照国家有关继承法律分得财产，再就各继承人取得的遗产净值征税；三是总分遗产税制，意大利曾是这种方式的代表，实行"先税后分再税"，即先就被继承人死亡时遗留的财产净值课征遗产税，待税后遗产分配完毕后，再对各遗产继承人分得的财产份额征收继承税。这三种方式各有利弊，我国如果开征遗产税，不宜设计过于复杂的税制，可以选择总遗产税制，对纳税人、纳税范围、计税依据、税率等作出制度化安排，在未来适当的时候，予以开征。

第三，大力发展社会组织和队伍。社会组织和队伍是慈善捐赠的重要依托形式，需要大力发展，主要有三种模式。一是政府主导社会组织发展。通过财政部门支持、社会动员等方式，由政府有关部门直接领导建立社会组织，并直接管理运营。这种模式的优点在于规范性强、透明度高，但缺点在于效率相对较低。二是社会主导社会组织发展。政府通过减税和免税等方式，鼓励民间自发建立社会组织，并由其自主经营管理。

这种模式的优点在于效率相对较高、市场化程度高，但缺点在于规范性不强、透明度不高。三是政府社会结合主导社会组织发展。由政府资金作为引导，主要依托民间资金和力量，建立慈善捐赠社会组织，管理运营交给民间组织，政府在其中扮演监管者的角色。这种模式的优点在于规范性、透明度、效率都相对较好。因此，可以大力发展政府社会结合主导的社会组织发展模式，特别是要完善政府的监管机制，采取内部监管与外部监督相结合的机制。内部监管方面，完善社会组织的信息披露机制，完善慈善资金全流程跟踪反馈机制；外部监督方面，引入新闻媒体、公众等社会力量，将其作为外部监督的主力，加强对慈善捐赠社会组织的监督。

要点回看

◎ 与再分配和第三次分配相比，初次分配是更为基础性的分配关系，不仅数额大，而且涉及面广，如果在初次分配中出现重大的社会不公正，在再分配和第三次分配中就很难加以扭转。

◎ 再分配是实现共同富裕的重要环节，要完善再分配制度，提高再分配在收入分配中的比重和调节力度，积极发挥再分配的调节作用。

◎ 再分配是在初次分配基础之上，调节收入分配差距、推动实现共同富裕的重要手段，要加快健全以税收、社会保障、转移支付为主要手段的再分配调节机制。

◎ 作为初次分配和再分配的有益补充，第三次分配在时间上并非排在初次分配和再分配之后，而是可以并行。

◎ 尽管我国正式确立第三次分配的时间不长，但取得了较大的发展成就，形成了多种多样的第三次分配方式。

◎ 第三次分配具有道德性、民间性、自愿性、公益性、社会性的特征，"分配即正义"，分配本身包含着价值取向，通过第三次分配，可以很好地对初次分配和再分配进行补充，要多措并举推进第三次分配。

推荐阅读

1.习近平：《干在实处　走在前列——推进浙江新发展的思考与实践》，中共中央党校出版社 2006 年版。

2.习近平：《之江新语》，浙江人民出版社 2007 年版。

3.《习近平总书记系列重要讲话读本（2016 年版）》，学习出版社、人民出版社 2016 年版。

4.《习近平新时代中国特色社会主义思想三十讲》，学习出版社 2018 年版。

5.《习近平新时代中国特色社会主义思想学习纲要》，学习出版社、人民出版社 2019 年版。

精神富足：
促进人民精神生活
共同富裕

人，本质上就是文化的人，而不是"物化"的人；是能动的、全面的人，而不是僵化的、"单向度"的人。人类不仅追求物质条件、经济指标，还要追求"幸福指数"；不仅追求自然生态的和谐，还要追求"精神生态"的和谐；不仅追求效率和公平，还要追求人际关系的和谐与精神生活的充实，追求生命的意义。

——习近平《文化育和谐》

没有先进文化的积极引领，没有人民精神世界的极大丰富，没有民族精神力量的不断增强，一个国家、一个民族不可能屹立于世界民族之林。

——习近平《在文艺工作座谈会上的讲话》

先进的思想文化一旦被群众掌握，就会转化为强大的物质力量；反之，落后的、错误的观念如果不破除，就会成为社会发展进步的桎梏。

——习近平《在纪念马克思诞辰200周年大会上的讲话》

2021 年 8 月 17 日，习近平总书记在中央财经委员会第十次会议上的讲话中指出："我们说的共同富裕是全体人民共同富裕，是人民群众物质生活和精神生活都富裕，不是少数人的富裕，也不是整齐划一的平均主义。"① 这就鲜明指出了，实现共同富裕既需要物质丰裕也需要精神富足。实现精神富足，促进人民精神生活共同富裕既是一个普及的过程，也是一个提高的过程。一方面，我们需要通过多种渠道提供足够的和丰富多样的精神文化产品，以满足人民的精神文化需求；另一方面，也需要在此基础上提升人民群众多样化、多层次、多方面的精神文化需求，增强其精神力量。具体来讲，就是要以社会主义核心价值观引领人民群众的价值判断、思维方式和审美情趣，并最终实现整个民族科学文化素养、思想道德水平和精神生活境界的总体提高与文化自信自强。

① 习近平：《扎实推动共同富裕》，《求是》2021 年第 20 期。

第十二章　精神富足：促进人民精神生活共同富裕

精神富足是共同富裕的题中应有之义

精神富足是促进人的全面发展的必然要求

☆促进人的全面发展是社会主义的内在要求

☆实现共同富裕与促进人的全面发展高度统一

共同富裕是物质生活和精神生活都富裕

☆物质丰裕是实现精神富足必不可少的物质基础

☆精神富足能够为实现物质丰裕和共同富裕提供必需的智力支撑、坚强的思想保证和强大的精神力量

实现共同富裕需要良好的舆论引导

☆需要明确共同富裕的科学内涵

☆需要奋斗精神的科学引领

多渠道促进人民精神生活共同富裕

大力发展教育，提升国民素质，促进人的全面发展

坚持为人民服务、为社会主义服务，提升公共文化服务水平

把社会效益放在首位，健全现代文化产业体系

以社会主义核心价值观引领精神富足

以社会主义核心价值观提升人民的精神文明素养

☆大力发展中国特色社会主义文化，建设社会主义精神文明

☆加强爱国主义、集体主义和社会主义教育

☆以社会主义核心价值观引领我国精神文明建设

大力推动中华优秀传统文化创造性转化和创新性发展

☆以正确的历史观和文化观旗帜鲜明地抵制历史虚无主义和文化虚无主义

☆系统梳理传统文化资源，深入挖掘中华民族的优秀文化基因，把弘扬优秀传统文化和发展社会主义文化协调统一起来

以马克思主义为指导坚定中国特色社会主义文化自信

☆加强党史、新中国史、改革开放史、社会主义发展史教育

☆立足中国实践，努力构建"学术中的中国""理论中的中国""哲学社会科学中的中国"

精神富足是共同富裕的
题中应有之义

人的全面发展是社会主义的内在规定，共同富裕是社会主义的本质要求，促进共同富裕与促进人的全面发展是高度统一的，精神富足既是共同富裕的题中应有之义，也是促进人的全面发展的必然要求。从共同富裕的内在要求和呈现结果来看，共同富裕是人民物质生活和精神生活都富裕，二者相辅相成，缺一不可。同时，在实现共同富裕的过程中也需要良好的舆论引导。

一、精神富足是促进人的全面发展的必然要求

社会主义致力于实现人的解放和自由全面发展，可以说人的全面发展是社会主义的内在规定。众所周知，人的全面发展是马克思在社会主义探索过程中始终关注的重要课题。在《1844 年经济学哲学手稿》中，马克思批判了资本主义的异化现象，他认为，通过对私有财产的积极扬弃，人的本质应该表现为："人以一种全面的方式，就是说，作为一个总体的人，占有自己的全面的本质。"[①] 这就意味着，人的全面发展是社

---

① 《马克思恩格斯全集》第 3 卷，人民出版社 2002 年版，第 303 页。

会主义和共产主义必然要去追求和实现的。在《共产党宣言》中，马克思、恩格斯庄严宣告："代替那存在着阶级和阶级对立的资产阶级旧社会的，将是这样一个联合体，在那里，每个人的自由发展是一切人的自由发展的条件。"①1894年当意大利人卡内帕要求用最简短的字句来描述未来社会主义的基本思想时，恩格斯摘录了《共产党宣言》里的这句话，并且表示他再也找不到比这句话更合适的了。可见，促进人的全面发展是能够体现社会主义原则的重要方面，是社会主义的内在要求。

人的全面发展是指人的各项能力都能够自由地得到全面而充分的发展。从最宽泛的意义上来讲，这里的能力既包括体力也包括智力；既包括进行物质生产和消费物质产品的能力，也包括进行精神生产和消费、享受精神产品的能力；既包括满足人的基本生存需求的能力，也包括提升其精神和价值需求的能力。对此，恩格斯在《论住宅问题》中直言："不仅生产的东西可以满足全体社会成员丰裕的消费和造成充足的储备，而且使每个人都有充分的闲暇时间去获得历史上遗留下来的文化——科学、艺术、社交方式等等——中一切真正有价值的东西；并且不仅是去获得，而且还要把这一切从统治阶级的独占品变成全社会的共同财富并加以进一步发展。"②而这种人的自由全面发展必然是社会主义阶段才能够实现的，对此，马克思从人类历史发展的视角明确指出："人的依赖关系（起初完全是自然发生的），是最初的社会形式，在这种形式下，人的生产能力只是在狭小的范围内和孤立的地点上发展着。以物的依赖性为基础的人的独立性，是第二大形式，在这种形式下，才形成普遍的社会物质交换、全面的关系、多方面的需要以及全面的能力

---

① 《马克思恩格斯选集》第1卷，人民出版社2012年版，第422页。
② 《马克思恩格斯选集》第3卷，人民出版社2012年版，第199页。

的体系。建立在个人全面发展和他们共同的、社会的生产能力成为从属于他们的社会财富这一基础上的自由个性，是第三个阶段。第二个阶段为第三个阶段创造条件。"① 在这第三个阶段，即消灭了剥削阶级、实现了生产资料社会占有的社会主义社会，发达的社会生产不仅能够保证社会成员拥有富足和充裕的物质生活，而且能够保证社会成员的体力和智力获得充分的、自由的发展和运用。

　　共同富裕是社会主义的本质要求，是中国式现代化的重要特征。1985 年邓小平同志在谈到我们所坚持的社会主义道路时指出："社会主义与资本主义不同的特点就是共同富裕，不搞两极分化。创造的财富，第一归国家，第二归人民，不会产生新的资产阶级。国家拿的这一部分，也是为了人民，搞点国防，更大部分是用来发展经济，发展教育和科学，改善人民生活，提高人民文化水平。"② 这就是说，社会主义要实现的共同富裕在其本来意义上就既包括物质富裕也包括精神富足。对此，邓小平同志进一步指出，社会主义国家的执政党一定要致力于发展生产力，建设物质文明，同时还要提高全民族的科学文化水平，发展丰富多彩的文化生活，建设社会主义精神文明，如果不加强精神文明建设，物质文明建设也会受破坏、走弯路。这就是大家所熟知的物质文明和精神文明"两手抓，两手都要硬"。遵循这个思路，江泽民同志明确指出："物质贫乏不是社会主义，精神空虚也不是社会主义。社会主义不仅要使人民物质生活丰富，而且要使人民精神生活充实。"③ 中国特色社会主义进入新时代，我国社会主要矛盾由人民日益增长的物质文化需要同落后

---

① 《马克思恩格斯文集》第 8 卷，人民出版社 2009 年版，第 52 页。
② 《邓小平文选》第 3 卷，人民出版社 1993 年版，第 123 页。
③ 《十四大以来重要文献选编》下册，人民出版社 1999 年版，第 2277—2278 页。

的社会生产之间的矛盾转化为人民日益增长的美好生活需要和不平衡不充分的发展之间的矛盾。"人民日益增长的美好生活需要"更加凸显了促进精神富足的时代紧迫性。2012 年 11 月 15 日习近平总书记在十八届中央政治局常委同中外记者见面时的讲话中满怀深情而又负责任地指出："我们的人民热爱生活，期盼有更好的教育、更稳定的工作、更满意的收入、更可靠的社会保障、更高水平的医疗卫生服务、更舒适的居住条件、更优美的环境，期盼孩子们能成长得更好、工作得更好、生活得更好。人民对美好生活的向往，就是我们的奋斗目标。"[1] 可以看到，要想满足人民对美好生活的向往，就必须满足人民在物质生活有了一定保障之后对精神文化生活提出的新的更高要求，这就要满足人民对民主、法治、公平、正义、安全、环境等与精神生活需要紧密相关的要求。为此，党的十九大报告明确指出："满足人民过上美好生活的新期待，必须提供丰富的精神食粮。"[2] 可以说，实现精神生活共同富裕是我国历史发展逻辑催生的现实课题，与物质生活共同富裕的深入实践内在地结合在一起。

综上所述，促进人的全面发展是社会主义的内在规定，实现共同富裕是社会主义的本质要求，因此，在社会主义制度层面，实现共同富裕与促进人的全面发展是高度统一的，无论是实现共同富裕还是促进人的全面发展都离不开人民精神生活的共同富裕。

二、共同富裕是物质生活和精神生活都富裕

人有了物质才能生存，但不可忽视的是，人有了理想才能生活。这

---

① 《习近平关于全面深化改革论述摘编》，中央文献出版社 2014 年版，第 91 页。

② 《中国共产党第十九次全国代表大会文件汇编》，人民出版社 2017 年版，第 35 页。

就意味着，人既有生存的基本物质需求，又有其独特的精神意义追求。对此，习近平总书记曾这样论述："人，本质上就是文化的人，而不是'物化'的人；是能动的、全面的人，而不是僵化的、'单向度'的人。人类不仅追求物质条件、经济指标，还要追求'幸福指数'；不仅追求自然生态的和谐，还要追求'精神生态'的和谐；不仅追求效率和公平，还要追求人际关系的和谐与精神生活的充实，追求生命的意义。"[①] 在谈到中国特色社会主义事业的建设时，习近平总书记强调："只有物质文明建设和精神文明建设都搞好，国家物质力量和精神力量都增强，全国各族人民物质生活和精神生活都改善，中国特色社会主义事业才能顺利向前推进。"[②] 对于共同富裕来说也是如此，精神富足是共同富裕的题中应有之义。共同富裕的实现既需要丰裕的物质财富的积累，也需要富足的精神生活的支撑。具有鲜明时代特征和中国特色的共同富裕，要使全体人民普遍达到生活富裕富足、精神自信自强，实现人民的全面发展和社会全面进步，这就是我们所说的共同富裕是人民群众物质生活和精神生活都富裕，二者相辅相成，缺一不可。

物质丰裕是实现共同富裕的前提和保障，是实现精神富足必不可少的物质基础。对于任何一个民族或社会来说，物质生活资料的生产都是基础，物质生活的生产方式制约着整个社会生活、政治生活和精神生活的过程。对于人民群众而言，"首先必须吃、喝、住、穿，然后才能从事政治、科学、艺术、宗教等等"[③]。人们只有在基本的生存需要得到满足，并且有了较为富足的物质资料之后才有条件谈精神生活的满足。这

---

① 习近平：《之江新语》，浙江人民出版社 2007 年版，第 150 页。
② 《习近平谈治国理政》第 1 卷，外文出版社 2018 年版，第 153 页。
③ 《马克思恩格斯全集》第 25 卷，人民出版社 2001 年版，第 594 页。

以画"种"文化，开出共同富裕花

"白天扛锄头，晚上提笔头"，他们在一方山水之间耕种文化，让幸福从墙上、门板上、石头中开出花来。

余东村位于浙江省衢州市区以西 16 公里，依山傍水，景色宜人，是远近闻名的农民画村。这里黑瓦木门彩墙，处处绘满了色彩艳丽的墙画。

20 世纪 70 年代，3 名县文化馆干部下乡组织绘画培训，从此给余东村的农民兄弟种下了绘画的种子，开启了农民的智慧和艺术天赋。他们在日常耕作之余拿起画笔绘画生活，已有几十年之久。

村民们数十年如一日坚持创作，从最初的 10 多名创作骨干发展到 48 人的画家队伍，1 人成为中国美协会员，6 人入选"浙江省民间优秀艺术人才"。如今，余东农民画家队伍还在持续壮大，800 多人的余东村，参与农民画创作的成员就有 300 多人。本地几所学校的美术课也已将农民画设为必修课，希望通过对新一代的文化培养，将农民画传承下去。

2009 年，余东村村集体经营性收入仅 6 万元。10 多年来，经过不懈努力，余东村成立了农民画协会，开发农民画周边文创产品，一点一点积累致富经验的同时，也将余东村特有的文化之根，深深地扎进地里。在文化产业的带动下，当地研学游、餐饮、民宿等第三产业蓬勃发展，村集体收入已突破百万元，村里定期给村民分红，形成村集体和村民都增收的双赢局面。

以农民画为主导，走出一条农文旅融合发展的共同富裕之路，用文化的力量引领乡村发展。余东村以一幅画兴一方产业，富一方百姓，让共建共享共富的"花朵"在这片土地上尽情盛放。

是因为："在文化初期，已经取得的劳动生产力很低，但是需要也很低，需要是同满足需要的手段一同发展的，并且是依靠这些手段发展的。"[①] 这就是说人们的需要并不是恒久不变的自然需要，而是会随着一定的历史文化水平发生变化的，人们在基本的物质生存需求得到满足之后，就

① 《马克思恩格斯全集》第 44 卷，人民出版社 2001 年版，第 585—586 页。

会有发展性的精神需求，诸如获得尊重的需求、爱与被爱的需求、价值实现的需求等。"仓廪实而知礼节，衣食足而知荣辱"的古语讲的也是这个道理。不过，需要明确的是，物质生活的富裕虽然能够牵引出人们的精神文化需求，但却并不能自发地实现人们精神生活的共同富裕。这是因为，从人类历史来看，劳动生产力发展到一定程度时才有了物质生产和精神生产的分工，而要满足人民的精神文化需求更是需要相当充裕的物质财富支撑。

精神富足是实现共同富裕的题中应有之义，能够为实现物质丰裕和共同富裕提供必需的智力支撑、坚强的思想保证和强大的精神力量。在批判资本主义生产所带来的异化和人的片面发展时，马克思在《资本论》中强调："未来教育对所有已满一定年龄的儿童来说，就是生产劳动同智育和体育相结合，它不仅是提高社会生产的一种方法，而且是造就全面发展的人的唯一方法。"① 为了使人的个性得到自由全面发展，马克思、恩格斯主张对其进行德育、智育、体育与技术教育。在社会主义建设中，邓小平同志明确指出："我们要在建设高度物质文明的同时，提高全民族的科学文化水平，发展高尚的丰富多彩的文化生活，建设高度的社会主义精神文明。"② 对于物质和精神在革命与建设中的作用，邓小平同志强调："光靠物质条件，我们的革命和建设都不可能胜利。过去我们党无论怎样弱小，无论遇到什么困难，一直有强大的战斗力，因为我们有马克思主义和共产主义的信念。有了共同的理想，也就有了铁的纪律。无论过去、现在和将来，这都是我们的真正优势。"③ 邓小平同志坚信，

① 《马克思恩格斯选集》第2卷，人民出版社1995年版，第212页。
② 《邓小平思想年编（1975—1997）》，中央文献出版社2011年版，第271页。
③ 《邓小平文选》第3卷，人民出版社1993年版，第144页。

在我们社会主义国家，因为广大劳动者有高度的政治觉悟，他们自觉地刻苦钻研，提高科学文化水平，将来一定会在生产中创造出比资本主义更高的劳动生产率。

对于共同富裕来说，物质丰裕和精神富足如同车之两轮、鸟之双翼，需齐头并进，相互协调。但在一些阶段、一些领域，却出现了物质生活和精神生活严重脱节和不匹配的问题，通常表现为物质生活十分丰裕，精神生活却极度贫穷甚至扭曲。实际上，精神生活指向的是人民群众对精神成果的占有和内化，反映的是人民群众精神需求的满足状况，既包括文化智力方面也包括思想道德方面。同物质生活一样，精神生活也有贫富之分，精神生活的贫富可用受教育程度、情感需要的满足状态、精神文化生活质量、价值观念取向、生活方式的文明程度等进行衡量。同时，我国还存在精神生活富足的区域不均衡问题，存在较为明显的城乡差距。从城乡居民文化教育投入看，国家统计局数据显示，2020 年农村居民人均教育文化娱乐消费支出为 1309 元，城镇居民人均教育文化娱乐消费支出为 2592 元，接近农村居民的两倍。为此，在实现共同富裕的新的历史征程中需要更加关注物质丰裕和精神富足的协调共进。

综上所述，我们所说的共同富裕是物质生活和精神生活都富裕，人们精神生活的富足本身就包含在共同富裕之中。实现共同富裕一方面要继续夯实物质生活富裕根基，另一方面要时刻不忘提升人们精神生活的共同富裕。

三、实现共同富裕需要良好的舆论引导

实现共同富裕既是我们迈向现代化新征程的现实目标，也是一个需要我们奋力而为久久为功的长期追求。为此，在实现共同富裕的过程中

需要良好舆论引导的支持，这里既包括对共同富裕以及如何实现共同富裕的科学阐释，也包括及时澄清对共同富裕的误读，扫除实现共同富裕的思想障碍。

实现共同富裕需要明确共同富裕的科学内涵。共同富裕作为社会主义的本质要求和中国式现代化的重要特征，同时也是最广大人民群众的共同期盼。要实现共同富裕，前提是必须明确什么是共同富裕，只有目标明确了，大家才能够有所趋赴。为此，必须正确理解共同富裕的科学内涵，让大家明白共同富裕"是什么"；同时，面对社会上对共同富裕的共同关注和广泛讨论，也有必要澄清关于共同富裕的一些错误理解和模糊认识，化解人们的思想疑虑，做好舆论宣传引导。唯有如此才能为实现共同富裕打造坚实的思想舆论基础，并进一步统一思想、凝聚人心。

首先，需要明确共同富裕是全体人民的共享富裕，而不是少数人富裕的个体富裕，不仅有"先富"，更重要的是"共富"，是做大"蛋糕"和进一步分好"蛋糕"的统一。其次，共同富裕是人民物质生活和精神生活全面富裕，不是物质丰裕而精神贫乏的片面富裕，共同富裕不单单看重人民的经济收入和物质生活水平的提高，更关注其获得感、幸福感和安全感的增强，实现其全面发展。尤其需要明确的是，共同富裕追求的是全体人民的共同富裕，但并不是说全体人民整齐划一、同等步调地迈向共同富裕。共同富裕与先富带动后富、分阶段有差别地走向富裕并不矛盾，应该说，先富带动后富、分阶段有差别地走向富裕才是立足我国国情的现实选择。同时，共同富裕不是劫富济贫的平均主义，而是需要通过辛勤劳动、合法经营与相互帮助奔向富裕。此外，共同富裕也不是一蹴而就或是立竿见影的速成富裕，并不是一声令下就可以解决所有问题，相反，共同富裕需要循序渐进地持续推动。作为一个拥有14亿多人口的发展中大国，更需要在充分认识到实现共同富裕的艰巨性、复杂性和长期性的基础上久久为功，既要尽力而为也要量力而行，在矢志不渝的持续推进中一步步实现共同富裕。

实现共同富裕需要奋斗精神的科学引领。共同富裕不是一声令下就会自动到来，美好生活也不会从天而降，相反，共同富裕只有在亿万人民的辛勤劳动和苦干实干中才能实现。在通往共同富裕的道路上，也唯有共同奋斗、不懈奋斗才是不二之选。一言以蔽之，共同富裕要靠共同奋斗，在实现共同富裕的道路上，奋斗始终是其最亮丽的底色。必须明确的是，我们每个人都是共同富裕的主体，都既是共同富裕的受益者又必须是其积极贡献者，唯有人人参与、人人尽力，才能实现人人享有共同富裕。幸福是奋斗出来的，实现共同富裕需要奋斗精神的科学引领。这就意味着实现共同富裕既要防止急于求成也要杜绝畏难情绪，需要在实事求是的基础上以舍我其谁的使命担当和奋斗精神砥砺前行。伟大奋斗精神是中华民族的伟大精神，也是中国共产党一直秉承的重要精神。新民主主义革命的成功、新中国的成立和建设、改革开放的成就、新时代的奇迹都离不开伟大奋斗精神。在新的社会主义现代化征程上实现共同富裕需要继续发扬伟大奋斗精神。首先，需要明确树立奋斗的幸福观、富裕观。实现共同富裕不能被动地等、靠、要，不能像懒汉似的只管"躺平"，依靠"福利"，静候"政策"，等着共同富裕从天而降，而是需要通过主动作为奋斗出一片天地，创造属于自己的幸福和富裕。其次，需要牢固树立劳动致富的奋斗观。实现共同富裕只能靠劳动来创造，要大力弘扬以辛勤劳动为荣、以好逸恶劳为耻的劳动观，在全社会广泛宣传爱岗敬业的劳模精神、崇尚劳动的劳动精神、精益创新的工匠精神，将共同富裕深深植入扎扎实实的劳动根基之中。最后，弘扬奋斗精神、实现共同富裕需要的是合法致富。实现共同富裕鼓励的是勤劳致富、创新致富，奋斗的脚步必须走的是合法的阳光大道，而非歪门邪道，投机取巧、偏门致富是万万要不得的。

综上所述，精神富足是共同富裕的题中应有之义，为了实现共同富裕，既需要实现人民精神生活的共同富裕，也离不开良好的思想舆论引导。这就意味着，在奔向共同富裕的历史征程中，必须始终致力于满足和提升人们的精神文化需要。

多渠道促进人民精神生活
共同富裕

实现精神富足，促进人民精神生活共同富裕是一项系统工程，需要多渠道共同推进，它既要求人们有开展和丰富自身精神文化生活的能力，也要求有充足的健康的精神文化产品来满足人们的精神文化需要。因此，必须大力发展教育，提升公共文化服务水平，进一步健全现代文化产业体系。

一、大力发展教育，提升国民素质，促进人的全面发展

教育是提升国民素质的根基，是提高人民科学文化素质和思想道德素质的基本途径，人们只有在接受了一定程度的文化教育之后，才能切实提升自身素质，在此基础上才能拥有开展和丰富自身精神文化生活的能力，才能实现全面发展。

促进人民精神生活共同富裕需要坚持优先发展教育，保证教育公平。优先发展教育需要任何时候都将教育摆在国民经济和社会发展的突出位置，保证其必要的物质财力和优质人才的投入。为此，我国明确规定，"十四五"期间要实现劳动年龄人口平均受教育年限从 2020 年的 10.8 年提高到 2025 年的 11.3 年。同时，优先发展教育需要秉持立德树人的理念，

继续坚持推进素质教育，加快应试教育改革，不仅要进行科学文化知识的传输，更要注意受教育者思想观念的提升、道德品质的确立、健全人格的培养和创新能力的培育，以奠定其开展和丰富自身精神文化生活的必要基础，使其实现全面发展。此外，由于地理环境、经济发展、资源禀赋和制度政策的差异，我国城乡教育水平还存在一定的差距，这在一定程度上影响了全体人民精神生活的共同富裕。为此，优先发展教育需要进一步推进教育公平，坚持教育的公益原则，推动城乡义务教育一体化发展，切实弥补农村和欠发达地区教育资源不足的短板，构建更加优质均衡的基本公共教育服务体系，为人民群众提供更加公平的受教育机会，为满足人民的精神文化需要，实现其精神生活共同富裕打下坚实根基。同时，针对教育中存在的阶段性问题，优先发展教育、保证教育公平需要办好学前教育，完善职业教育，普及高中阶段教育，实现高等教育内涵式发展，办好继续教育，建设学习型社会和教育强国，大力提高国民素质，切实提升人们开展和丰富自身精神文化生活的能力，从而促进人的全面发展，实现精神富足。

二、坚持为人民服务、为社会主义服务，提升公共文化服务水平

在我国，公共文化服务是指由政府主导、社会力量参与，以满足人民基本文化需求为主要目的而提供的包括公共文化设施、文化产品和文化活动等在内的文化服务。公共文化服务是实现和维护人民群众基本文化权益的主要途径，为了实现精神富足，促进人民精神生活共同富裕，必须在现阶段继续坚持为人民服务、为社会主义服务的原则定位，进一步提升公共文化服务水平。

　　近些年，在国家的重视和支持下，我国基本建立了覆盖城乡的公共文化服务设施网络，公共文化服务效能有了较大提升，人民群众的精神文化生活得到了很大改善。但若从现阶段人民群众日益增长的精神文化需求层面来看，我国的公共文化服务水平还需要继续加强和提升。这就意味着要继续坚持社会主义方向，坚持以人民为中心，促进基本公共文化服务标准化、均等化。要实现人民群众精神生活的共同富裕，就要使人民群众都能公平地、平等地享受到应有的基本文化权益，并在此基础上享受到健康丰富的精神文化生活。公共文化服务体系是面向大众的公益性的文化服务体系，为此需要加强图书馆、博物馆、文化馆、美术馆、电台、电视台等公共文化基础设施建设，精准对标人民群众的精神文化需求，进一步推进图书馆、博物馆、文化馆、美术馆等公共文化场馆免费开放和数字化发展，努力以标准化的文化服务满足人民群众的基本文化需求。同时，加强公共文化服务体系建设要注意其公平性、公益性和均衡性的实现，要大力解决农村基础文化设施较为落后、文化活动相对贫乏以及精神文化项目层次不高、文化产品与服务内容形式较为单一等问题。这就需要优化城乡文化资源配置，引导优质文化资源和文化服务向农村和经济文化发展水平较低的地区倾斜，通过城乡"结对子"等常态化方式加强城市对农村文化建设的帮扶，切实提升农村地区和经济文化发展水平较低地区的公共文化服务水平，以此推进城乡公共文化服务一体化建设，实现基本公共文化服务均等化。同时在西部大开发、东北振兴、中部崛起和东部地区加快现代化的过程中，也要确保公共文化服务体系建设同步推进。唯有如此才能为实现精神富足，促进人民群众精神生活的共同富裕打下坚实根基。

三、把社会效益放在首位，健全现代文化产业体系

文化产业是市场经济条件下繁荣发展我国社会主义文化的重要载体，更是满足人民群众多样化、多层次、多方面精神文化需求的重要途径。改革开放以来，我国文化产业得到了飞速发展，但目前文化产业的整体发展水平和活力与现阶段人民群众的精神文化需求还存在不相适应的地方。新时代人民群众对文化供给的要求正在由"缺不缺、够不够"转向"好不好、精不精"，因此，为了实现精神富足，促进人民精神生活共同富裕，必须把社会效益放在首位，着力提升文化产品的质量和品位，健全现代文化产业体系。

健全现代文化产业体系，需要把社会效益放在首位。在我国，文化产业兼具意识形态属性和产业属性，需要处理好社会效益和经济效益的关系，任何时候都要坚持社会主义先进文化前进方向，把社会效益放在首位，实现社会效益和经济效益的统一。习近平总书记指出："衡量文化产业发展质量和水平，最重要的不是看经济效益，而是看能不能提供更多既能满足人民文化需求、又能增强人民精神力量的文化产品。"① 为此，健全现代文化产业体系还需要继续深化文化体制改革，增强全民族文化创造活力，尤其是面对人民群众对文化产品的需求开始从以中低端文化产品和服务为主向注重文化产品的品质为主的发展型和享受型转变时，更加需要以文化高质量发展为导向，切实解决文化产业高端有效文化产品供给不足和低端无效文化产品供给过剩的结构性矛盾，增加积极向上的精神文化产品供给。同时，通过实施文化产业数字化战略、推进文化产业智能化升级，扩大和提升优质文化产品的供给，推动文化和旅游融

---

① 习近平：《在教育文化卫生体育领域专家代表座谈会上的讲话》，人民出版社 2020 年版，第 7 页。

合发展，培育数字创意和数字艺术等新型业态，以此不断满足人民群众多样化、多层次、多方面的精神文化需求，实现精神富足，促进人民精神生活的共同富裕。

综上所述，实现精神富足需要多渠道促进人民精神生活共同富裕，通过大力发展教育，提高国民素质，能够提升人们开展和丰富自身精神文化生活的能力和水平，通过提升公共文化服务水平和健全现代文化产业体系，可以有效保护人民的基本文化权益，满足人民多方面的精神文化需求。

以社会主义核心价值观
引领精神富足

习近平总书记指出："没有先进文化的积极引领，没有人民精神世界的极大丰富，没有民族精神力量的不断增强，一个国家、一个民族不可能屹立于世界民族之林。"[①] 在奔向共同富裕的征程中，为了实现精神富足，促进人民精神生活共同富裕，就必须在满足人民精神文化需求的基础上着力增强人民的精神力量和文化自信。为此，需要继续以社会主义核心价值观引领精神富足，提升人民的精神文明素养，大力推动中华优秀传统文化创造性转化和创新性发展，在马克思主义指导下进一步坚定社会主义文化自信。

一、以社会主义核心价值观提升人民的精神文明素养

进入新时代，随着经济发展水平的提升和居民生活品质的改善，一方面，人民的精神文化需求日益旺盛，精神文化活动呈现出了喷发式、多样化、差异化的特征。另一方面，改革开放以来，人们的思想观念和价值取向日趋活跃与多元，主流与非主流并存，先进与落后交织，各种

[①] 《习近平关于社会主义文化建设论述摘编》，中央文献出版社 2017 年版，第 7 页。

各样的社会思潮此起彼伏，拜金主义、享乐主义、极端个人主义、历史虚无主义、文化虚无主义、泛娱乐主义等一些错误思潮也在一定程度上影响甚广，这些问题严重影响社会意志的凝聚和共同思想基础的形成，进而影响人民群众精神生活的共同富裕。因此，我们需要在社会主义核心价值观引领下大力发展中国特色社会主义文化，建设社会主义精神文明，进一步提升公民精神文明素养，在此基础上引导并满足人民群众日益增长的精神文化需求。核心价值观是决定文化性质和方向的最深层次要素，所以，只有坚持社会主义核心价值观的引领，才能为实现精神富足和人民精神生活的共同富裕掌好方向之舵。

社会主义核心价值观是当代中国精神的集中体现，凝结着全体人民共同的精神追求和价值期盼，规约着当代中国文化发展的性质和方向，是我们评判是非曲直的价值标准。我们进行社会主义精神文明建设，提升公民精神文明素养，就是通过培育和践行社会主义核心价值观，加强爱国主义、集体主义和社会主义教育，以期人民群众形成适应新时代要求的思想观念、精神面貌、文明风尚和行为规范。这就意味着要以社会主义核心价值观引领我国精神文明建设，将核心价值观的要求贯穿于文化产品创作、社会舆论宣传和文明生活创建等各项旨在满足人民群众精神文化需求的活动之中，通过教育引导、舆论宣传、文化熏陶、实践养成和制度保障，使其真切地转化为人民群众自觉的情感认同和行为习惯。社会主义核心价值观既是一种国家的德、社会的德，也是一种个人的德。因此，以社会主义核心价值观提升人民的精神文明素养，就是要求人民在国家、社会和个人层面严守大德，将核心价值观的要求内化于心、外化于行，在文明素养得到切实提升之际获得真正的精神满足。在纪念马克思诞辰 200 周年大会上的讲话中，习近平总书记强调指出："先进的思想文化一旦被群众掌握，就会转化为强大的物质力量；反之，落后的、错误的观念如果不破除，就会成为社会发展进步的桎梏。"[①] 对于人们的精神生活来说也是如此。

综上所述，唯有蕴含着崇高价值理想、有益于人民精神健康的文化产品，才能真正引导人民实现精神富足，只有在社会主义核心价值观和社会主义先进文化的引领下，才能真正促进人民精神生活的共同富裕。

二、大力推动中华优秀传统文化创造性转化和创新性发展

习近平总书记强调："中华优秀传统文化是中华民族的文化根脉，其蕴含的思想观念、人文精神、道德规范，不仅是我们中国人思想和精神的内核，对解决人类问题也有重要价值。"[②] 对于人民群众来说，历经五千年文明积淀的中华优秀传统文化是我们最深沉的精神力量根源。为此，在新时代必须以马克思主义为指导，坚守中华文化立场，大力推动中华优秀传统文化创造性转化和创新性发展，通过铸就中华文化新辉煌，培育人民群众精神富足的根基，增强人民群众的精神力量，进而实现人民精神生活共同富裕。

推动中华优秀传统文化创造性转化和创新性发展，首先要以正确的历史观和文化观旗帜鲜明地抵制历史虚无主义和文化虚无主义，一个忘记了自己的历史和文化的民族是没有未来的。习近平总书记多次强调指出，我们既不是历史虚无主义者，也不是文化虚无主义者，绝不能数典忘祖、妄自菲薄。这就提醒我们，一定不能忘记我们民族深厚的历史文

---

① 习近平：《在纪念马克思诞辰 200 周年大会上的讲话》，人民出版社 2018 年版，第 19 页。
② 《举旗帜聚民心育新人兴文化展形象，更好完成新形势下宣传思想工作使命任务》，《人民日报》2018年 8 月 23 日。

化根基。正是五千多年绵延不断的中华文明形成了中国人看待世界、社会和人生的独特价值体系、文化内涵和精神品质。为此，对于中华优秀传统文化，习近平总书记2014年2月在主持中央政治局集体学习时强调："要讲清楚中华优秀传统文化的历史渊源、发展脉络、基本走向，讲清楚中华文化的独特创造、价值理念、鲜明特色，增强文化自信和价值观自信。要认真汲取中华优秀传统文化的思想精华和道德精髓，大力弘扬以爱国主义为核心的民族精神和以改革创新为核心的时代精神，深入挖掘和阐发中华优秀传统文化讲仁爱、重民本、守诚信、崇正义、尚和合、求大同的时代价值，使中华优秀传统文化成为涵养社会主义核心价值观的重要源泉。"[①] 这就是说，我们要系统梳理传统文化资源，深入挖掘中华民族的优秀文化基因，把弘扬优秀传统文化和发展社会主义文化协调统一起来，在继承中发展，在发展中继承。通过中华优秀传统文化的创造性转化和创新性发展，把中华优秀传统文化中跨越时空、超越国界、富有永恒魅力、具有当代价值的文化精神弘扬起来。2017年中共中央办公厅、国务院办公厅印发了《关于实施中华优秀传统文化传承发展工程的意见》，文件明确规定了中华优秀传统文化传承发展的总体目标、主要内容、重点任务和工作要求。之后还制定了《长城、大运河、长征国家文化公园建设方案》等配套文件，为推动中华优秀传统文化的创造性转化和创新性发展提供了方案指导。近年来，《国家宝藏》《万里走单骑——遗产里的中国》《唐宫夜宴》《上元灯会》《祈》等一系列优秀节目，既为观众提供了唯美的视觉体验，也让人民群众以崭新的方式体会到了中华优秀传统文化的独特风采。

[①] 《习近平谈治国理政》第1卷，外文出版社2018年版，第164页。

综上所述，只有坚持对中华优秀传统文化的创造性转化和创新性发展，才能为增强人民群众的精神力量、实现人民精神生活共同富裕夯实民族文化根基。

三、以马克思主义为指导坚定中国特色社会主义文化自信

党的十九届五中全会通过的《中共中央关于制定国民经济和社会发展第十四个五年规划和二〇三五年远景目标的建议》，明确提出了"十四五"期间我国文化建设的新目标是：促进满足人民文化需求和增强人民精神力量相统一。这就意味着，实现精神富足和人民精神生活共同富裕需要满足人民的精神文化需求，更需要增强人民的精神力量，而人民精神力量增强的突出表现就是进一步坚定文化自信。

文化自信是一个民族、一个国家对自身文化理想、文化价值的高度认同，对自身文化生命力、创造力的高度自信。中华传统文化有悠久的历史，为人类和世界创造过辉煌的文明成果，为此，对于自己的文化，中国人是有"自信"的，这种自信也直接体现在"中华"这个名称的内涵里。"中"意为居四方之中，"华"本义为光辉、文采、精粹，用于族名，蕴含文化发达之意。元人王元亮说："中华者，中国也。亲被王教，自属中国，衣冠威仪，习俗孝悌，居身礼仪，故谓之中华。"当自以为居四方之中的中国被迫打开国门睁眼看世界之时，中华传统文化就不可避免地遭遇到了西方文化的冲击。1840 年鸦片战争后，国家蒙辱、人民蒙难、文明蒙尘，当中华传统文化遭遇西方的坚船利炮和相应的工业文化时，当以世界眼光作参照才发现中国并非居四方之中时，国人深入骨髓的那份"文化自信"开始有些无从安置，"文化自信"的迷失即肇始于此。

在中国共产党的带领下，经过新民主主义革命的浴血奋战，在新中国成立前夕，毛泽东同志豪迈预言："中国人被人认为不文明的时代已经过去了，我们将以一个具有高度文化的民族出现于世界。"① 进入新时代，习近平总书记更是强调："文化是一个国家、一个民族的灵魂。文化兴国运兴，文化强民族强。没有高度的文化自信，没有文化的繁荣兴盛，就没有中华民族伟大复兴。"② 这就意味着我们要建设的社会主义现代化强国，不仅要在物质上强，更要在精神上强。2015 年 11 月 3 日，习近平总书记在会见第二届"读懂中国"国际会议外方代表时谈道："中国有坚定的道路自信、理论自信、制度自信，其本质是建立在 5000 多年文明传承基础上的文化自信。"③ 文化自信就是中国特色社会主义文化自信。中国特色社会主义文化，源自中华民族五千多年文明历史所孕育的中华优秀传统文化，熔铸于党领导人民在革命、建设、改革中创造的革命文化和社会主义先进文化，植根于中国特色社会主义伟大实践。对于我们而言，文化自信，是更基础、更广泛、更深厚的自信，是更基本、更深沉、更持久的力量。为此，我们要加强党史、新中国史、改革开放史、社会主义发展史教育，进一步坚定文化自信，以马克思主义为指导，立足中国实践，在融通马克思主义的资源、中华优秀传统文化的资源、国外哲学社会科学的资源的基础上，坚持不忘本来、吸收外来、面向未来，努力构建"学术中的中国""理论中的中国""哲学社会科学中的中国"，以此真正增强人民的精神力量，实现精神富足和精神生活的共同富裕。

综上所述，在新时代实现精神富足，促进人民精神生活共同富裕需

① 《中国共产党简史》，人民出版社、中共党史出版社 2021 年版，第 141 页。

② 《中国共产党第十九次全国代表大会文件汇编》，人民出版社 2017 年版，第 33 页。

③ 《习近平新时代中国特色社会主义思想学习问答》，学习出版社、人民出版社 2021 年版，第 289 页。

要切实增强人民群众的精神力量。继续坚持社会主义核心价值观的引领、大力推动中华优秀传统文化创造性转化和创新性发展、坚定中国特色社会主义文化自信是增强人民群众精神力量的有效途径。

要点回看

◎ 人的全面发展是社会主义的内在规定，共同富裕是社会主义的本质要求，促进共同富裕与促进人的全面发展是高度统一的，精神富足既是共同富裕的题中应有之义，也是促进人的全面发展的必然要求。

◎ 精神生活指向的是人民群众对精神成果的占有和内化，反映的是人民群众精神需求的满足状况，既包括文化智力方面也包括思想道德方面。

◎ 在实现共同富裕的过程中需要良好舆论引导的支持，这里既包括对共同富裕以及如何实现共同富裕的科学阐释，也包括及时澄清对共同富裕的误读，扫除实现共同富裕的思想障碍。

◎ 实现精神富足需要多渠道促进人民精神生活共同富裕，通过大力发展教育，提高国民素质，能够提升人们开展和丰富自身精神文化生活的能力和水平，通过提升公共文化服务水平和健全现代文化产业体系，可以有效保护人民的基本文化权益，满足人民多方面的精神文化需求。

◎ 需要继续以社会主义核心价值观引领精神富足，提升人民的精神文明素养，大力推动中华优秀传统文化创造性转化和创新性发展，在马克思主义指导下进一步坚定社会主义文化自信。

推荐阅读

1.《习近平关于社会主义文化建设论述摘编》，中央文献出版社 2017 年版。

2. 习近平：《在文艺工作座谈会上的讲话》，人民出版社 2015 年版。

3. 习近平：《在哲学社会科学工作座谈会上的讲话》，人民出版社 2016 年版。

4. 习近平：《在纪念马克思诞辰 200 周年大会上的讲话》，人民出版社 2018 年版。

5. 习近平：《坚定文化自信，建设社会主义文化强国》，《求是》2019 年第 12 期。

6.《习近平新时代中国特色社会主义思想学习问答》，学习出版社、人民出版社 2021 年版。

乡村振兴：
促进农民农村
共同富裕

要紧紧扭住农村基本公共服务和基本社会保障的制度建设，编织一张兜住困难群众基本生活的社会安全网。

——习近平《在中央农村工作会议上的讲话》（2013年）

要把乡村振兴战略这篇大文章做好，必须走城乡融合发展之路。我们一开始就没有提城市化，而是提城镇化，目的就是促进城乡融合。要向改革要动力，加快建立健全城乡融合发展体制机制和政策体系。

——习近平《在十九届中央政治局第八次集体学习时的讲话》

要实施乡村建设行动，继续把公共基础设施建设的重点放在农村，在推进城乡基本公共服务均等化上持续发力，注重加强普惠性、兜底性、基础性民生建设。要接续推进农村人居环境整治提升行动，重点抓好改厕和污水、垃圾处理。

——习近平《在中央农村工作会议上的讲话》（2020年）

脱贫攻坚战的全面胜利历史性地解决了长期以来困扰着中华民族的绝对贫困问题，全面建成小康社会如期实现，农业农村面貌焕然一新，农民生活水平显著提高。党的十九大作出了乡村振兴的重大战略部署，绘制了新时代我国"三农"发展的崭新蓝图。在中国共产党的领导下，站在脱贫攻坚与乡村振兴有机衔接的历史方位，推动农民农村朝着共同富裕扎实迈进，是当前一项重要的战略任务。

第十三章　乡村振兴：促进农民农村共同富裕

乡村振兴与农民农村共同富裕的科学内涵

促进农民农村共同富裕的必由之路

☆迈向共同富裕的道路上不能落下农民农村

☆要实现全体农民物质生活和精神生活都富裕

☆农民农村是扎实推动共同富裕的重要力量

☆农民农村实现共同富裕的道路是逐步推进的

乡村振兴与农民农村共同富裕的逻辑关系

☆乡村振兴和共同富裕统一于以人民为中心的发展思想

☆乡村振兴和共同富裕统一于建设社会主义现代化强国的百年奋斗目标

乡村振兴对于促进农民农村共同富裕的重要意义

☆乡村振兴立足"三农"发展的重要历史方位，是促进农民农村共同富裕的必由之路

☆农业农村现代化是现代化强国的重要部分，是促进农民农村共同富裕的根本支撑

☆农业农村是我国经济社会发展的稳定器，促进农民农村共同富裕是我国社会安定的基础保证

促进农民农村共同富裕的现实挑战

1.外部发展环境复杂多变，推进共同富裕面临挑战

2.城乡贫富差距依然显著，不平衡不充分问题突出

3.农业现代化发展水平低，基础设施建设发展不足

促进农民农村共同富裕的路径抉择

1.坚持中国共产党的领导，以组织振兴促进共同富裕

2.大力发展乡村产业经济，以产业振兴促进共同富裕

3.坚持完善基本经济制度，增加农村居民财产性收入

4.正确处理公平和效率的关系，兼顾做大"蛋糕"和分好"蛋糕"

5.巩固拓展脱贫攻坚成果，促进农民农村全面实现共同富裕

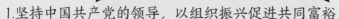

促进农民农村共同富裕的
必由之路

党的十九届六中全会强调，中国特色社会主义新时代"是全国各族人民团结奋斗、不断创造美好生活、逐步实现全体人民共同富裕的时代"[①]。乡村振兴是新时代背景下实现全体人民共同富裕的必然选择。乡村振兴和共同富裕是辩证统一的关系，两者都是社会主义现代化的目标，是我国贯彻落实以人民为中心发展思想的重要体现。农村地区是我国全面建设社会主义现代化强国的短板，但也是最具潜力和后劲的地区。乡村振兴是促进农民农村共同富裕的重要战略支持，是实现农业高质高效、乡村宜居宜业、农民富裕富足的必经之路，以乡村振兴扎实推动共同富裕意义重大。

一、乡村振兴与农民农村共同富裕的科学内涵

"消除贫困、改善民生、实现共同富裕是社会主义的本质要求，是我们党坚持全心全意为人民服务根本宗旨的重要体现，是党和政府的重大责任。"[②]解决好"三农"问题始终是全党工作的重中之重。党的十八

---

① 《中国共产党第十九届中央委员会第六次全体会议文件汇编》，人民出版社2021年版，第45页。

② 习近平：《在全国脱贫攻坚总结表彰大会上的讲话》，人民出版社2021年版，第13页。

大之后的 8 年时间里，我国实现了现行标准下近 1 亿农村贫困人口全部脱贫和 832 个贫困县全部摘帽，提前 10 年完成了联合国《2030 年可持续发展议程》减贫目标，为全球减贫事业贡献了中国方案。

"民族要复兴，乡村必振兴。"站在"两个一百年"奋斗目标的历史交汇点上，立足于实现第二个百年奋斗目标，党的十九大作出了实施乡村振兴战略的重要部署。作为衔接脱贫攻坚的"三农"发展战略，乡村振兴瞄准缓解和消除相对贫困问题，将战略对象从农村贫困人口延伸到全部农村人口，将战略范围从农村贫困地区延伸到全部农村地区，通过实施乡村产业、人才、文化、生态、组织振兴，建设产业兴旺、生态宜居、乡风文明、治理有效、生活富裕的美丽乡村。我国要建成社会主义现代化强国，离不开实现农业农村现代化。实施乡村振兴战略是新时代农业农村发展的客观要求，是推动农业供给侧结构性改革、构建农业现代化体系、实现农业农村现代化、促进城乡一体化发展、最终实现共同富裕的必然选择。

共同富裕是社会主义的本质要求，是人民群众的共同期盼，是中国特色社会主义理论体系的重要基石。邓小平同志指出："社会主义的本质，是解放生产力，发展生产力，消灭剥削，消除两极分化，最终达到共同富裕。"[1] 我国实施改革开放的最终目的是实现共同富裕，如果经济发展起来了，贫富差距却越拉越大，这就违背了中国特色社会主义的本质，违背了全体人民的意志，所以要坚决防止两极分化并促进共同富裕，实现社会和谐安定。共同富裕是改革和发展的基本原则，是精准扶贫思想的理论源泉。中国共产党始终坚持以人民为中心的发展思想，带领全国

---

[1] 《邓小平文选》第 3 卷，人民出版社 1993 年版，第 373 页。

人民不断创新扶贫模式，坚持共同富裕的终极减贫目标，凝聚各方力量合力消除贫困。

共同富裕深刻贯彻了新发展理念的共享发展内涵，这些内涵同样体现在以乡村振兴促进农民农村共同富裕的进程之中。第一，共同富裕是全民富裕。共同富裕不是少数人、少数区域的富裕，也不是整齐划一的平均主义，而是包括农民在内的全体人民共同富裕。消除两极分化、消除贫富差距、消除分配不公，实现全国各族人民、各个区域、城乡之间的共同富裕虽然任务艰巨，但却是我国经济社会发展的根本目的，是中国共产党带领全国各族人民实现中华民族伟大复兴的中国梦进程中不可推卸的责任，迈向共同富裕的道路上不能落下农民农村。第二，共同富裕是全面富裕。共同富裕具有全面丰富的内涵，意味着方方面面的长足富裕，农民农村共同富裕不仅要实现全体农民的物质生活富裕，还要实现精神生活富裕，同时农村发展还要注重物质文明、精神文明、生态文明三者的有机统一。第三，共同富裕是共建富裕。勤劳致富是中华民族的传统美德，共同富裕要靠勤劳智慧来创造。共同富裕是全民富裕，就需要全民共建。农村地区资源丰富，农村居民朴实能干，农业产业是经济社会发展的基本支柱，农民农村同样是扎实推动共同富裕的重要力量。第四，共同富裕是渐进富裕。共同富裕不是同等富裕，也不是同时富裕，不同区域、不同个体实现富裕的道路都是逐步推进的。共同富裕是一个从低级到高级、从不均衡到均衡的螺旋式上升过程，要坚持先富带后富，让一部分地区和人民先富起来，通过先富带后富来最终实现共同富裕。农民农村的共同富裕道路走得慢一点没有关系，在不断推进新型城镇化和乡村振兴的战略进程中，只要充分发挥好"以工促农、以城带乡"的重要作用，城乡共同富裕终将实现。同时，共同富裕不是平均主义，不可能实现完全的平均富裕，如果一味地强调绝对平均，甚至会出现"共同贫穷"的现象。所以说，城乡区域的富裕程度在一段时期内存在适度差距是被允许的，但城乡之间的贫富差距一定要符合逐步缩小的趋势，直到居民收入和实际消费水平差距缩小到合理区间。

二、乡村振兴与农民农村共同富裕的逻辑关系

第一，乡村振兴和共同富裕统一于以人民为中心的发展思想。乡村振兴和共同富裕统一于我们党人民性的宗旨，统一于新时代促进人的全面发展的要求。中国共产党人始终坚持初心使命，秉承全心全意为人民服务的宗旨，为人民谋幸福、为民族谋复兴，新时代我国"必须坚持以人民为中心的发展思想，不断促进人的全面发展、全体人民共同富裕"[①]。实现全体人民共同富裕是中国共产党人的目标，对于奋力推进新时代中国特色社会主义事业具有重要意义。在全面建成小康社会过程中，中国共产党代表着最广大人民的根本利益，始终坚持以人民为中心，一切从人民的利益出发。"在全面建设社会主义现代化国家新征程中，我们必须把促进全体人民共同富裕摆在更加重要的位置，脚踏实地、久久为功，向着这个目标更加积极有为地进行努力，促进人的全面发展和社会全面进步，让广大人民群众获得感、幸福感、安全感更加充实、更有保障、更可持续。"[②]实现共同富裕是一个循序渐进的过程，共同富裕不仅要逐步实现全体人民的物质富有、精神富裕，还要实现人的全面发展，推动社会和生态的全面完善。

提高农民收入、促进农民共同富裕是贯穿我国"三农"发展的根本

---

① 《中国共产党第十九次全国代表大会文件汇编》，人民出版社 2017 年版，第 15—16 页。

② 习近平：《在全国脱贫攻坚总结表彰大会上的讲话》，人民出版社 2021 年版，第 21—22 页。

宗旨。广大农民是乡村振兴的主体，以农民利益为根本利益，致力于促进全体农民的全面发展，符合中国共产党人的人民观要求。乡村振兴将维护农民群众根本利益、促进农民农村共同富裕作为出发点和落脚点，在持续提升农民收入的同时完善农村基础设施和公共服务体系建设，在实现农民物质富裕的同时实现其精神富裕，切实增强农民的获得感、幸福感、安全感。

第二，乡村振兴和共同富裕统一于建设社会主义现代化强国的百年奋斗目标。我国的现代化是实现共同富裕的现代化。"共同富裕本身就是社会主义现代化的一个重要目标"①，我国要实现共同富裕，关键是要建成社会主义现代化强国，而国家现代化离不开农业农村现代化。中共中央、国务院在《关于实施乡村振兴战略的意见》中对乡村振兴的阶段作出规划："到 2035 年，乡村振兴取得决定性进展，农业农村现代化基本实现"；"到 2050 年，乡村全面振兴，农业强、农村美、农民富全面实现"。②农业农村现代化与我国共同富裕统筹规划，同步推进。"十四五"规划更加明确地提出了 2035 年的远景目标，要实现"人民生活更加美好，人的全面发展、全体人民共同富裕取得更为明显的实质性进展"，并提出"十四五"时期要坚决完成"脱贫攻坚成果巩固拓展，乡村振兴战略全面推进，全体人民共同富裕迈出坚实步伐"的经济社会发展主要目标。③

2021 年 11 月，国务院印发的《"十四五"推进农业农村现代化规划》

---

① 《向全国各族人民致以美好的新春祝福，祝各族人民幸福吉祥祝伟大祖国繁荣富强》，《人民日报》2021 年 2 月 6 日。

② 《中共中央国务院关于实施乡村振兴战略的意见》，人民出版社 2018 年版，第 6 页。

③ 《中华人民共和国国民经济和社会发展第十四个五年规划和 2035 年远景目标纲要》，人民出版社 2021 年版，第 9—10 页。

中最新明确了 2025 年农业农村现代化的目标，到 2025 年要实现农业基础更加稳固，乡村振兴战略全面推进，农业农村现代化取得重要进展，梯次推进有条件的地区率先基本实现农业农村现代化。同时强调要聚焦提升粮食等重要农产品供给保障水平、提升农业质量效益和竞争力、提升产业链供应链现代化水平"三个提升"，以及建设宜居宜业乡村、建设绿色美丽乡村、建设文明和谐乡村"三个建设"，做好巩固拓展脱贫攻坚成果同全面推进乡村振兴有效衔接"一个衔接"。

以农业农村现代化推进农民农村共同富裕，是以乡村振兴促进共同富裕的主线。随着人民物质生活水平的不断提升，城乡居民对高质量农产品的需求不断上升，这就倒逼农业供给侧结构性改革不断深化，推动了农业生产力不断提高，保障了农业基础逐步稳固，并持续为我国贡献高质量的农产品供给，这是新时代农业农村迈向现代化的新特征。在数字经济快速发展的背景下，以数字乡村建设提高农村公共基础设施和公共服务的现代化水平，也能为实现农业农村现代化提供技术保障。除此之外，以乡村振兴战略推进城乡一体化发展，以组织振兴提升乡村治理能力和治理体系现代化水平，也是国家治理能力和治理体系现代化的重要体现。

三、乡村振兴对于促进农民农村共同富裕的重要意义

第一，乡村振兴立足"三农"发展的重要历史方位，是促进农民农村共同富裕的必由之路。共同富裕是乡村振兴的终极目标，乡村振兴是实现共同富裕的一个必要历史过程。习近平总书记指出，"我们推动经

济社会发展，归根结底是要实现全体人民共同富裕"①。共同富裕不仅是马克思、恩格斯的伟大设想，更是中国共产党百年来的目标追求。乡村振兴是站在新的历史方位上推进共同富裕的重大发展战略。

我国农业农村对共同富裕的探索经历了土地革命战争时期的"打土豪分田地"、社会主义革命和建设时期的农业生产合作社、改革开放时期的家庭联产承包责任制、新时代的脱贫攻坚等一系列改革和减贫的发展历程，特别是改革开放的40多年来，农业农村发展取得了显著成效，为促进农民农村共同富裕创造了良好条件。党的十八大以来，党中央更加强调农业农村优先发展，顺利打赢脱贫攻坚这场硬战，促进农业农村取得了长足进步。党的十九大提出"乡村振兴"这一新时代"三农"发展战略，是党中央立足新发展阶段，以新发展理念为指导，针对新形势和新背景作出的农村发展部署。

脱贫攻坚和乡村振兴虽然是我国处于不同历史方位上的两个重大战略决策，但归根结底是要实现农民农村共同富裕。乡村振兴是农民农村实现共同富裕的必经之路，是扎实推动共同富裕的必然要求。共同富裕是全体人民的富裕，但农业农村是我国经济社会发展的短板，实现共同富裕最艰巨最繁重的任务在农村。补齐"三农"短板，支持农业农村优先发展，提高农民富裕水平，促进城乡协调发展，是我国从消除绝对贫困到缓解并最终消除相对贫困的重点，是中国共产党带领农民农村逐步奔向共同富裕的关键。

第二，农业农村现代化是现代化强国的重要部分，是促进农民农村共同富裕的根本支撑。国家现代化是共同富裕的重要特征和表现，实现

---

① 《中国共产党第十九届中央委员会第五次全体会议文件汇编》，人民出版社 2020 年版，第 84 页。

农民农村共同富裕是推进农业农村现代化的核心目标。乡村振兴五个方面的"振兴"，与实现农民农村共同富裕的奋斗目标紧密相关，是走向农业农村现代化的必经途径，对于我国现代化建设具有重要意义。首先，从物质富裕层面来看，实施乡村产业振兴有利于加快现代化农业产业体系构建，有利于借助农村党组织领办合作社等新型平台壮大集体经济，同时提升乡村水、电、气、路、通信等传统基础设施建设水平，并促进乡村 5G、大数据、人工智能等新型基础设施建设，为缩小城乡居民收入差距和促进城乡居民基本公共服务均等化提供良好条件，促进农民农村共同富裕的实现。其次，从精神富裕层面来看，在实施乡村人才振兴的过程中，通过农村义务教育和乡村基础教育的提质发展，并加强农民专业技术知识的培训，能够培养高水平人才和高素质农民，进而提高家庭农场、农民专业合作社等新型农业经营主体的现代化水平。除此之外，实施乡村组织振兴和文化振兴，能够提高乡村治理能力，培养优良乡风、民风和家风。再次，从生态文明层面来看，乡村生态振兴强调在发展农村经济的同时更加注重生态环境保护，坚守"绿水青山就是金山银山"的发展理念，坚持对山水林田湖草沙的保护，坚持人与自然和谐共生，并强调建立生态立体农业，加快形成绿色发展方式。

第三，农业农村是我国经济社会发展的稳定器，促进农民农村共同富裕是我国社会安定的基础保证。在我国经济下行压力增加、国内外发展形势严峻复杂的情况下，"三农"领域的重要作用更加凸显，特别是自 2020 年新冠肺炎疫情暴发以来，"三农"的"压舱石"和"稳定器"作用更加明显。一方面，乡村振兴对于保障粮食安全意义重大。民以食为天，粮食问题关乎百姓的生存问题，关乎国家的安全问题，关乎经济社会的稳定发展。"一个国家只有立足粮食基本自给，才能掌握粮食安全主动权，进而才能掌控经济社会发展这个大局。"①粮食安全位于国家安全之首，严守 18 亿亩耕地红线，加大对粮食主产区的支持，为经济社会发展提供高品质物质支持，维护好国家粮食安全，是乡村振兴的重要任务。因此，稳住农业基本盘，做好粮食和农副产品供给保障，并将农业供给从增量逐步过渡到提质，以满足人民对高质量农产品的需求，不仅能够提升农业发展水平，还能够为扎实推动共同富裕创造安全稳定的环境。另一方面，农业农村承接了农村劳动力的回流，为保障农民基本生活需求和持续增收提供了缓冲平台。在快速推进城镇化的背景下，农村劳动力向城市转移成为必然趋势，但由于户籍制度限制和高生活成本等原因，也必然会存在部分农民回流返乡的情况。农村地区为广大农民提供了就业和创收的保护屏障，农民的宅基地和承包经营地能够保障返乡农民的基本生产生活需求。同时，利用农村集体建设用地等资源发展集体经济，促进农村产业经济发展，也能够为农民提供就业机会，对于保障共同富裕的实现进程起到了至关重要的作用。乡村振兴战略的实施极大地改善了农业农村的生产生活条件，吸引了人才返乡，维护了社会经济的稳定发展，开创了农村地区共同富裕的新景象。

① 《十八大以来重要文献选编》上册，中央文献出版社 2014 年版，第 661 页。

促进农民农村共同富裕的
现实挑战

当今世界发展正面临百年未有之大变局，我国城乡二元经济结构矛盾突出，农业农村现代化发展面临挑战，内外部发展环境复杂严峻，以巩固提升脱贫成效和加快实施乡村振兴战略扎实推动农民农村共同富裕仍然是一项长期而艰巨的任务。

一、外部发展环境复杂多变，推进共同富裕面临挑战

共同富裕的实现不是一蹴而就的，而是一个螺旋式上升的发展过程。当前我国经济发展仍处于"三期叠加"阶段，经济增长进入了从高速转向中高速、从注重规模速度转向注重质量和效率的新常态，并且已经进入高质量发展阶段。习近平总书记在主持十九届中央政治局第二十七次集体学习时强调："进入新发展阶段，完整、准确、全面贯彻新发展理念，必须更加注重共同富裕问题。"[①] 我国处于并将长期处于社会主义初级阶段的基本国情没有变，新发展阶段是实现共同富裕进程中的一个关键阶段，也属于社会主义初级阶段。然而，我国在新发展阶段面临着多重挑战，

---

① 《完整准确全面贯彻新发展理念，确保"十四五"时期我国发展开好局起好步》，《人民日报》2021年1月30日。

世界发展进程正在经历百年未有之大变局，逆全球化思潮涌现，单边主义、保护主义开始抬头，霸权主义、强权政治愈演愈烈，加之新冠肺炎疫情对全球处理重大突发公共卫生事件能力的巨大冲击，全球发展正处于动荡不安的局面。新一轮科技革命和产业变革也深刻影响着就业和收入分配。我国提出了构建"以国内大循环为主体，国内国际双循环相互促进"的新发展格局，着力促进内需潜力的释放，以出口转内需保证经济发展。宏观发展环境的不稳定性对国内农业农村发展也产生了一定冲击。农产品的进出口活动关系着我国经济发展，更关系着国家粮食安全。我国主要农产品进口依赖度及对外依存度仍然较高，在外部宏观条件不稳定的背景下，粮食安全或将面临冲击，不仅不利于粮食价格稳定，同时对于农业现代化发展进程也极为不利，给以乡村振兴推进共同富裕的道路增加了不稳定性因素。

二、城乡贫富差距依然显著，不平衡不充分问题突出

我国人民日益增长的美好生活需要和不平衡不充分的发展之间的矛盾是当前社会的主要矛盾，这一矛盾将长期存在于社会主义初级阶段，要深刻认识我国社会主要矛盾变化带来的新特征新要求。城乡发展不平衡、农村地区发展不充分，是我国社会主要矛盾中最突出的问题。进入新时代，我国经济社会发展取得了长足进步，但"解决发展不平衡不充分问题、缩小城乡区域发展差距、实现人的全面发展和全体人民共同富裕，仍然任重道远"[①]。

实现共同富裕，首先要解决贫困问题，其次要缩小贫富差距。消除

---

① 《完整准确全面贯彻新发展理念，铸牢中华民族共同体意识》，《人民日报》2021年3月6日。

贫困既是实现共同富裕的手段和方法，也是实现共同富裕的目标。脱贫攻坚战的胜利消除了我国的绝对贫困，但这并不代表贫困问题已经完全解决，相对贫困人口规模依然较大，农民收入水平相对较低、产业发展基础不稳固问题以及返贫风险的存在仍然阻碍着农业农村的发展，消除城乡贫富差距、扎实推动共同富裕仍然存在障碍。

我国城乡二元经济结构长期存在，城乡之间在居民收入、基础教育、基本医疗卫生、养老服务、住房保障等方面的差距依然明显，农业农村发展质量有待持续提高。在新型城镇化建设过程中，城市的"虹吸效应"又加重了乡村的"空心化"，资本、人才、技术等生产要素不断向城市集聚，发达地区和高收入群体更容易获得发展机会。此外，乡村技术水平较低，农村地区捕获技术红利的能力欠缺，加大了城乡收入不平等和基本公共服务资源不均衡，城乡之间"数字鸿沟"短期难以消弭。

在分好"蛋糕"方面，城乡收入分配差距大、分配结构不平衡的问题凸显。2021年城镇居民人均可支配收入为47412元，农村居民人均可支配收入为18931元，城乡居民人均可支配收入比值为2.50。由此可见，城乡在发展能力、机会、潜力等方面仍差距显著。因此，2035年全体人民共同富裕要取得更为明显的实质性进展，就要解决好城乡发展"一条腿长、一条腿短"的问题，要保证农民农村共同富裕的实现，这是我国扎实推动共同富裕的核心问题。

三、农业现代化发展水平低，基础设施建设发展不足

农业是立国之本，是强国之基。城乡发展不平衡不充分的问题归根结底是生产力发展不充分。当前阶段，农业发展仍然是我国发展的弱项。我国大部分地区农民多采取传统的农业生产方式，农业现代化发展水平

较低问题突出表现为农业机械化率、科技化率较低，高标准农田建设规模不足，农业生产力水平亟待提升，进而导致了高质量农产品供给不足，农业产业发展难以适应快速变化的市场需求。在经济发展由要素驱动型转为创新驱动型的经济环境中，借助新一轮科技革命和产业变革推动生产力发展尤为重要。同时，我国农村的交通、通信、水利、电力等基础设施建设随着脱贫攻坚的开展获得了明显提升和完善，但仍存在发展不足的问题，尤其是农业基础设施的建设水平不高限制了农业现代化发展水平的提升，影响了社会生产力发展，乡村振兴要更加注重持续完善农业发展基础，打牢农业这一长久以来农民赖以生存的根基。因此，传统基础设施建设在乡村振兴战略的推进中依然占有十分重要的地位，除此之外，还要注重以数字经济为主要特征的新型基础设施建设，缩小城乡"数字鸿沟"，多层次提高农村基建水平，提升农村地区共同富裕水平。

促进农民农村共同富裕的
路径抉择

　　习近平总书记强调，党的十八大以来，党中央"把逐步实现全体人民共同富裕摆在更加重要的位置上"，当前"已经到了扎实推动共同富裕的历史阶段"，要全面推进乡村振兴，促进农民农村共同富裕。[①] 在全面实施乡村振兴战略的过程中扎实推动共同富裕，就要利用好中国特色社会主义制度优势，以提高农民收入和提高农民精神文明富裕程度为主线，加快农业供给侧结构性改革，构建现代化农业产业体系，加快农业产业化；盘活农村资产，增加农民财产性收入；加强农村基础设施和公共服务体系建设，改善农村人居环境；建立科学的公共政策体系，使农民平等共享经济发展成果；巩固拓展脱贫攻坚成果，持续缩小城乡差距，实现乡村全面振兴，促进农民农村物质文明、精神文明和生态文明的共同富裕。

一、坚持中国共产党的领导，以组织振兴促进共同富裕

　　坚持中国共产党的领导是我国实现共同富裕的根本保证，坚持中国

---

①　习近平：《扎实推动共同富裕》，《求是》2021 年第 20 期。

特色社会主义制度是扎实推动共同富裕的制度保障。中国共产党是领导农村工作的关键力量，"我们最大的优势是我国社会主义制度能够集中力量办大事"[①]。共同富裕需要全体人民的共同努力，我国要充分发挥全国一盘棋的制度优势，汇聚全国人民的力量扎实推动共同富裕。中国共产党集中统一领导的优势在我国顺利打赢脱贫攻坚战中发挥了重要作用，在以乡村振兴扎实推动共同富裕的进程中，仍然要坚持中国共产党的领导，发挥中国特色社会主义制度的政治优势。要强化"五级书记抓乡村

共同富裕百村联盟

2021 年 6 月，浙江 106 个共同富裕先行村，自愿组成共同富裕百村联盟，旨在增进村际沟通交流，强化优势资源互通，实现发展经验共享，全力推动广大农民共同富裕。

国家"十四五"规划和 2035 年远景目标纲要明确提出，支持浙江高质量发展建设共同富裕示范区。据了解，联盟首批成员村普遍具有党建引领强、农村经济兴、人居环境优、乡风文明淳、乡村治理安、农民生活好等特征。

今后，浙江省共同富裕百村联盟将共谋发展思路、共结富裕硕果、共创乡村伟业、共建未来乡村、共育文明乡风。着力推进富民强村，壮大村级集体经济，让农民钱袋子鼓起来，让农村集体富起来；建设美丽乡村，持续深化"千万工程"，继续推进农村垃圾、污水、厕所"三大革命"，探索未来乡村建设，共建美丽大花园，把美丽乡村这块金字招牌擦得更亮；深化"两进两回"，把更多投资者、有为青年、新乡贤吸引到农村广阔天地来；促进精神富足，推动形成文明乡风、良好家风、淳朴民风；加强合作联合，推进平台共建、资源共享、产业共兴、品牌共塑，实现先富带后富、区域共同富。

振兴"的责任落实，健全中央统筹、省负总责、市县乡抓落实的乡村工作领导体制。要充分发挥各级党委农村工作领导小组的统筹协调作用，加强党委农村工作机构建设。

"党的基层组织是党在社会基层组织中的战斗堡垒，是党的全部工作和战斗力的基础。"[①]农村基层党组织是乡村振兴战略的领导者和执行者，发挥着领导和组织的关键作用，决定着乡村治理的效果，是领导农民农村走向共同富裕的中坚力量。因此，要"加强农村基层党组织建设。扎实推进抓党建促乡村振兴，突出政治功能，提升组织力，抓乡促村，把农村基层党组织建成坚强战斗堡垒"[②]。同时，要储备乡村振兴干部队伍，培养政治过硬、本领过硬、作风过硬且全心全意为人民服务的农村基层干部，为有序推进乡村振兴和促进共同富裕积蓄干部人才力量。

在建设现代化强国的背景下，乡村治理体系现代化也是国家治理体系和治理能力现代化的重要组成部分。加强乡村社会治理，加强基层民主法治建设，构建和完善乡村现代治理体系进而提升国家治理的整体效能，走乡村善治之路，是乡村组织振兴的关键所在。要构建党委领导、政府负责、社会协同、公众参与、法治保障的现代社会治理体制，健全农村基层党组织领导的自治、法治、德治相结合的乡村治理体系，为以乡村振兴促进农民农村共同富裕提供组织保障。

二、大力发展乡村产业经济，以产业振兴促进共同富裕

产业振兴是乡村振兴的首要任务，是提升农业现代化水平、拉动农村经济增长、促进农民收入提高、增强农村经济实力的重要因素，是推

---

① 《中国共产党章程》，人民出版社 2017 年版，第 22 页。
② 《中共中央国务院关于实施乡村振兴战略的意见》，人民出版社 2018 年版，第 19 页。

进农民农村实现共同富裕的重要驱动力。在高质量发展背景下，我国尤其强调质量兴农，以实现农业大国向农业强国的转变。因此，要加快农业产业化，优化乡村产业结构，促进乡村产业提档升级，持续深化农业供给侧结构性改革，从农业生产端着手，加大农业领域创新力度，为乡村振兴提供物质基础，增强农业供给体系的适配性，以高质量农产品激发市场需求，释放农村消费潜力，增强农村经济活力。

农业产业是保障粮食安全的基础产业。随着人们消费水平的升级和"三孩"政策的实施，我国粮食需求将出现一定程度的增长，特别是高质量农产品的需求种类和数量将会显著增加。要严守18亿亩耕地红线，建设旱涝保收的高标准农田，建好粮食主产区和重要农产品保护区，要为农业产业发展注入科技的力量，加大种业研发力度，保障耕地安全、种业安全和粮食安全。当前我国农业产业发展水平不高，要实现农业现代化，就要加快传统农业向现代化农业转型，提高农业经营集约化、专业化、组织化、社会化水平。要实现小农户和现代农业发展的有机衔接，引导小农户走入现代化农业发展轨道。要发展适度规模经营，加快培育种养专业大户、家庭农场、农民专业合作社、农业产业化龙头企业等新型农业经营主体，培育新型职业农民，提高农民的生产能力，增强农民的致富能力。

做好乡村产业区域布局规划、实现产业结构优化升级，是乡村产业可持续发展的基础保证。要发挥好各地区产业的比较优势，支持农村现代化农业产业体系发展。在双循环新发展格局背景下要把握发展时机，打破城乡要素自由流动的壁垒，吸纳资本、人才、技术、信息等资源要素向农村地区流动，延长农业产业链，加快提升农业产业化水平，打造乡村生产、加工、销售、服务等一系列全产业链集群，通过标准化生产提高农产品质量，降低农业生产成本，形成资源集聚、产业集聚优势。在此基础上，要注重农业品牌化战略，构建特色农业品牌和现代农业体系，建强和巩固农业产业，增强乡村产业竞争力。要以当地资源为依托发展乡村特色产业，激发乡村内生发展动力，开发产业新业态，发展乡村旅游、农村电商等新兴服务产业，促成一二三产业融合发展，将产业收益让利给农民，以产业振兴促进农民农村共同富裕。

三、坚持完善基本经济制度，增加农村居民财产性收入

以乡村振兴促进共同富裕必须充分发挥社会主义基本经济制度优势。要坚持"两个毫不动摇"，坚持公有制经济为主体，多种所有制经济共同发展，同时促进非公有制经济健康发展。公有制经济是实现共同富裕最重要的经济支撑，而农村集体经济是公有制经济的重要组成部分，要大力发展新型农村集体经济，充分发挥其在乡村振兴中解决相对贫困问题、缩小贫富差距、推进共同富裕方面的重要作用。

发展农村集体经济，使农民充分享受资产收益，是实现农民共同富裕的重要抓手。党支部牵头成立农民专业合作社不仅能够提升农村基层党组织的工作能力，增强组织凝聚力，在领导农村工作中把准政治方向，还能发展壮大集体经济。要坚持发展党支部领办合作社，盘活农村资源要素，释放农村发展活力，发挥集体经济作用，通过入股等方式带领农民增收致富，真正实现资源变资产、资金变股金、农民变股民。此外，建立合作社能够促进供产销一体化发展的实现，还能够借助统一规模生产经营降低农民生产成本，提高农民收益，增加农产品竞争力，通过集体力量促进农业农村现代化，使农民农村朝着共同富裕目标扎实迈进。

提升农民收入水平和能力素质，让农民在更大程度上共享我国经济

社会发展成果，是共同富裕的关键所在，要始终把提高农民收入摆在以乡村振兴促进农民农村共同富裕的突出位置。乡村振兴以增加农民收入为基本目标，为补齐农业农村发展中的短板提供了平台和机遇。当前我国农村居民的经营性收入和工资性收入稳步增长，所以增加农民财产性收入成为实现共同富裕的关键途径。要巩固和完善农村基本经营制度，做好确权登记工作，保持土地承包关系稳定并长久不变，第二轮土地承包到期后再延长 30 年。要深化农村经济体制改革，推进农村集体产权制度改革，完善农村产权制度和要素市场化配置机制，巩固农村承包地"所有权、承包权、经营权"三权分置制度，加快探索并审慎推进农村宅基地"所有权、资格权、使用权"三权分置，完善农村土地制度改革，盘活农村闲置资产，赋予农民更多财产权利，激发农村资源要素活力，保障并提高农民的财产性收入。在推进共同富裕进程中提高农民收入、提升人力资本，能够提高农业全要素生产力，培养高素质农民，夯实高质量发展的动力基础。

四、正确处理公平和效率的关系，兼顾做大"蛋糕"和分好"蛋糕"

共同富裕既包含了对效率具有高要求的"富裕"，也包含了对公平具有高要求的"共同"。提高效率有利于做大"蛋糕"，提升整个社会的富裕程度；提升公平有利于分好"蛋糕"，实现全体人民的共同富裕。效率和公平是衡量经济社会发展的重要指标，贯穿于生产和分配的全过程，直接影响着共同富裕的实现。偏重效率轻视公平，不符合共同富裕原则；只注重公平不关注效率，则会抹杀创新和勤劳的发展积极性。因此，必须正确处理好公平和效率的关系。

做大"蛋糕"是分好"蛋糕"的前提和基础。做大"蛋糕"要求我国不断解放和发展生产力、改革生产关系，使上层建筑适应经济基础，提高经济效率。政府要为生产力的发展提供良好的社会条件，并通过鼓励和支持创新促进生产力的发展。农业生产力水平的提高是农业生产效率提升的直接表现。农业生产力的发展离不开科技和创新的力量。一方面，种子是农业的"芯片"，提高良种化率，加强种质资源保护、种业技术自主创新研发力度和种业安全创新投入，保证种业科技自立自强、种源自主可控，是我国"藏粮于地、藏粮于技"的根本保证，也是农业生产力发展的重要推动力。另一方面，通过深化普及 4G 技术、创新应用 5G 技术，将信息科技等数字化手段运用于高标准农田建设等农业农村发展过程，发展智慧农业，提高农业科技化率、机械化水平，提高现代化农业竞争力，增强农业发展比较优势，构建现代化农业产业体系、生产体系、加工体系、经营体系，建成数字乡村，也是提高农业生产率的必然趋势。

分好"蛋糕"是公平在共同富裕中的集中体现。习近平总书记强调："实现共同富裕不仅是经济问题，而且是关系党的执政基础的重大政治问题。"[①] 共同富裕不仅要关注经济快速增长的效率问题，还要关注社会财富分配的公平问题，这关系着群众幸福和社会稳定，我们不允许社会贫富差距愈来愈大，要统筹协调解决城乡差距、区域差距、收入差距等难题。共同富裕的实现离不开我国的社会主义市场经济体制，必须充分发挥市场在资源配置中的决定性作用，更好发挥政府作用，促进有效市场和有为政府的结合。共同富裕是共享富裕，广大农民有权利平等参与现代化进程、共享现代化发展成果。分配过程中如果完全根据市场和效

---

① 《深入学习坚决贯彻党的十九届五中全会精神，确保全面建设社会主义现代化国家开好局》，《人民日报》2021 年 1 月 12 日。

率要求，就会激发或恶化收入分配的"两极分化"，因此在以公有制为主体的条件下，既要发挥按劳分配的激励作用，又要配合发挥按要素分配的激励作用，提高劳动报酬在初次分配中的比重；同时还要发挥政府宏观调控的作用，建立科学的公共政策体系，完善对农业和农民的税收、社会保障、转移支付等再分配调节机制，平衡好政府和市场、效率和公平的关系，做到分好"蛋糕"，形成人人享有的合理分配格局。在此基础上，要更加重视发展慈善等社会公益事业，发挥好第三次分配机制支持乡村振兴发展的重要作用。我国要建成中间大、两头小的橄榄型社会分配结构，扩大中等收入群体比重，增加低收入群体收入，就要牢牢把握好农民这一群体的发展潜力，保障农民在初次分配、再分配、第三次分配协调配套的基础性制度安排中的利益，推动更多农民群体迈入中等收入行列，促进社会公平正义，借助乡村振兴的发展机遇，更加积极有为地促进农民农村共同富裕的实现。

五、巩固拓展脱贫攻坚成果，促进农民农村全面实现共同富裕

虽然我国脱贫攻坚顺利完成，全面建成小康社会目标顺利实现，但贫困地区刚刚脱贫，发展基础和发展能力依然较为薄弱，实现共同富裕仍然存在较大困难。为此，要坚决落实对贫困县的"四个不摘"要求，确保实施中央设置的 5 年过渡期内的保障政策，加强易返贫致贫人口的动态监测和帮扶力度，及早干预，杜绝规模性返贫和新的致贫，完善兜底救助体系，提高农村最低生活保障水平，通过持续解决相对贫困问题为共同富裕建强基础。要巩固拓展脱贫攻坚成果，补齐农业农村发展短板，借助乡村振兴平台为"三农"发展强化基础设施和公共服务体系建设，

进一步缩小城乡医保筹资和待遇差距、城乡居民生活水平差距，逐步提高农村居民基本养老金水平，完善农村养老和医疗保障体系，为建设美丽农村发力。

人才振兴是乡村振兴的关键基础，以乡村振兴促进共同富裕的实现离不开人的因素。教育是促进人的全面发展的根本途径，因此要高度重视乡村教育的重要作用，提高农民子女受教育水平，培养高素质现代化新型农民，提高农民精神文明富裕程度，为扎实推动共同富裕积蓄人才。在我国不断推进以人为核心的新型城镇化背景下，促进城乡要素自由流动，引导农村劳动力有序转移，有利于农民实现工农之间的自主选择、自由转换，以及城乡之间的双向流动，形成"亦工亦农、亦城亦乡"的新发展形态，推动农民向职业化道路发展。同时，还要加快形成工农互促、城乡互补、协调发展、共同繁荣的新型工农城乡关系。进城农民工作为中等收入群体的重要来源，对于提高农民收入水平具有重要作用，通过加强职业技能培训提高农民工竞争力，拓宽农民工就业渠道，深化户籍制度改革，解决好农业转移人口随迁子女教育等问题，做好稳就业保民生，有助于扎实推动农村居民共同富裕。

以乡村振兴促进农民农村共同富裕的道路离不开文化振兴和生态振兴的实现。要开展移风易俗行动，坚决遏制"大操大办""奢靡浪费"等诱发贫困的不良习俗，传承好中华传统农耕文明，鼓励农村居民勤劳致富，激发人口内生动力，发扬文明乡风、良好家风、淳朴民风，以乡风文明引领精神文明。同时，促进共同富裕与促进人的全面发展高度统一，新时代促进农民农村共同富裕要以社会主义核心价值观为引领，发展公共文化事业，完善公共文化服务体系，建立乡镇综合文化站、村级综合性文化服务中心，提高农村公共产品和公共服务的可及性，满足农村居民多样化、多层次、多方面的高质量精神文化需求，提高乡村文明程度，提升人民群众的精神生活富裕水平，促进农民群体的全面发展。

生态文明建设是关系扎实推动共同富裕的根本大计。贯彻"绿水青山就是金山银山"的"两山"理念，建设好乡村的山水田园、湖泊林草，是农业农村实现绿色发展、和谐发展、可持续发展的前提条件，是实现农民农村共同富裕必不可少的部分。我国乡村环境整治在脱贫攻坚中取得了巨大发展成效，通过推进"厕所革命""垃圾分类""污水处理"等专项行动，农村资源环境得到了有效保护。在乡村振兴中要继续发展绿色农业，减少化肥农药施用量，优化塑料薄膜废弃方式，持续改善农村人居环境，构建人与自然和谐共生的良好生态环境，推进农业农村碳达峰与碳中和。

要点回看

◎ 实施乡村振兴战略是新时代农业农村发展的客观要求，是推动农业供给侧结构性改革、构建农业现代化体系、实现农业农村现代化、促进城乡一体化发展、最终实现共同富裕的必然选择。

◎ 乡村振兴将维护农民群众根本利益、促进农民农村共同富裕作为出发点和落脚点，在持续提升农民收入的同时完善农村基础设施和公共服务体系建设，在实现农民物质富裕的同时实现其精神富裕，切实增强农民的获得感、幸福感、安全感。

◎ 传统基础设施建设在乡村振兴战略的推进中依然占有十分重要的地位，除此之外，还要注重以数字经济为主要特征的新型基础设施建设，缩小城乡"数字鸿沟"，多层次提高农村基建水平，提升农村地区共同富裕水平。

◎ 加强乡村社会治理，加强基层民主法治建设，构建和完善乡村现代治理体系进而提升国家治理的整体效能，走乡村善治之路，是乡村组织振兴的关键所在。

◎ 产业振兴是乡村振兴的首要任务，是提升农业现代化水平、拉动农村经济增长、促进农民收入提高、增强农村经济实力的重要因素，是推进农民农村实现共同富裕的重要驱动力。

推荐阅读

1.《习近平扶贫论述摘编》，中央文献出版社 2018 年版。

2.《中共中央国务院关于实施乡村振兴战略的意见》，人民出版社 2018 年版。

3.《习近平关于"三农"工作论述摘编》，中央文献出版社 2019 年版。

4.《中国共产党一百年大事记（1921 年 7 月—2021 年 6 月）》，人民出版社 2021 年版。

5.《中共中央关于党的百年奋斗重大成就和历史经验的决议》，人民出版社 2021 年版。

后 记

2022 年 4 月 11 日，习近平总书记在海南省五指山市水满乡毛纳村看望黎族乡亲时，动情地说："看到你们过上幸福生活，我感到很欣慰。我们全面建成小康社会以后，还要继续奔向全体人民共同富裕，建设社会主义现代化国家。"共同富裕是社会主义的本质要求，是中国式现代化的重要特征。可以说，实现共同富裕作为中国式现代化道路的目标要求，体现了中国共产党为全体人民谋幸福的初心使命，也是建成社会主义现代化强国的主要任务和重要标准。

受湖南人民出版社和民主与建设出版社邀约，中国公共经济研究会组织中央党校（国家行政学院）的专家学者编写本书。中国公共经济研究会是经国务院同意，民政部批准，于 2007 年 7 月成立的全国性一级学术团体，接受主管单位中央党校（国家行政学院）的业务指导和监督管理。研究会成立以来，把为党中央、国务院提供决策咨询服务作为首要任务，积极建言献策，出版、发表了一些有影响力的著作和文章，提交了一些有重要参考价值的政策建议，得到了党中央和国务院领导的重视和批示，取得了较好的成绩。经全国哲学社会科学工作领导小组批准，国家社会科学基金社科学术社团主题学术活动资助了中国公共经济研究会课题项目，如 2020 年立项的"中国特色扶贫攻坚制度体系研究"（20STA040），2021 年立项的"习近平总书记关于共同富裕思想重要论述研究"（21STA007），这些资助意义重大，有力引领了中国公共经济研究会围绕党和国家工作大局开展重要课题的研究工作。

第十二届全国政协委员、国家行政学院原副院长韩康教授担任中国公共经济研究会会长，第十三届全国政协委员、中共中央党校（国家行政学院）马克思主义学院院长张占斌教授担任中国公共经济研究会常务副会长。本书由韩康教授、张占斌教授担任主编，中国公共经济研究会有关负责同志、中央党校（国家行政学院）经济学教研部副主任张青教授、中央党校（国家行政学院）公共管理教研部副主任李江涛教授担任副主编。熊杰博士后写作第一章，田书为讲师写作第二章，李海青教授写作第三章，李江涛教授写作第四章，毕照卿讲师写作第五章，王海燕副教授写作第六章，汪彬副教授写作第七章，蔡之兵副教授写作第八章，樊继达教授、马善祥博士写作第九章，杜庆昊副研究员、董莹楠博士写作第十章，黄锟教授、王学凯博士后写作第十一章，卢瑞瑞副教授写作第十二章，张青教授写作第十三章。黄锟教授、杜庆昊副研究员、毕照卿讲师、田书为讲师协助主编完成全书编写组织和统稿工作。

参与本书编写的同志多参加了中央和中央有关部门委托的一些相关问题和重大课题的研究，也有一些前期研究成果发表，在社会上产生了较好的影响。在编写过程中，作者团队认真学习领会习近平总书记《扎实推动共同富裕》的重要论述精神，认真学习领会党的十九届六中全会通过的《中共中央关于党的百年奋斗重大成就和历史经验的决议》精神，参考了很多中央文献和部分学者的文章观点，受益很多。但由于水平有限，仍感还有许多不足之处，敬请读者朋友批评指正！

本书编写过程中，得到了第十三届全国政协委员、中央党史和文献研究院原院务委员张树军研究员的帮助指导，湖南省委宣传部有关领导以及湖南省委讲师团原主任郑昌华教授，民主与建设出版社李声笑社长，湖南人民出版社黎晓慧副社长、责任编辑潘凯为本书编写提出了很好的建议，并为图书顺利出版做了很多努力，在此一并表示感谢！

作　者

2022 年 5 月

图书在版编目（CIP）数据

奔向共同富裕 / 韩康，张占斌主编. —长沙：湖南人民出版社；北京：民主与建设出版社，2022.5（2022.6）

ISBN 978-7-5561-2909-6

I. ①奔… Ⅱ. ①韩… ②张… Ⅲ. ①共同富裕—研究—中国 Ⅳ. ①F 124.7

中国版本图书馆CIP数据核字（2022）第051183号

奔向共同富裕
BENXIANG GONGTONG FUYU

主　　编：韩　康　张占斌

出版统筹：黎晓慧　陈　实

监　　制：傅钦伟

产品经理：潘　凯

责任编辑：黎晓慧　陈　实　傅钦伟　潘　凯　奉懿梓

责任校对：张轻霓　夏丽芬　谢　喆

封面设计：刘　哲　饶博文

内文设计：谢俊平　吴轩宇

图解设计：速溶综合研究所　刘诗阳

出版发行：湖南人民出版社［http://www.hnppp.com］

地　　址：长沙市营盘东路3号　　邮　编：410005　　电　话：0731-82683313

印　　刷：湖南天闻新华印务有限公司

版　　次：2022年5月第1版　　　　　　印　　次：2022年6月第2次印刷

开　　本：710 mm × 1000 mm　　1/16　　字　　数：350千字

印　　张：27　　　　　　　　　　　　插　　页：8

书　　号：ISBN 978-7-5561-2909-6

定　　价：98.00元

营销电话：0731-82683348（如发现印装质量问题请与出版社调换）